JN025218

法から学ぶ文化政策

小林真理・小島 立・土屋正臣・中村美帆　著

有斐閣

文化のサイクル

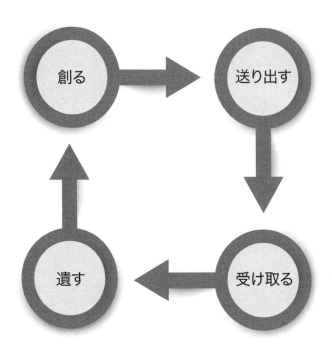

★図表の拡大カラー版データを，有斐閣 HP 下部「ウェブサポート」にて提供しています。 $\boxed{Q\ \ 法から学ぶ文化政策}$

文化サイクル対応表

	目次	法	創る
第1部	第1講	日本国憲法	基本的人権を保障し, 国家のあり方を規定
	第2講	文化芸術基本法	国は, 文化芸術に関する施策を推進する
	第3講・第4講	著作権法	作詞・作曲する, 絵を描く, 文芸作品を書く, など
	第5講・第6講	文化財保護法	
第2部	第7講	文化芸術を支える組織の法規制	すべてに関わる
	第8講	行政改革関連法	国や地方自治体の政策や施策を効率的・
	第9講	社会教育法	社会教育として「文化」に関連する事柄を
		図書館法	
	第10講	博物館法	
	第11講	美術品公開促進法	
		美術品損害補償法	
		文化観光推進法	
	第12講	劇場法	創造的公演の企画・実施
第3部	第13講	障害者文化芸術活動推進法	創造の機会の拡大 権利保護の推進
	第14講	アイヌ施策推進法	権利保護の推進
	第15講	日本語教育推進法	教育機会の掘り起こし

送り出す　→　受け取る　→　遺す

送り出す	受け取る	遺す
することで, 文化のサイクルをはじめとする社会全体を支える		
計画を策定し, 推進する。そのうえで留意すべき基本理念を定める		
実演, 出版, 録音・録画の販売・配信, など	音楽を聞く, 本を読む, 美術作品を鑑賞する, など	保護期間 (原則として著作者の死後70年)
文化財としての価値づけ 紹介, 展示, 教育	アイデンティティの醸成 文化財のある生活環境の享受	文化財の保存・伝承
効果的に運営する		
扱う場合もある		
資料の提供 その他図書館奉仕の提供	資料の利用 その他図書館の利用	資料の収集, 整理, 保存
調査研究, 展示 その他一般公衆向け事業	展示の鑑賞 教育普及等の事業の利用	資料の収集, 保管
優れた美術品の公開		
展覧会開催の補償		
文化観光に 地域や施設を活かす		活かすことにより遺す
公演を企画・実施 実演芸術の利用に供する	実演芸術の普及啓発 教育機関との連携	実演芸術の継承 事業実施のための人材育成
作品等の発表の機会の確保 販売等の支援, 交流の促進	鑑賞の機会の拡大	芸術上価値が高い作品等の 評価保存場所確保
展示, 教育 固有文化の再発見	アイデンティティの醸成 多文化, 多様な価値観への寛容	固有文化の伝承 生活環境の安定化
夜間中学校等での教育	キャリア選択幅の拡大 異文化理解の促進	自文化アイデンティティの継承

強く関連する　　　関連する

著者紹介

小林真理（第0講，第2講，第8講，第11講，第12講，Column 5）

東京大学 大学院人文社会系研究科 教授

　文部科学省文化審議会 文化政策部会，博物館部会，文化財分科会委員，高知県，奈良県，滋賀県，三重県等の計画立案・評価等委員などを務める。日本文化政策学会副会長。単著『文化権の確立に向けて——文化振興法の国際比較と日本の現実』（勁草書房，2004），編著に『文化政策の現在』シリーズ（東京大学出版会，2018）。

小島　立（第3講，第4講，第7講，Column 1・4・8・9・11）

九州大学 大学院法学研究院 教授

　文部科学省文化審議会 著作権分科会法制・基本問題小委員会委員などを務める。日本文化政策学会理事。共著に『教育現場と研究者のための著作権ガイド』（有斐閣，2021）。

土屋正臣（第5講，第6講，第14講，第15講，Column 3・7）

城西大学 現代政策学部 准教授

　藤岡市教育委員会を経て，現職。東京都大田区文化振興推進協議会 文化施設のあり方分科会委員などを務める。日本文化政策学会理事。主著に『市民参加型調査が文化を変える——野尻湖発掘の文化資源学的考察』（美学出版，2017）。

中村美帆（第1講，第9講，第10講，第13講，Column 2・6・10）

青山学院大学 総合文化政策学部 准教授

　神奈川県文化芸術振興審議会委員，埼玉県富士見市文化芸術振興アドバイザー（非常勤）などを務める。日本文化政策学会理事。主著に『文化的に生きる権利——文化政策研究からみた憲法第二十五条の可能性』（春風社，2021）。

目　次

第2部　文化政策の場・組織を支える法

Lecture 7　文化芸術を支える組織の法規制　126

Lecture 8　行政改革に関連する法律　143

Lecture 11　美術品公開促進法・海外美術品公開促進法・美術品損害補償法・文化観光推進法　198

Lecture 12　劇場, 音楽堂等の活性化に関する法律（劇場法）　216

第3部　社会の多様性と向き合う法

I　はじめに

❡本書の目的

　本書は，文化に関する公共政策である文化政策が，どのような方向性を目指し，どのようなことを実現しようとしているかについて実定法に着目をして，文化を発展させるエコシステムという図式（視点）から照射することによって，現在の政策領域の必要性と実定法のカバーしている領域を解き明かすことを目的としている。

　もう少し具体的に書くとしよう。戦後日本は新しく日本国憲法を発布して以降，健康で「文化的」な生活を営む権利を保障しようとしたり（日本国憲法 25 条），民主的で文化的な国家をさらに発展させる（教育基本法前文）方向性を目指したり，世界文化の発展に貢献する（文化財保護法 1 条）ことを目標としてきた。とはいえ，実は文化が発展した姿やイメージ，またそれに至る過程がどのようなものなのかは曖昧だ。まずはそのことを国際的な動向を視野に入れつつ明らかにしたうえで，文化の発展に至るプロセスをエコシステムという観点から考えてみたいのである。

　ここで私たち執筆者が提示している「文化政策のエコシステム」のエコシステムとは生態系のことであり，本来，生物とその環境を構成する要素を 1 つの体系として考える生態学で使われる言葉だ。

1

若者の生態系などと使われることもあるし，都市生態系といわれることもある。これを文化の生成過程と継承過程に置き換えて，文化政策の究極のゴールを考えられないかというのがこの書物の試みだ。

　文化は，人間が生み出してきた成果物という意味合いが強い。たとえば，代表的な辞書を見ると，「人間が」自然に手を加えて形成してきた物心両面の「成果」であり，衣食住・技術・学問・芸術・道徳・宗教・政治など生活形成の様式と内容を含む。人間が成果物としての文化を創りあげ，受容者側に届くまでには過程が存在しているはずである。過程においては人間の様々な活動と社会環境や自然環境との相互作用によって文化が生成される。最初に私たちは，多様な文化が社会の中で認められていくことが，文化発展の条件であり，目標でもあるとする。そのうえで，文化を持続的に発展させるためには，人あるいは制度による次の機能が重要であると考えた。

　第1に，新しい創造的な活動や作品を「創る」機能である。いまや文化財のように考えられているものも，最初は誰かが新しく創り出したものである。その創造的な活動の価値を見いだし，それを評価して，社会や市場に「送り出す」機能が2番目である。そして「送り出す」機能があるから，人々は新たな文化を「受け取る」ことができる（第3の機能）。知り，学び，技術を習得するなどして，文化を広く「受け取る（認める）」ことによってその価値への理解を深める。そのまま受容する側にとどまる場合もあるが，理解を深めた人の中には，創造的な活動へと立場を変えていく人もいるだろう。第4に，新しい創造的な活動や作品も，意識的に「遺」さなければ，消えてしまう。過去の，過去と書くと遠い昔のようなイメージを持たれてしまうので，すでに世の中に存在する文化が「遺」されていて，誰もがアクセスできることが新しい創造につながる。

　このような試みをするに至ったのには，これまでの芸術や文化を

めぐる人文社会系の研究の成果や進捗がある。芸術を成果物として研究対象とするのが，たとえば美術史，美学，考古学である。芸術が創り出されていくプロセスに着目すると，創り出す人，それを媒介・仲介する人（画廊，批評家，マスメディア等，機関だと美術館，アートセンター，展覧会場）に注目するアートマネジメント学がある。享受・鑑賞する人（オーディエンス）や，その環境を扱う芸術社会学・文化社会学という領域もある。創り出す人（芸術家）や享受・鑑賞する人の個人の営みに注目すると教育学や心理学の領域かもしれない。さらに文化的な財やサービスを生産と消費という経済活動とみなして考察する経済学の領域がある。また文化の持続可能性を考察する文化経営学もあり，そこでは文化政策も重要な要素である。これらの研究成果も含めて，公共政策の領域で活かすことが必要になってきている。

　もしある文化の消滅をよしとしないのであれば，消滅しそうな状況は課題として意識され，何らかの政策が行われることになる。文化の存続や発展を持続可能とするために考えたのが，冒頭に示した循環図（巻頭図：文化のサイクル）である。そして文化サイクル対応表は，現行の文化関連の法律がこのサイクルの構成要素のどの部分を主に担っているかを示したものとなっている。そもそもこのモデル自体に批判もあるかもしれない。とはいえこの表を見ることにより，文化サイクルにおいて法律によって後押しされている構成要素がわかる（逆に，法律による後押しが弱い部分もわかる）。何が足りていて，何が足りていないかが明らかになるのではないか。

　以降，この問題を扱うにあたっての基本的な事項について説明をしておきたい。

II 本書の射程

●公共政策

「文化に関する公共政策」というところの公共政策とは何か。**公共政策**とは，個々人の私的な悩みや問題ではなく，社会の公的な問題に関して，地方自治体や国をはじめ，NPO（特定非営利活動法人）やNGO（非政府活動組織），住民などが担う様々な方針や施策，事業のことである。そうはいっても個々人の私的な悩みが実は公的な問題に発展していくこともあるので簡単には分けられないかもしれない。公共政策には，公園の設置やゴミ収集や道路の整備のような身近なものから，地域における福祉の問題，地域活性化，経済や外交などに至るまで，様々なレベルのものがあり，多岐にわたって私たちの生活に深く関わっている。

いまや，公共的サービスを提供するにあたっては，行政機関に限定されるわけではなく，NPOや民間企業も重要な役割を担っている。たとえば，皆さんが使っている図書館を例にとれば，エレベーターの保守点検は民間企業が担っていると思うし，子どものための読み聞かせは地域のNPOが行っているかもしれない。具体的な事業実施において多様な主体が関わっている。本書では主に，公的な問題を解決するために採られている方針，それらを実現していくための制度や枠組みを担っている行政機関の方針や計画といったものに着目する。それが表現されているのが**法律**である。法律には，法律それ自体に目指すべき価値が含まれている。その目指すべき価値の実現においては，近年は公私協働という原則が重視されているものもある。

●文化政策とは

　さて，それでは文化政策とは何だろうか。「文化に関する公共政策」とあえて限定しているのにはわけがある。歴史を紐解いてみると，時の権力者が芸術振興に力を入れることをもって，文化政策に力を入れた権力者だったという表現が見られることがある。エリザベス1世やナポレオン1世の劇場政策などを記述するときに文化政策という用語が使われるが，そもそもこれらは政治制度が異なる時代の権力者の「方針」である。このようなものを含めないという意味において，限定をしている。もちろん，日本の地方自治体はアメリカの大統領制と比較されることもあるように，自治体の首長は直接住民から選ばれることから権限が大きい。政策が首長「の」政策と同一視されることもあるが，それであっても，首長の一言で独裁的に政策が実現するという制度にはなっていない。現代の民主的な政治行政制度の中で行われるという意味を込めて限定をしている。

　さらに，付け加えると，日本で公共政策という言葉が注目されるようになるのは，2000年代以降であり，文化政策が制度化されるのも2001年に文化芸術振興基本法が制定されてからのことになる（この法律は改正され，現在の名称は**文化芸術基本法**）。しかしながら，文化に関する施策や事業は戦後から行われてきており，これらをもちろん排除するわけではない。むしろ，文化政策という大きな枠組みの中に，これまでに行われてきている施策や方針をどのように位置づけていき，方向性を見いだしていくかということを示すことも本書の重要な課題である。なお，ここであえて文化の定義をしたり，範囲を示したりしていないのは，あくまで実定法レベルで考えることを基礎としているからである。

●実定法とは

　それでは実定法とは何であろうか。**実定法**とは，日本の場合は，立法府である国会における制定行為に基づいて成立した制定法や，慣習や判例といった経験的事実に基づいて成立した法のことをいう。法概念に慣れていないものからすると，慣習が法なのかという疑問を持たれるかもしれないが，慣習は，ある社会において，長い時間をかけて人々に認められるようになり，いつもそのようにするものであるといった規範として機能している。それが社会的確信を伴うに至ったときに実定法として成立すると考えられている。慣習法で有名なものに，入会権や商慣習などが挙げられる。また判例というのは，裁判の先例のことをいう。裁判所で，類似の事件または論点に関して同趣旨の判決が繰り返されることによって，法規範としての効力を持つようになる。これら慣習も判例も実定法である。とはいえ，本書で特に注目していくのは，制定法である。しかし，実際に紛争を解決していくうえで，判例は重要である。

●法令の階層

　日本国憲法に定められた方式に従って，国会の議決を経て制定された法のことを**法律**という。ところが，法に法律は含まれるが，法律だけが法ではない。日本の場合，**憲法**が最上位に位置づけられ，その次に効力を持つのが法律ということになる。さらに，法律を具体的に執行していくとなると，実は様々な細則が必要となってくる。たとえば，本書でも扱う博物館法においては，4条3項に，「博物館に，専門的職員として学芸員を置く」，という規定があり，5条において学芸員資格の条件が規定されているが，この規定において大学で単位を取らなければならない科目名は書かれていない。それが規定されているのは，博物館法施行規則1条である。法律の委

図表 0.1　法令の階層

	カテゴリー	制定する場	条件
法令	法律	国会	憲法に違反することはできない
	政令	内閣	憲法・法律の範囲内
	省令	省庁	憲法・法律の範囲内
	規則	行政機関内部	憲法・法律の範囲内
	条例	地方公共団体の議会	憲法・法律の範囲内

任によって，内閣が制定するものを**政令**，各省の大臣が法律や政令を施行するために発する命令のことを**省令**といい，さらにそれらの細則を規定したものとして**規則**がある。これら，政令，省令，規則も法令を構成している。

　また，行政機関は国の機関だけではない。地方公共団体の行政機関もある。ということは地方公共団体が制定する法もあり，**条例**という。条例は特定の地方公共団体の議会の議決によって定められるものであり，その領域内でしか効力をもたない。また国の法令に違反するような条例を制定することもできない。

◢国と地方の関係の原則

　国と地方公共団体の関係も見ておきたい。というのも，本書で扱う法律に基づいて実際に行政サービスを提供する現場では，**地方公共団体**が主役になることが多いからである。日本国憲法では特に地方自治の章を設けている（第8章）。その実質的な推進は1999年の「地方分権の推進を図るための関係法律の整備等に関する法律」（通称：地方分権一括法，正式の法律名はこのように長いものがあり，通称名で表現されることがある）により実現された。現在の日本においては，国が法律において義務的に地方自治体を縛るということが以前に比べて少なくなってきている。これは，地方分権改革が行われて，国と地方自治体の役割が見直されたからである。かつては都道府県の

事務の8割が機関委任事務という国の事務で占められていたこともあった。機関委任事務という制度は廃止されて，現在は法定受託事務と自治事務に整理された。国や都道府県が本来果たすべき役割を負い国が適正な処理をしなければならない事務で，地方公共団体に義務づけられているものが法定受託事務である。法定受託事務は国の強い関与が認められるのに対して，自治事務は，国の関与が限定される。ということは自治事務として，地方自治体が積極的に関与する意思を示す必要があるときがある。国と地方公共団体の関係を規定しているのが，**地方自治法**である。これは重要なので条文を確認しておきたい。

　地方自治法1条の2，である。

> 第1条の2① 地方公共団体は，住民の福祉の増進を図ることを基本として，地域における行政を自主的かつ総合的に実施する役割を広く担うものとする。
> ② 国は，前項の規定の趣旨を達成するため，国においては国際社会における国家としての存立にかかわる事務，全国的に統一して定めることが望ましい国民の諸活動若しくは地方自治に関する基本的な準則に関する事務又は全国的な規模で若しくは全国的な視点に立って行わなければならない施策及び事業の実施その他の国が本来果たすべき役割を重点的に担い，住民に身近な行政はできる限り地方公共団体にゆだねることを基本として，地方公共団体との間で適切に役割を分担するとともに，地方公共団体に関する制度の策定及び施策の実施に当たって，地方公共団体の自主性及び自立性が十分に発揮されるようにしなければならない。

　これだけ読むと，地域のことは地域で，全国的なことは国でという役割分担がわかるかと思うが，それまでは地域のことについても国からの義務的な縛りが強かったという経緯を知っておいてほしい。全国一律の義務的な事務によって推進できた部分もある。義務規定

がなくなったことにより当該領域の発展において後退を許してしまっているところもある。それは地方自治体の総合的な判断による選択でそうなってしまっているということである。

地方自治法第11章「国と普通地方公共団体との関係及び普通地方公共団体相互間の関係」では国の関与の意義（245条）が示されるとともに，関与の基本原則（245条の3）については「その目的を達成するために必要な最小限度のものとするとともに，普通地方公共団体の自主性及び自立性に配慮しなければならない」と繰り返し限定されていることも注意をしておく必要がある。先に示した公共政策という概念がとりわけ日本において2000年代に入ってから注目されたのは，このように地方公共団体の自主性や自立性が重んじられながら，「**行政を自主的かつ総合的に実施する役割**」を担わなくなければならなくなったことによる。国に手取り足取り運営方法を指導してもらうのではなく（これがすべてなくなったわけではないが），自らの判断で地域および地方公共団体という法人の統治をよりよく行っていくために，政策的根拠をもって対処していくことが求められるようになり，公共政策という分野が顕在化したと言える。

III 法律の性質

●内閣提出立法と議員提出立法

先に示した図表0.1の法令のカテゴリーにより，法令の上に日本国憲法が最高法規として位置づけられ，憲法に違反しない範囲で法律が制定されるということがわかった。それでは法律はどのようにできるものなのか。

法律のもととなる法案は，議員または内閣が国会に提出し，国会

図表 0.2　通常国会における最近の法律案の提出・成立件数

区分		内閣提出法律案		議員立法			合計	
常会	期間	提出件数	成立件数	提出件数	成立件数	議員立法成立率	提出件数	成立件数
第201回	2020.1.20〜6.17	(1) 59	(1) 55	(51) 57	(0) 8	14.04%	(52) 116	(1) 63
第198回	2019.1.28〜6.26	(1) 57	(1) 54	(33) 70	(1) 14	20.00%	(34) 127	(2) 68
第196回	2018.1.22〜7.22	(1) 65	(1) 60	(6) 71	(0) 20	28.17%	(7) 136	(1) 80
第193回	2017.1.20〜6.18	(6) 66	(3) 63	(50) 136	(0) 10	7.35%	(56) 202	(3) 73

（上段括弧書きは，継続審査に付されていた法案〔外数〕）
議員立法成立率は，成立件数を提出件数で割り小数点第5位を四捨五入。
内閣法制局「過去の法律案の提出・成立件数一覧」，〈https://www.clb.go.jp/recent-laws/number/〉
（参照 2021-8-4）から作成

の審議を経て可決されることで，法律として成立する。本書でも扱う文化芸術基本法は，議員が法案を提出して 2017 年 6 月に成立した法律である。そもそも法律は，立法府である国会によって作られるものであるので，**議員提出立法**であることは珍しいことではないように思えるかもしれない。しかしながら，毎国会で成立する法律のほとんどが内閣提出立法であることを考えると，文化芸術基本法の何らかの特徴をそこに見ることができるかもしれない（それは☞第 2 講で詳しく。図表 0.2 を見てほしい。たとえば，第 201 回通常国会においては，内閣が提出した 59 件の法案のうち 55 件が成立したのに対して，議員から提出された法案は 57 件で，成立したのは 8 件である）。

　日本の場合，内閣は国会の最大与党の総裁が首相となり，その与党議員や連立（あるいは連携）をしている政党の議員で構成されているので，内閣提出法案を，多数を占める与党（加えて連携している政党）が反対することはなく，提出すればよほどのことがない限り成立する。しかし，議員提出立法はそうではないことが議員立法の

成立率でも明らかである。とはいえ，議員提出立法は野党勢力が出すものとも限らない。議員提出法案は，政党の枠組みを超えた連携が成功したときに，成立するものである。つまり，法律で実現しようとする価値を複数の政党で共有できる場合に，政党の基本方針等を超えて議員間の連携と合意によって法案が提出され，成立する。これはそれほど簡単なことではないが，文化関係の多くの立法については議員立法で成立してきたという点は特徴であると言える。もちろん，内閣提出立法であっても議員提出立法であっても，法律として成立した以上，効力は同じである。

●法律の分類

法律にも様々なタイプがあり，その分類方法も多様である。当たり前であるが，法律＝規制・罰則ではない。法律の特徴によって分類するわけだが，ここでは公法と私法という分け方を確認しておく。大学の一般教養等で学ぶ法律学，法学においては，市民生活に身近な法律が選ばれることが多い。たとえば，家族関係の確認や個人間の紛争等を扱う民法などは私人間のことを扱うことから私法という分類になる。また世の中の報道で法的なものが最も意識されるのが，犯罪を犯した人が刑罰を受ける根拠となっている刑法である。この刑法，犯罪の捜査を行うのは警察という行政機関であり，刑罰を判断するのも裁判所という国家機関であることから，国家権力が関わるという意味において公法に位置づけられる。

本書でも大きく扱う著作権法は，知的財産法体系の一部で，私人の財産上の権利を定めたものであるので私法に含まれる。それに対して，本書で扱う法律のほとんどは**行政法**であり，公法分野に位置づけられている。民法も刑法も法律の名称であるが，行政法という名の法律はない。行政法は行政に関係する法律の総称であり，数は

図表 0.3　行政法の分類

	概要	含まれる法律の例
行政組織法	国や地方公共団体の組織に関する法律	国家行政組織法，文部科学省設置法，博物館法，図書館法
行政作用法	行政と国民との関係に関する法律	食品衛生法，文化財保護法，文化芸術基本法
行政救済法	行政によって侵害された権利や利益を救うための法律	行政不服審査法，行政事件訴訟法，行政手続法

無数にあるといってよい。行政に関係する法律をすべて行政法と呼んでよいかどうかは議論があるところであるが，ここではとりあえず行政法だといっておく。

　行政法をさらに分類すると図表 0.3 のようになる。

　　　本書では積極的に扱わないが，行政救済法は，国民が行政によって侵害された権利や利益を救うための法律である。たとえば，レストランを開業しようとすると，食品衛生法という法律を根拠に営業許可を必要とする。許可を申請したところ，行政庁によって許可されなかった場合，その行政の行為の取消を裁判所に求めることができる。このように，不許可という行政行為に対して，違法な処分を受けた国民を救うためにあるのが行政救済法である。

●行政作用法

　さて，これまで単純に行政と書いてきたが，厳密には行政機関を意味する。**行政機関**は，行政組織を構成して，事務（仕事）を担当する機関のことであり，行政官庁，補助機関，諮問機関，執行機関などに分けられている。地方公共団体の行政機関は，地方自治法に定められており，本書でもたびたび扱う教育委員会については，一般の行政機関からある程度の独立的な地位を持つ特別行政機関である。それぞれの行政機関は，それぞれの行政組織法に根拠をもっている。行政機関は，行政組織法上の所掌事務（仕事の範囲や領域）に

関連して，所管する様々な法律の執行を行っている。この様々な法律が行政作用法にあたるということである。

　行政と国民との関係に関する法律というのは多岐にわたっている。先に示した営業許可のような，許可が下りなければその仕事を開始できないものもあれば，個人の所有物なのだけれど自由に取引をしてはいけないという規制作用がある場合もある。たとえば，文化財保護法である。優れた芸術的技を伝承している人間国宝や，優れた歴史的・学術的価値を持った建造物や美術工芸品などが，国の重要文化財に「指定」されていることがあるのを，読者の皆さんは知っているかもしれない。国指定の文化財だからといって，所有者は国に限らない。むしろ宗教法人や民間団体などが多く，個人の場合もある。これらの所有者にとっては，文化財に指定されることでメリットもあるが，自分たちの自由に扱えないという意味においては規制になる。たとえば，「重要文化財」「人間国宝」というお墨付きが人口に膾炙することによって，それを見てみたい人が増えて，見せなければならなくなる（実際，文化財保護法では公開の規定がある），あるいは将来にわたって保護していくために劣化しないように管理もしなければならない。しかしながら，重要文化財に指定されている美術工芸品などは，光線や二酸化炭素に当たると劣化が進む，あるいは信仰の対象の秘仏であるとの意味がある場合もあり，それほど公開することができない，したくないという場合もある。またなかには，美術品を投機目的で収集している人もいる。もちろん文化財指定の候補になったら，所有者に指定を受け入れるかどうか確認はするものの，自分の所有物のあり方に口を出されるので悩ましいかもしれない。

　そうかと思えば，行政機関が，様々な課題を解決していくために施策や事業を行うための根拠となっている法律もある。たとえば，

図表0.4　2009年以降成立した基本法という名称の法律一覧

年	法律名称（通称名があるものは通称名表示）
2009	公共サービス基本法，バイオマス活用推進基本法，肝炎対策基本法
2011	東日本大震災復興基本法，スポーツ基本法
2013	交通対策基本法，国土強靭化基本法，アルコール健康障害対策基本法
2014	水循環基本法，小規模企業振興基本法，アレルギー疾患対策基本法，サイバーセキュリティ基本法
2015	都市農業振興基本法
2016	官民データ活用推進基本法
2017	文化芸術基本法
2018	ギャンブル等依存症対策基本法，「健康寿命の延伸等を図るための脳卒中，心臓病その他の循環器病に係る対策に関する基本法」
2019	死因究明等推進基本法
2021	デジタル社会形成基本法

基本法と名の付く法律である。

🖊基本法

　最近は，様々な分野で基本法という名の付いた法律が制定されている。昭和に制定された基本法で有名なのは，1947年（2006年全部改正）の教育基本法であるが，平成に入ってから数々の基本法が制定されてきた。基本法だからといって他の法律と効力が変わるわけではない。しかしながら，**基本法**と名の付く法律は，国政において重要であると位置づけられる政策領域の政策，制度，対策などについての，基本的な原則，方針，推進方法，施策などが規定されている。また，この法律を根拠としてさらに具体的な法律が整備されていく傾向もある。たとえば，先に挙げた教育基本法を根拠に社会教育法が制定され，さらに社会教育法を根拠に博物館法や図書館法が制定されるといった具合だ（図表0.5を参照）。それゆえに，基本法はその他の法律に優越するような，あるいは個別の法律を繋いでいくイメージが伴っている。

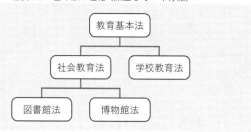

図表 0.5　基本法の性格（派生していく特徴）

```
         教育基本法
        ┌────┴────┐
     社会教育法   学校教育法
    ┌───┴───┐
  図書館法    博物館法
```

　基本法それ自体は，国民に権利義務を課す規定がないものが多く，それゆえに法規範と言えないのではないかという指摘もあるが，むしろ現代の複雑で高度化している社会において，「一定の行政分野における政策の基本的方向性を定め，関係政策の体系化を図ることはますます重要になって」いるとの考え方もある。また，基本法は，先に挙げた議員提出立法で制定されることが多く，国会が，法律の形で，政府に対して，国政に関する一定の施策・方策の基準・大綱を明示して，これに沿った措置を採ることを命ずるという性格・機能を有しているという指摘もある。そのような視点で基本法というものを見ていくと，また新たな法の機能を見出すことができる。

●条文の読み方：強行規定と任意規定

　最後に，法律を読むときに気をつけたいことを書いておく。本書では条文の逐条解説をするのが目的ではないが，条文を確認しなければならないことも多い。

　法律の条文には，国民や行政機関への義務づけを定めた強行規定と，当事者同士で法律と異なる内容の約束をしても構わない任意規定とがある。条文の書かれ方で，強行規定なのか任意規定なのかを見極めることができる。あまり法律に慣れ親しんでいない人は，法律はすべて義務的に書かれていると考えるようであるが，必ずしも

そうではない。行政法関係の規定は強行法規が多い。しかしながら，微妙にニュアンスが異なることを，文化芸術基本法の条文を参照しながら具体的に見ておきたい。

> 第7条　政府は，文化芸術に関する施策の総合的かつ計画的な推進を図るため，文化芸術に関する施策に関する基本的な計画……を<u>定めなければならない</u>。

　この「……しなければならない」という文末は，国民や行政機関に一定の行為を行うことを義務づけようとするときに用いる。同じ「しなければならない」でも，「努めなければならない」という表記は，意味が異なってくる。たとえば以下の場合である。

> 第5条　国は，現在及び将来の世代にわたって人々が文化芸術を創造し，享受することができるとともに，文化芸術が将来にわたって発展するよう，国民の文化芸術に対する関心及び理解を深めるように<u>努めなければならない</u>。

　これは努力する義務を課すにとどまるものであって，明確な義務づけではないという意味で，「しなければならない」よりも弱い規定になる。また以下も類似の表現である。

> 第7条の2　都道府県及び市……町村の教育委員会……は，文化芸術推進基本計画を参酌して，その地方の実情に即した文化芸術の推進に関する計画……を定めるよう<u>努めるものとする</u>。

　この「……するものとする」は一定の義務づけを，「しなければならない」よりも弱いニュアンスを持たせて規定するときに用いられる。「するものとする」については，物事の原則を示すときなどにも使われる。この条文の場合は，文化芸術基本法4条で，地方

公共団体に対して，文化芸術の施策を行うように義務づけてはいるものの，その方法については，国に対する計画策定の義務づけよりも，自治体の自主性に任せるという意味を含ませていると言える。

　このように文末表現に注意をしながら条文を読んでいくことが法律を解釈する際に重要になる。

---

1)　参議院法制局（2020）「基本法」，〈https://houseikyoku.sangiin.go.jp/column/column023.htm〉（参照 2021-3-6）。

参考文献

法制執務用語研究会（2012）『条文の読み方』有斐閣
吉田利宏（2004）『法律を読む技術・学ぶ技術』ダイヤモンド社
参議院法制局（2020）「基本法」，〈https://houseikyoku.sangiin.go.jp/column/column023.htm〉（参照 2021-3-6）

第1部

文化政策の
基礎となる法

Ⅰ　文化権（cultural right）とは

　本書のタイトル『法から学ぶ文化政策』を考えたとき，つまり文化政策を「法から」学ぶ際に，外すことができないのが**人権**の考え方である。

　文化についての人権として，「**文化権（cultural right）**」という考え方がある。労働権，環境権などと並んで第二次世界大戦以降に提唱されるようになった，比較的新しい人権の1つである。

　文化政策における**ソーシャル・インクルージョン**（**社会包摂**あるいは**社会的包摂**）に注目が集まり，社会全体においても国連の**持続可能な開発目標（SDGs）**が重視される時代にあっては，文化政策の目指す文化権の実現においても「誰一人取り残さない」という考え方が求められる。文化の問題は価値観に関わるために様々な衝突や分断も起こりうる領域だが，創造や享受をはじめ，様々な形で自らの望む文化に関わりを持つことは，一部の恵まれた人間のみに認められる特権や贅沢ではなく，人間である以上当然に望んでよいはずだ。その発想が文化権の理念につながる。そのような文化への関わりを一人一人の人生において実現させるために，**文化多様性**を尊重し，**多文化共生**を目指し，より寛容で持続可能な社会を考えることが，今日の文化政策の課題である。大仰な言い方だが，文化政策に関わ

る者には，いわば文化権実現の担い手としての役割が期待されていることになる。

II 文化権と日本国憲法

　国内法の最高法規である**日本国憲法**において，文化権に関わる条文はどのようになっているだろうか。これは，**文化芸術振興基本法**およびその改正後の**文化芸術基本法**（☞第2講）2条3項において規定された「文化芸術を創造し，享受することが人々の生まれながらの権利であることに鑑み」の「鑑み（かんがみ）」る先はどこかという問題でもある。一般に新しい人権の憲法上の根拠規定とされるのは13条の幸福追求権だが，文化に関わる憲法の条文は他にもある。

▼1. 文化権の2つの側面

　文化権を考えるにあたっては，文化権を自由権的な面と社会権的な面の両面から構成される権利として確立させることが必要である。文化の内容に政府から干渉を受けない**自由権的文化権**と，政府に対して文化芸術を享受するための環境整備を要求できる根拠となる**社会権的文化権**，2つの側面がそれぞれ重要だからである。

●自由権的文化権

　自由権的文化権に関する規定としては，憲法13条「**幸福追求権**」，19条「**思想・良心の自由**」，21条「**表現の自由**」，23条「**学問の自由**」に規定された一連の精神的自由が挙げられる。これらは人間の精神活動の総体としての「文化」に関連する重要な規定である。

とりわけ文化政策では，憲法21条「**表現の自由**」が重要である。2017年の文化芸術基本法への改正の際にも，法の題名から「振興」を外す代わりに，文化芸術活動を行う者の自主性や創造性を十分に尊重する旨を確認的に規定するため，「文化芸術の礎たる表現の自由の重要性を深く認識し」という文言を前文に追加した経緯がある。

🍃 社会権的文化権

　もう一方の社会権的文化権に関する規定としては，憲法の条文で唯一「文化」という文言を用いた25条「**健康で文化的な最低限度の生活を営む権利**」が挙げられる。これまで憲法25条はもっぱら生活保護をはじめとする厚生労働省管轄の社会保障政策の文脈で理解され，「文化的な生活を営む権利」は正面から検討されてこなかった。

　だが，憲法25条が定めた**生存権**に「文化」という言葉が含まれていることは，戦前の生存権の理解と比べても画期的な変化である。文化政策における文化権の保障と25条の「文化」を関連づけて理解し，憲法25条を社会権的文化権の根拠規定として活用していく可能性は，今後十分に検討に値する選択肢だと言える。

　近い領域としては26条「教育を受ける権利」がある。ただ**社会教育法**（☞第9講）との関係からもわかるように，文化と教育は重なる部分もあるものの異なる概念であるため，教育法の枠内だけで文化政策のすべてを語ることはできない。

▼2.　第3世代の文化権？

　近年では，自由権的文化権と社会権的文化権という伝統的な権利区分に収まりきらない文化権の論点も提示されてきている。自由権

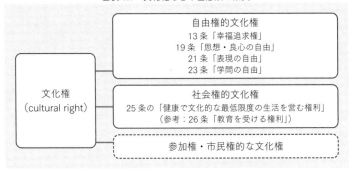

図表 1.1　文化権と日本国憲法の条文

文化権
(cultural right)

自由権的文化権
13 条「幸福追求権」
19 条「思想・良心の自由」
21 条「表現の自由」
23 条「学問の自由」

社会権的文化権
25 条の「健康で文化的な最低限度の生活を営む権利」
（参考：26 条「教育を受ける権利」）

参加権・市民権的な文化権

的人権（第 1 世代の人権），社会権的人権（第 2 世代の人権）に対して，民族自決権，平和に生きる権利，良い環境で生きる権利，発展の権利など第 3 世代の人権と呼ぶべき新しい権利も提唱されつつある今日，文化権についても自由権・社会権という枠組みにとどまらない議論を，日本国憲法と関連させつつ進めていくことも必要だろう。本書においても，第 3 部「社会の多様性と向き合う法」は，第 3 世代の人権とも重なり合う内容を含んでいる。今後は，文化における参政権のような，いわば**参加権・市民権的な文化権**を考えていくことも求められるだろう（図表 1.1 参照）。

　日本における文化権の議論は，文化芸術基本法 2 条 3 項の規定があるとはいえ，「鑑み」るという文言に象徴される法的に曖昧な部分も残されたままである。特に社会権的文化権を中心に，日本国憲法の基本的人権と文化権をより結びつけていく議論も今後の課題である。

III 文化権と国際法

　文化権については，第二次世界大戦後に国際社会で議論が進められてきた。なお "cultural right" という概念に対し，文化政策関連分野ではほぼ「文化権」という訳語が用いられている。国際法関連分野では「文化的権利」と訳されることも多いが，以下本書でも原則「文化権」と訳すことにする。

▼1. 世界人権宣言

　第二次世界大戦を防げなかった国際連盟の反省を踏まえ，1945年10月に51か国の加盟国で国際連合が設立された。そして1948年に第3回国連総会において採択されたのが，**世界人権宣言**である。

　自由権的文化権に関しては，思想，良心および宗教の自由（18条），表現の自由（19条），平和的集会および結社の自由（20条）が規定される。社会権的文化権に関しては，経済的，社会的および文化的権利に関する一般原則（22条），休息および余暇を持つ権利（24条），教育を受ける権利（26条）に加えて，27条1項に「すべて人は，自由に社会の文化的な生活に参加し，芸術を鑑賞し，及び科学の進歩とその恩恵とにあずかる権利を有する」，2項に「すべて人は，その創作した科学的，文学的又は美術的作品から生ずる精神的及び物質的利益を保護される権利を有する」と規定されている。

▼2. 国際人権規約

　世界人権宣言の内容に，より具体的な法的効力を持たせるために

締結されたのが，**国際人権規約**である。国際人権規約は，人権に関する諸条約の中でも最も基本的なもので，社会権規約（経済的，社会的及び文化的権利に関する国際規約，国際人権 A 規約）と自由権規約（市民的及び政治的権利に関する国際規約，国際人権 B 規約）がある。1966 年の第 21 回国連総会において採択され，1976 年に発効した。日本は 1979 年に批准しており，自国内で規約の内容を実現させる責任を負っている。

　文化に関しては，A 規約 15 条 1 項で「文化的な生活に参加する権利」や「自己の科学的，文学的又は芸術的作品により生ずる精神的及び物質的利益が保護されることを享受する権利」をすべての者に認めるよう締約国に要求している。B 規約では，1 条で「すべての人民は，自決の権利を有する。この権利に基づき，すべての人民は，その政治的地位を自由に決定し並びにその経済的，社会的及び文化的発展を自由に追求する」と定めている。また，19 条 2 項で「すべての者は，表現の自由についての権利を有する。この権利には，口頭，手書き若しくは印刷，芸術の形態又は自ら選択する他の方法により，国境とのかかわりなく，あらゆる種類の情報及び考えを求め，受け及び伝える自由を含む」と規定されている。締約国はこれらの権利を守らなければならない。

▼3. 国際社会における文化権の議論

●内容を深める議論

　国際社会で文化について取り組んできたのが，国連の専門機関の1 つである**ユネスコ**（UNESCO, United Nations Educational, Scientific and Cultural Organization, 国際連合教育科学文化機関）である。諸国民の教育，科学，文化の協力と交流を通じて，国際平和と人類の福祉の

促進を目的としている。第二次世界大戦の終了と同じ 1945 年に憲章が採択され，翌 1946 年に設立された。ユネスコ憲章の前文に「戦争は人の心の中で生れるものであるから，人の心の中に平和のとりでを築かなければならない」と掲げられているように，第二次世界大戦の反省から文化に取り組む専門機関である。

ユネスコは，比較的早い時期から文化権の内容を深める議論の場を提供してきた。1968 年には，ユネスコによって「人権としての文化的権利」に関する専門家会議が開かれ，「人権としての文化的権利に関する声明」が発表され，労働権，余暇権，社会保障権に続いて文化的諸権利（cultural rights）概念の構築について言及された。1976 年には，ユネスコ第 19 回総会（ナイロビ）において「大衆の文化的生活への参加及び寄与を促進する勧告」が採択された。この勧告は，「すべての個人が社会進歩の要求に応じて文化的創造及びその恩恵に自由かつ十分に参加できるよう，加盟国又は当局が文化活動の方法及び手段を民主化する」ことを目的として掲げていた。

●法的枠組みの議論

ユネスコの積極的な活動の一方で，国際法における人権保障一般において，文化権の議論は相対的に遅れがちだった。理由としては，文化という用語の範囲の問題や，個人の文化的アイデンティティと集団あるいは国家のアイデンティティの相克，文化相対主義と人権の普遍性の相克などが考えられる。

そのような状況に変化が見えたのは，2000 年代後半以降である。2005 年 3 月，国連のアナン事務総長の報告書「より大きな自由を求めて」が発出され，国連のすべての活動で人権の視点を強化する考え方である「人権の主流化」が提唱された。その後，2006 年 3 月には，経済社会理事会の下部組織であったそれまでの人権委員会

に代えて，国連が世界の人権問題により効果的に対処するために国連人権理事会が創設された。

特に重要な変化として，2007 年に国連総会で採択された**先住民族権利宣言**，2009 年の国連人権理事会による文化権の特別報告者の設置，2009 年 12 月付の社会権規約委員会による一般的意見の採択がある。先住民族権利宣言は，1982 年から 20 年以上かけて起草され，人権の新たなモニタリングの仕組みを生み出した。2009 年には，国連人権理事会によって文化的権利に関する初めての特別報告者が任命された。特別報告者がまとめた報告書は国連総会や人権理事会に採択され，各国政府は，報告書の内容とりわけ勧告を実施するよう要請される。2009 年 12 月付の社会権規約委員会による一般的意見「文化的生活に参加する万人の権利」は，国際人権 A 規約 15 条 1 項「文化的な生活に参加する権利」に関するもので，条文の詳細な説明に加えて，国家の責務，権利侵害のあり様，国家レベルでの実現や国家以外のアクターの責務についても言及された。[1]

IV 参考：ユネスコの文化政策

文化権に関する議論以外でも，ユネスコは様々な形で文化政策に関わってきた。本書は基本的には日本の国内の法を中心に取り上げるが，ここでは国際社会とりわけユネスコの文化政策についても見てみよう。

▶1. 条約・勧告・宣言等

文化権以外の論点でも，文化政策に関するユネスコの条約・勧

告・宣言等はたくさんある（図表 1.2 参照）。日本でも有名な世界遺産・無形文化遺産は，ユネスコの条約に基づいて選出されている。

世界遺産条約のきっかけは，1960 年代のヌビア遺跡救済キャンペーンだった。アスワンハイダムの建設によってナイル川流域にあったヌビア遺跡水没の危機に際し，エジプト，スーダン両政府からの要請を受けたユネスコは，遺跡の移築と保護を世界中に訴えた。最終的に多くの国々の協力で遺跡はダム建設の影響を受けない高い場所に移設されたが，その過程で「**人類共通の遺産**」という世界遺産条約の基本的な考え方が広がったことが採択へとつながった。

無形文化遺産保護条約は，有形物のみを保護の対象としてきた世界遺産条約に対し，日本の**文化財保護法**の「**無形（intangible）**」の考え方を参照して作られた。日本は 2004 年 6 月に世界で 3 番目に批准している。背景には，経済のグローバル化が進むなか，文化多様性と持続可能な開発にとって重要な役割を果たす無形文化遺産が衰退や消滅の危機に瀕しているという認識がある。開発途上国にも多く見られる形態の文化（口承文化，芸能，儀式，工芸）を対象とし，世界遺産の認定条件に「顕著な普遍的価値」を求めるハイカルチャーないしは「名作」志向，および遺産の地域的偏在とりわけヨーロッパへの集中に対する反省から，あえて「傑作」の概念を取り払ったうえに成立した仕組みである。

こうした国際社会における文化遺産の保護の動きと連動する形で，2006 年には「海外の文化遺産の保護に係る国際的な協力の推進に関する法律」（**文化遺産国際協力推進法**）が日本でも制定された。これを受けて 2007 年に外務省・文部科学省は，「海外の文化遺産の保護に係る国際的な協力の推進に関する基本的な方針」を策定している。カンボジアのアンコールワット遺跡やアフガニスタンのバーミヤン遺跡など，世界各地に見られる武力紛争や自然災害などによ

図表 1.2　ユネスコの主要な文化関連条約・宣言・勧告・国際会議（採択年）

年	出来事	ユネスコの条約に関する備考
1945	国際連合設立	—
1945	ユネスコ憲章（→1946 年ユネスコ設立）	—
1948	世界人権宣言	—
1954	武力紛争の際の文化財の保護に関する条約	1956 発効，日本 2007 批准
1966	国際人権規約	1976 発効，日本 1979 批准
1968	ユネスコ「人権としての文化的権利」に関する専門家会議・人権としての文化的権利に関する声明	—
1970	文化財不法輸出入等禁止条約	1972 発効，日本 2002 批准
1972	世界遺産条約	1975 発効，日本 1992 批准
1976	大衆の文化的な生活への参加及び寄与を促進する勧告	—
1976	歴史的地区の保全及び現代的役割に関する勧告	—
1980	芸術家の地位に関する勧告	—
1988–1997	国連・世界文化的発展のための 10 年	—
1982	文化政策に関するメキシコシティ宣言	—
1989	伝統的文化及び民間伝承の保護に関する勧告	—
1993	国連・世界の先住民の国際年	—
1993	GATT（関税貿易一般協定）のウルグアイ・ラウンド（多角的貿易交渉）において文化的例外（文化財・サービスを貿易の自由化の例外とすること）が認められる	—
1998	ユネスコ・開発のための文化政策に関する政府間会議「開発のための文化政策行動計画」	—
2001	水中文化遺産保護条約	2009 発効，日本未批准
2001	文化的多様性に関する世界宣言	—
2003	無形文化遺産保護条約	2006 発効，日本 2004 批准
2005	文化的表現の多様性の保護及び促進に関する条約（文化多様性条約）	2007 発効，日本未批准

2007	国連・先住民族権利宣言	—
2009	国連人権理事会による文化権の特別報告者の設置	—
2009	社会権規約委員会による一般的意見「文化的生活に参加する万人の権利」	—
2015	ミュージアムとコレクションの保存活用、その多様性と社会における役割に関する勧告	—
2022–2032	国連・先住民言語の国際の10年	—

※ 濃い網掛けはユネスコ以外が主導した関連の深い出来事を参考情報として掲載している。

り破壊・劣化の危機に瀕した文化遺産を守るために，日本の持つ高度な保存修復技術を活用する国際貢献を効果的に実施し，成果を発信していく狙いがある。

なお文化庁の事業である**日本遺産**（☞第6講参照）は名前が似ているだけで，世界遺産・無形文化遺産とは全くの別物である。

▼2. ユネスコの事業

またユネスコは，「世界の記憶」や「創造都市ネットワーク」のような，組織としての事業も行っている。

「**世界の記憶**」は，かつて国内では「**世界記憶遺産**」とも呼ばれていたが，世界遺産や無形文化遺産とは異なり，根拠となる条約がない。世界的に重要な記録物への認識を高め，保存やアクセスを促進することを目的として，1992年に開始されたユネスコの事業である。中国が申請した「南京大虐殺資料」や，日本の申請に対してロシア政府が異議を唱えた「舞鶴への生還」など，国による歴史認識の対立を背景に，世界の記憶をめぐる論争は強まる傾向にある。

「**創造都市ネットワーク**」も，条約に基づかないユネスコの事業で

ある。文学，映画，音楽，クラフト＆フォークアート，デザイン，メディアアート，食文化の合計 7 つの分野において，都市間でパートナーシップを結び，相互に経験・知識の共有を図り，またその国際的なネットワークを活用して国内・国際市場における文化的産物の普及を促進し，文化産業の強化による都市の活性化および文化多様性への理解増進を図ることを目的に，2004 年に開始された。2019 年現在，世界各地の 246 都市が加盟している。日本で加盟しているのは，映画（山形市），音楽（浜松市），クラフト＆フォークアート（金沢市，丹波篠山市），デザイン（神戸市，名古屋市，旭川市），メディアアート（札幌市），食文化（鶴岡市）の 6 分野 9 都市である。

▼3. 日本とユネスコ

　日本とユネスコは縁が深い。1951 年 7 月の日本のユネスコ加盟は，同年 9 月のサンフランシスコ講和条約調印よりも早かった。敗戦国日本にとって，ユネスコ加盟が国際社会への復帰の第一歩となった。早期加盟の背景には，仙台に端を発した世界初の草の根の**ユネスコ運動**の盛り上がりがある。民間から起こったユネスコ加盟運動は，官民協力によってユネスコ加盟の機運を高めた。2018 年12 月現在でも，日本全国で 278 の**ユネスコ協会**が活動を続けている。

　2020 年現在，日本はユネスコにおける第 2 位の分担金拠出国として，財政面から貢献するとともに，ユネスコの執行委員会委員国として，ユネスコの管理運営に直接関与している。また，ユネスコの職員数（専門職以上）においても，2020 年 1 月現在，日本はフランスに次ぐ第 2 位の 32 名の職員を擁しており，望ましい水準に達している。

V 文化権についての今後の議論

　本講では，国内の最高法規である憲法と，国際社会とりわけユネスコの活動における文化権の議論を中心に確認してきた。

　文化権は，「文化」という概念の多義性・多様性を背景に，他の人権と比べても，今なお議論が続く発展途上の分野でもある。国際社会の動向を踏まえつつ，今後考えるべき論点をまとめたい。

▶1. 文化権の内容の深化に向けて

●文化の範囲

　日本国憲法成立過程における文化に関する議論からは，25条1項の提案当時は，動物的な意味で生存をつなぐのにとどまらない人間に値する生活を表現するのに「文化」という文言を用いていたこと，生存権の議論において「文化」という言葉が人間のよりよい生の実現を目指す理念として，生活と結びついてその理想を語るものとして用いられていたことがわかる。また日本国憲法が制定された戦後直後の時期に盛んになった「戦後日本は**文化国家**を目指すべき」という文化国家論においては，「文化」が平和，民主，人権と親和性の高い概念として理解されたこと，教育（陶冶・道徳）・学問・芸術といったドイツの Kultur 概念に近い理解もなされていたことがわかっている。

　このように文化権の「文化」，ひいては文化政策の「文化」は，広範な内容を含みうる概念であり，その外延を明確に定義することは困難である。☞第2講で取り上げる文化芸術基本法が文化芸術振興基本法として制定された当時は，様々な分野が足し算という形で

列挙されて盛り込まれた。その構造は文化芸術基本法に改正された後も変わっていない。今後の文化政策においても，範囲の問題は常に問われ続けるだろう。

●文化多様性について

2021年1月現在，ユネスコの「文化的表現の多様性の保護及び促進に関する条約」（**文化多様性条約**）は日本国内で法的効力を有していない。2001年のユネスコ「文化的多様性に関する世界宣言」以降の文化多様性条約策定の動きに対応するべく，日本国内では文化審議会文化政策部会の文化多様性に関する作業部会で検討が行われた。その報告では，「文化多様性を保護，促進するための我が国の取組み」として，主に「多様な文化芸術の保護，発展」，「文化芸術に触れる機会」の「提供」，「日本文化の魅力の海外への浸透を図る」といった項目が掲げられ，「マイノリティの人権・文化権の保障を主眼としたユネスコの方針とは，およそ乖離した内容」だったことが批判されている。文化政策における文化多様性の考察にあたっては，多文化共生の視点も重要である。

本書☞第14講で取り上げる「**アイヌの人々の誇りが尊重される社会を実現するための施策の推進に関する法律**」（**アイヌ施策推進法**）は，旧法を廃止して2019年に制定された。アイヌに関する法制度という観点から批判もあるが，日本の文化政策における多様性への対応の中で，アイヌに関する政策は相対的に取組みが進んでいるのも事実であり，日本における多様性と包摂の議論の嚆矢になることが期待される。

●マイノリティの文化権

関連して，**マイノリティの文化権**の考察も必要である。とりわけ

日本語を母語としないマイノリティの**言語権**の問題は，日本国内で今後さらに議論が必要になるだろう。☞第15講で取り上げる**日本語教育推進法**をはじめとする在住外国人の言語の問題に加えて，たとえば，ろう者が日本手話という日本語とは異なる言語を用いるにあたって主張する言語権も文化権の問題たりうる。文化政策においてもソーシャル・インクルージョン（社会包摂あるいは社会的包摂）への関心が高まっている今日，さらなる研究が期待される。

　☞第13講で取り上げるように，とりわけ障害者福祉の分野での文化に関する政策立案は，同じ社会福祉における児童福祉，高齢者福祉と比べて充実している。障害者の文化芸術活動支援がきっかけとなり，障害者という社会における弱者の障壁を除去することがすべての人の文化的生活の実現につながる可能性についても，今後注目していきたい。

　「情けは人の為ならず」ということわざがあるが，マイノリティの文化権に注目することは，マイノリティのためだけの議論にはとどまらない。そのマイノリティが抱える困難を解消できれば，同様に困難を抱えるすべての人にとって，より生きやすい世の中になることにもつながる。

　そして文化政策を「法から」学ぶことを謳う本書のアプローチにとっても，マイノリティへの注目は特に重要である。実際の社会において，困難を抱えているのに制度という網からこぼれ落ちてしまうマイノリティを出してしまうおそれは常にある。そのときに「法で決まっているから」，「制度がこうなっているから」と諦めてしまうのではなく，既存の法を踏まえつつも現実の課題と向き合い，必要であれば新たな法政策を立案して問題解決につなげていく姿勢が求められる。マイノリティへの注目は，既存の法や制度が対応しきれていない問題に気づくきっかけにもなるのである。

日本国憲法 25 条の「文化」に関する研究から，日本国憲法における「文化」概念においては多様性やマイノリティへの視点が相対的に弱いことが，現状の課題として明らかになっている。今後の文化政策を考えるにあたって意識的に補っていく必要がある。

●文化と人権の関係

　文化と人権を考えるにあたっては，人権という考え方自体が西洋近代思想の押しつけに過ぎない，人権も西洋文化の 1 つに過ぎないという批判もある。人間の尊厳に関わるという点で文化と人権には相通じる面もあるが，個別具体的な場面でそのバランスをどう考えるかは難しい。だが，近代人が自己を守るうえで有益な手段である人権という概念が，異なる文化・文明の併存を受け入れつつ共通性を確立させていく過程において普遍的な価値を実現できる可能性は，非欧米の研究者からもすでに指摘されている。[3] よって今日では人権は文化になじまないと切って捨てる判断は早計である。

▼2. 文化権の法的性質に関する検討

●文化権の整理

　世界人権宣言と国際人権規約で定められた「文化的な生活に参加する権利」，日本国憲法 25 条の「健康で文化的な最低限度の生活を営む権利」，文化芸術基本法 2 条 3 項の「文化芸術創造享受権」，その他明文で法的根拠を持たない様々な文化に関する諸権利（cultural rights）について，今後はきちんと整理しつつ論じていく必要がある。

🍃集団的権利と個人の基本的人権

　文化権を，**集団的権利**と個人の権利，どちらで捉えるかという問題もある。どちらも重要という原則に異論はないとしても，個々の局面においてどちらの面をどの程度重視するか，自覚的であることは求められる。図表1.1において，自由権・社会権の伝統的な権利区分にとどまらない第3世代の文化権の可能性として「参加権」「市民権」という表記を用いたが，それらは個人の権利寄りの捉え方とも言える。集団的権利に寄せて捉えるなら，文化の自決権とでも呼べるだろうか。

　芸術を中心とする狭義の文化の文化権は個人的権利，文化人類学的な広義の文化の文化権は集団的権利と解する向きもあるが，文化の範囲と権利の主体の問題は区別しておくべきだろう。文化の範囲はどちらかといえば保障内容に関わる論点であり，権利の主体は権利の性質に関わる論点である。

🍃文化の帰属あるいは所有の問題と文化権

　集団的権利に関しては，文化の帰属あるいは所有の問題と文化権をどのように考えるかという問題も生じる。たとえば，ある文化的事象に関して複数の個人あるいは集団の権利主張が衝突したときに，文化権の名のもとに誰かしらの排他的な処分権限を保障できるものだろうか。

　考えさせられる事例として，バリ舞踊をめぐるインドネシアとマレーシアの論争が挙げられる。[4] 2009年にバリ舞踊〈ペンデット〉の画像がマレーシアの観光番組のコマーシャル映像に使用されたことに対する一連の論争において，インドネシアのメディアは，〈ペンデット〉の映像使用は登録商標や特許の侵害と同様の**文化所有権**の侵害であると報じた。文化的アイデンティティという精神的問題

だけでなく，その文化を利用して観光をはじめとする経済的・金銭的利益を上げる権利もあわせて文化に対する排他的権利とみなす認識が議論の前提にあったと言える。

この事例は文化権として論じるべきかどうかから意見が分かれるだろうが，知的財産権全盛の今日において，広い意味での文化と権利の問題であることは間違いない。

本書は☞第3講と☞第4講で**著作権**についても取り上げるが，著作権は**知的所有権**の一種とも呼ばれる。知的所有権という言葉からわかるように，著作権の考え方は，20世紀に誕生した社会権的な人権の捉え方よりも，自由権的な人権の捉え方に親和的である。自由権と社会権の両方の側面が重要な文化権と，知的所有権の一種である著作権では，前提となる権利の捉え方が異なるものの，どちらも文化と権利の問題である。

●文化権と国家の権利および義務の関係

グローバル化が進み，移民や難民も増加し，単純な一国一文化モデルが成り立たない今日の世界において，特にマイノリティの文化権を考えるにあたり，国内における文化権の保障と国家という枠組みの存続は時として相克関係になりうる。

文化政策が国家による個人の文化的活動への制約になってしまうこと，国家による個人への特定の価値の押しつけになってしまうことは，あってはならない。そのような事態を防ぐためにも，文化政策を考えるにあたって，個人の尊厳を守る文化権の理念の果たす役割は重要である。

---

1) General comment No.21, E/C.12/GC/21.
2) 藤野一夫（2007）「『文化多様性』をめぐるポリティクスとアポリア——マイノリ

　　ティの文化権と文化多様性条約の背景」『文化経済学』第5巻第3号，文化経済学会，
　　7–13頁。
3）　大沼保昭（1998）『人権，国家，文明——普遍主義的人権観から文際的人権観へ』
　　筑摩書房，294–298頁。
4）　増野亜子（2010）「〈ペンデット〉論争——バリ島の伝統芸能の所有権をめぐっ
　　て」『桐朋学園大学研究紀要』第36号，桐朋学園大学，89–103頁。

次のステップ

- 文化権が実現された状態はどのようなものか，想像してみよう。
- 文化権の実現に向けた文化政策の具体的なアイディアを出してみよう。

参考文献

小林真理（2004）『文化権の確立に向けて——文化振興法の国際比較と日本の現
　　実』勁草書房
中村美帆（2021）『文化的に生きる権利——文化政策研究からみた憲法第25条
　　の可能性』春風社
文化庁・九州大学共同研究チーム編（2019）『はじめての"社会包摂 × 文化芸
　　術"ハンドブック』，〈http://www.sal.design.kyushu-u.ac.jp/pdf/2018_hand
　　book_Bunkacho_SAL.pdf〉（参照 2021-6-18）

文化芸術基本法

I　はじめに：議員提出立法の特徴

●議員提出立法

　文化芸術基本法は2017年6月に成立した法律である。この法律は，2001年に制定された**文化芸術振興基本法**の改正版であり，さらに議員提出で立法化された。そもそも法律は，立法府である国会によって作られるものであるので，議員提出立法であることは珍しいことではないように思えるかもしれない。しかしながら，毎国会で成立する法律のほとんどが内閣提出立法であることを考えると，文化芸術基本法の特徴をそこに見ることができる。議員提出法案は，政党の枠組みを超えた連携が成功したときに，成立するものである。つまり，法律で実現しようとする価値を複数の党で共有できる場合に，政党の基本方針等を超えて議員間の連携と合意によって法案が提出され，成立するということになる。これはそれほど簡単なことではないのだが，日本は，戦後最初の文化法である文化財保護法から，多くの文化関係法規を議員提出立法で成立させてきた。文化を発展させるという一般論としての方向性は政党間の対立を超えた価値と認識されてきたといってよい。

議員提出立法の理由

　文化関連法はなぜ議員提出立法なのかを考えておく必要がある。文化や芸術は，その表現内容・形態・方法が人々の感情や思考へ訴えかける力があるからこそ，作品によっては好まれることもあれば，嫌われることもある。また，様々な文化や芸術が，人に活力を与えたり，一体感を高めたり，そうかと思えば嫌悪感や不快感を抱かせたりすることが起きる。これは，文化や芸術が持つ特質である。人の好みは多様であり，すべての人がよいと考える文化や芸術はない。その好悪によって，他者を排除することが起こりやすいのもこの分野の特徴といってよいだろう。人々の感情や思考への訴求力が高いからこそ，歴史的に振り返れば文化や芸術を，政治的，あるいは軍事的に利用することも行われた。同調圧力の強い日本社会といわれることがあるが，文化や芸術を利用した思想や行為の誘導が，過去の日本社会で残念ながら有効に機能していたこともあった。それゆえに第二次世界大戦後の日本においては，文化や芸術に関する政策に政治的イデオロギーを介入させないこと，介入によって歪めないためにも，政党間の対立を持ち込まない方向性が確認されたと言えるだろう。むろん，文化活動や芸術活動を行う人たちには，彼ら・彼女なりの思想の自由や政治観があるので，個別の政治的活動を制限するものではないし，政党や政治的なイデオロギーに与することを妨げるものではない。しかしながら，それぞれの政党や政治の関与による政策誘導に距離を置きながら，法の目的を実現していこうとするところに**議員立法**の特徴はある。

議員立法の母体

　この法律案の提出母体となったのは文化芸術振興議員連盟と，それらと連携しながら文化芸術振興に関する政策提言等を行っている

文化芸術推進フォーラムという組織である。このような団体のことを政治学的には圧力団体，またはアドボカシー団体という。圧力団体，アドボカシー団体はともに，政治上（あるいは政策上）の目的を実現するために議会の外部から働きかける集団のことであり，利益集団という言い方もする。利益集団によっては特定の政党と結びついて，利益の実現を図るものもある。文化芸術振興議員連盟は，超党派の国会議員によって 1977 年に結成された音楽議員連盟が前身であり，2013 年に現行名称に変更された。2018 年に発行された資料によれば，自由民主党，公明党，日本共産党，立憲民主党等を含めて衆参両議員 110 名から構成されている（図表 2.1 を参照）。また文化芸術推進フォーラムは前法文化芸術振興基本法が制定された後に文化芸術振興基本法推進フォーラムを，舞台芸術，音楽，映画等の芸術統括団体で構成して結成し，後に現行名称に変更した。現在の構成団体は，図表 2.2 のとおりである。

　なぜこのように議員立法のことを書くのかといえば，これは，政府による内閣提出法案とは，法律に至るルートが異なるからである。ということは，改正法なのにもかかわらず，文部科学省の組織で制度上文化政策に関連する審議を行う**文化審議会**には，法律が新たに制定されるまでの議論の過程が共有されない。

II　文化芸術基本法の基本構造

●本法の位置づけと関連行政組織

　戦後の日本の文化法制を眺めたときに，1947 年に制定された旧教育基本法や，1950 年の文化財保護法は文化財が対象ではあるが，世界文化の発展を目的としていることから文化施策の根拠になって

図表 2.1　文化芸術基本法制定時の文化芸術振興議員連盟構成

党名	衆議院	参議院	合計
自由民主党	48	12	60
公明党	9	2	11
日本共産党	4	7	11
民進党	22	6	29
日本維新の会	2	0	2
日本のこころ	0	2	2
無所属	2	1	3
合計	87	30	117

文化芸術振興議員連盟（2017）『文化芸術 vol. 08』23 頁「会員名簿」から作成

図表 2.2　文化芸術推進フォーラム構成団体（2021 年 4 月現在，23 団体）

- 公益社団法人日本芸能実演家団体協議会
- 一般社団法人日本音楽著作権協会
- 一般社団法人日本レコード協会
- 一般社団法人日本音楽出版社協会
- 一般社団法人日本楽譜出版協会
- 一般社団法人日本音楽作家団体協議会
- 芸術家会議
- 公益社団法人日本オーケストラ連盟
- 一般社団法人日本クラシック音楽事業協会
- 公益財団法人音楽文化創造
- 一般社団法人全国楽器協会
- 公益社団法人日本演劇興行協会
- 公益社団法人全国公立文化施設協会
- 劇場等演出空間運用基準協議会
- 芸術文化振興連絡会〈PAN〉
- 一般社団法人コンサートプロモーターズ協会
- 協同組合日本映画監督協会
- 協同組合日本シナリオ作家協会
- 一般社団法人日本映画製作者連盟
- 一般社団法人日本美術家連盟
- 一般社団法人全国美術商連合会
- 一般社団法人日本美術著作権協会
- 一般社団法人日本写真著作権協会

いたことは間違いない。しかしながら，2001 年に**文化芸術振興基本法**が制定されたことによって，文化政策ないしは文化芸術振興においては，この法律が第一義的な意味を持つことになった。このことは，文部科学省の外局である**文化庁**が 1968 年に設置されており，

文化振興を重要な所掌としていながら，文化振興の根拠法がないと指摘されていた問題が解消されたことを意味している。なお，外局とは政策の実施等で特定の事務を司る行政機関のことである。

教育基本法も 2006 年に改正されているが，民主的で文化的な国家をさらに発展させ，伝統を継承し，新しい文化を創造していくうえでの教育の重要性を掲げており，これらの目的を達成していくうえでの教育の果たす役割が重要なのは論をまたない。文化芸術基本法とともに，法的には同等の位置にあるといってよい。これまで，教育基本法に連なる法の執行部分は文部科学省本体が担い，文化芸術振興基本法については文化庁が担当をしてきた。なお，2011 年にスポーツ振興法を改正して制定されたスポーツ基本法を所管するものとして 2015 年にスポーツ庁が開設された。2018 年の文部科学省設置法の改正によって，社会教育の振興のうち博物館に関する企画・立案・援助・助言についてと，学校における芸術に関する教育の基準についての事務は文化庁に移管された。近年，社会教育を担当する部署が文部科学省内で縮小されている状況において文化庁に移管され，現在博物館に関する振興施策について文化審議会に博物館部会が設置されて検討がなされている。なお，文化庁は，国の中央省庁の分散化に伴い，2022 年から京都に全面的に移転することになっている。

●改正のポイント

さて前述のような団体の支援によって成立した文化芸術基本法は，2001 年に制定された文化芸術振興基本法を改正したものである。改正のポイントは，大きく 4 つある。第 1 に，名称が変更された。文化芸術振興基本法から，「振興」が外れることによって，振興にとどまらない文化芸術全般に関連する基本法になったということで

ある。第2に，第1章の基本理念に新たな記述が加わった。第3に，第2章の題名「基本方針」が，「文化芸術推進基本計画等」に変更された。方針という緩やかな位置づけから，進捗管理を前提とする基本計画へと全面的に変更が行われた。

　そして第4に，第4章において，「文化芸術の推進に係る体制の整備」が掲げられ，省庁連携の仕組みが整えられた。いずれも，所管官庁の努力義務を超えた，方針や施策の実効性と対象施策の推進体制を高めるための改正が行われたといえる。

🍃目的と基本理念

　一般的に法律の総則は，その法律の**目的**，法律の目的を達成していくために重視する**基本理念**，そしてその法律で扱う概念の**定義**で構成される。文化芸術基本法には他の基本法同様に**前文**が付されている。前文は，法律が制定された由来や目的を明らかにすることによって，その法律が目標とする方向性や考え方を将来にわたって理解させようとするものである。

　この法律の目的は心豊かな国民生活および活力ある社会の実現に寄与するために，①文化芸術の施策に関する基本理念，②国および地方公共団体の責務，③文化芸術施策の基本施策，を定めて，それらを推進していくための仕組みを整えることとされている。それでは，文化芸術とは何であろうか。**文化芸術**，という文言は一般には聞き慣れないものであるが，この法律が扱う対象を総称する政策用語であり，図表2.3を含むものである。文化芸術の定義は置かれていないが，第3章に「文化芸術に関する基本的施策」として列挙されているものすべてを総称して文化芸術と名づけていることがわかる。

　そして2条の基本理念は，基本的な施策の方向性が規定されて

図表 2.3 文化芸術基本法における対象と施策

対象			施策領域関連機関
文化芸術	芸術	文学，音楽，美術，写真，演劇，舞踊その他の芸術	・対象領域の振興・継承・保存のための支援 ・国際交流
	メディア芸術	映画，漫画，アニメーションおよびコンピュータその他の電子機器等を利用した芸術	・芸術家養成・確保 ・文化芸術に関わる教育研究機関等整備 ・国語についての理解
	伝統芸能	雅楽，能楽，文楽，歌舞伎，組踊その他の我が国古来の伝統的な芸能	・日本語教育の充実 ・著作権等の保護および利用 ・国民の鑑賞等の機会の充実 ・高齢者，障害者等の文化芸術活動の充実
	芸能	講談，落語，浪曲，漫談，漫才，歌唱その他の芸能	・青少年の文化芸術活動の充実 ・学校教育における文化活動の充実
	生活文化・国民娯楽・出版物およびレコード等	生活文化（茶道，華道，書道，食文化その他の生活に係る文化をいう）・国民娯楽（囲碁，将棋その他の国民的娯楽をいう）ならびに出版物及びレコード等	・劇場，音楽堂等の充実 ・美術館，博物館，図書館等の充実 ・地域における文化芸術活動の場の充実 ・公共の建物等の建築にあたっての配慮
	文化財	有形および無形の文化財ならびにその保存技術	・情報通信技術の活用 ・調査研究 ・地方公共団体および民間の団体等への情報提供等
	地域文化	各地域における文化芸術，地域固有の伝統芸能および民俗芸能	・民間支援活動の活性化等 ・関係機関の連携 ・顕彰

いるような内容である。文化芸術に関する施策を推進するにあたっては，以下の 10 項目が挙げられている。

> ① 文化芸術活動を行う者の自主性の尊重，
> ② 文化芸術活動を行う者の創造性の尊重，地位の向上，能力の十分な発揮，
> ③ 文化芸術を創造し，享受することが生まれながらの権利であること

に照らして，国民がその年齢，障害の有無，経済的な状況または居住する地域にかかわらず等しく，文化芸術を鑑賞し，参加し，創造するための環境整備，

④　施策の展開領域として日本および世界を対象にする，

⑤　多様な文化芸術の発展と保護を図る，

⑥　地域の人々の主体性と地域の固有性への配慮，

⑦　日本の文化芸術の世界発信，国際的な交流および貢献の推進，

⑧　文化芸術に関する教育の重要性に鑑み，学校等，文化芸術団体，家庭および地域における活動の相互の連携，

⑨　広く国民の意見が反映されるような配慮，

⑩　文化芸術の固有の意義と価値を尊重しつつ，観光，まちづくり，国際交流，福祉，教育，産業その他の各関連分野における施策との有機的な連携

　このうち，基本理念に新たに付け加えられたのが，上記③における，年齢，障害の有無や経済的状況である。本項は，文化芸術を創造し，享受することを「生まれながらの権利」と位置づけ，とりわけ平等性に配慮して推進していくことを求める理念が示されているところであるが，状況を追加していくことによって，誰も取りこぼさないようにすることを目指していると言える。また，⑧と⑩は項目自体が，今回の改正において，新たに付け加えられたものである。⑧は教育との連携を理念に盛り込んだものであるが，この条文でも「乳幼児，児童，生徒等」と列挙し，学校教育で対象となる児童・生徒だけでなく，修学以前の乳幼児を含めていることに注目すべきであろう。学校教育については，24条で施策として規定されているところであるが，あえて乳幼児も含めて理念化が図られた。⑩については，今回の改正の目玉とも言える追加である。文化芸術それ自体の価値だけではなく，文化芸術を他の分野にも活用可能なものとみなして，法律の対象としていくことにした。

●各関係機関等の責務と役割

　3条では国に施策を総合的に策定し実施する責務が，4条では地方公共団体の責務が規定されている。地方公共団体が自主的かつ主体的に地域の特性に応じた施策を策定し，実施する責務があるとしている。5条は，国民の関心や理解を深めていくための国の役割が記されているところである。そして5条の2，5条の3は，今回の改正で付加されたところでもある。5条の2が文化芸術団体の役割を定め，5条の3において，関係者相互の連携や協働が図られることを目指すことになった。

　国民の関心や理解を深めること，また文化芸術団体の役割についても，自主性や主体性が重んじられている。また6条において，政府は，文化芸術に関する施策を実施するために必要な法制上，財政上または税制上の措置その他の措置を講じなければならないとされている。さらに，施策の実施において各省庁や各部局が一体的・総合的に行うための推進体制について第4章で新たに規定された。36条では国レベルで，文化芸術推進会議を設け，文部科学省とともに，内閣府，総務省，外務省，厚生労働省，農林水産省，経済産業省，国土交通省その他の関係行政機関との連携を図ることが規定された。そしてさらに，37条では，地方公共団体レベルにおいて，地方文化芸術推進基本計画その他の文化芸術の推進に関する重要事項を調査審議させるため，条例で定めるところにより，審議会その他の合議制の機関を置くことができるとした。

●文化芸術推進基本計画の策定方法

　文化芸術推進基本計画は，文化芸術に関する施策を展開していくうえでの基本的かつ重要な計画である。この法律では政府が，文化芸術推進基本計画を定めて，文化芸術の施策を推進していくことに

なっている（7条）。そのために，文部科学大臣は，**文化審議会**において意見を聞き，計画案を作成することになっている。さらにその計画案を作成するときには，あらかじめ関係行政機関との連絡調整を文化芸術推進会議でしなければならない。

文化審議会は，2001年に省庁再編により文部科学省が設置されたときに，新たに置かれたものである。文化審議会は，学識経験者で構成され，専門家の立場から文化政策に関して意見を述べる。文化審議会令で任命，任期等が定められている。文化審議会には，国語分科会，著作権分科会，文化財分科会，文化功労者選考分科会が置かれており，各施策や事業推進に関連する部会が置かれている。2021年3月現在，文化の振興に関する基本的な政策形成・関連重要調査を行う文化政策部会，美術品補償制度部会（含む，専門調査会），世界文化遺産部会，無形文化遺産部会，博物館部会が置かれている。

2017年6月23日に法律が改正され文化芸術基本法が成立してから，2018年3月6日には「文化芸術推進基本計画——文化芸術の『多様な価値』を活かして，未来をつくる（第1期）」（以下，第1期基本計画と略）が閣議決定された。半年の準備期間による発表だった。

III 文化芸術基本法のこれまでとこれから

制度化以降の特色

文化政策全般を見渡したときに，やはり2001年に文化芸術振興基本法が制定され，基本方針を策定しながら文化政策を推進する仕組みができあがったことには大きな意義があった。2009年に発行

された『文化庁40周年史[1]』によれば，1998年から2008年は，この法律による基本方針策定による政策方針の明確化が挙げられており，文部科学白書においても方針に則っての施策の具体的記述が見られるようになった。2008年までの間に，国立文化施設の運営形態の独立行政法人化，新たな国立文化施設（国立劇場おきなわ，九州国立博物館，国立新美術館）を開館させ，さらに文化芸術創造プラン（新世紀アーツプラン）を創設させたとの記述がある。文化芸術創造プランは，アーツプラン21（芸術創造特別支援事業，国際芸術交流推進事業，芸術創造基盤整備事業）とその他の芸術支援関係事業を統合した後継事業である。アーツプラン21は，芸術団体が中期的な視野に立って創造性の高い自主公演に着手できるよう，当時の国の支援事業には珍しく複数年度での支援を実現したものだった。

●基本方針から第1期基本計画へ

　第1期基本計画は，2018年度から2022年度の5年間の基本的な方向性を示したものである。旧法における基本方針は第1次（2002年12月10日）を皮切りに，5年ごとに更新をしてきたが，第4次（2015年5月22日）において1年前倒しで発表がなされている。第1次から第4次に至るまで，原則一貫して文化芸術の本質的な価値に加えて，多様な価値を生み出していることに結びつけながら文化芸術振興の意義を主張してきたが，第4次においてはそれまでの方針とは少し異なる特色が見られる。2012年12月に第2次安部政権が誕生し，2013年9月に，2020年にオリンピックとパラリンピックを東京に招致することが決定されたためである。2014年9月に当時の安部首相によって発表された地方創生が，「諸情勢の変化」の最初に取りあげられ，次に2020年東京大会の開催，そして，東日本大震災が挙げられた。

図表 2.4　第 1 期基本計画の基本的な方向性

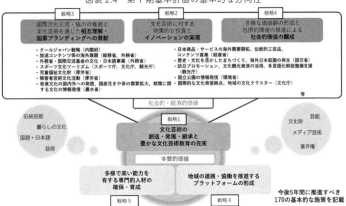

出典：平成 30 年 3 月 6 日閣議決定「文化芸術推進基本計画──文化芸術の『多様な価値』を活かして、未来をつくる（第 1 期）」，〈https://www.bunka.go.jp/seisaku/bunka_gyosei/hoshin/pdf/r1389480_01.pdf〉参考資料 2 頁

　2020 年度という期限を区切った目標に向けて，「文化芸術資源で未来をつくる」というスローガンも掲げられた。文化芸術，街並み，地域の歴史等を地域資源として戦略的に活用する方向性を打ち出したのである。この基本方針の途中で，文化芸術基本法が制定され，基本方針を改め基本計画という形式をとることによって，評価指標に基づく検証サイクルを確立して，進捗管理によって実効性を担保するようになった。

　当面 5 年間の今後の文化政策について以下の 4 つの目標を掲げている。第 1 に，文化芸術の創造・発展・継続と教育，第 2 に，創造的で活力ある社会，第 3 に，心豊かで多様性のある社会，そして第 4 として，地域の文化芸術を推進するプラットフォームの形成である。そしてこれらの目標を文化庁だけではなく，様々な省庁での取り組みを通じて達成していく方向性を提示した。それが，図表 2.4 である。

💮予算推移の特徴

　文化芸術に関する施策の基本を担っている文化庁の**予算**は，2008年から文化芸術基本法成立に至るまでの10年を振り返ってみると漸増を示しているが，ほぼ横ばいで推移してきた。予算は，国の場合8月31日までに次年度に向けた予算の見積もりである概算要求が作成され，国会で議決される。実際は概算要求どおりにはなかなかいかない。文化庁の予算は大きく，文化財保護，芸術文化振興，その他に分類されてきた。2012年度については，東日本大震災に関連した復興特別会計が組まれたことから，文化財保護関係の予算に伸びが見られた。また，文化芸術振興基本法を根拠に，「劇場，音楽堂等の活性化に関する法律」が制定されたことから，対前年度予算比（復興特別会計を除く）で17億7100万円分「文化芸術創造活動への効果的な支援」の伸びが見られた。

　2013年度から，予算の分野組替えが行われ，文化財保護に計上されていた独立行政法人（以下，(独)と略）国立文化財機構の施設・運営費，芸術文化振興に含まれていた(独)日本芸術文化振興会および(独)国立美術館の運営費が，「国立文化施設」と分類された。これらの国立施設は現在独立行政法人によって運営がなされており，それぞれの運営法人に関する法律が存在する。このことにより，文化財保護や芸術文化振興に関して国の施設に振り分けられていた部分が大きかったことがわかる。

　2018年度に34億5700万円の予算の伸びが見られるが，国立科学博物館の所管が文化庁に移管されたことによるもの（27億2900万円）がほとんどであり，そして2019年度は，国際観光旅客税による充当（100億円）によって伸びが見られた。2008年度からの約10年間で約150億円の予算の増加を見たことになる。

　なお，2020年3月頃からの新型コロナウイルス感染症蔓延に伴

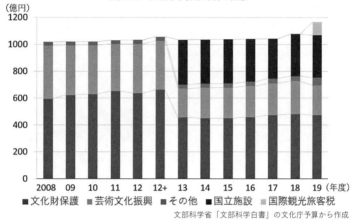

図表 2.5 文化庁予算分野別の推移

（億円）

■文化財保護　■芸術文化振興　■その他　■国立施設　■国際観光旅客税

文部科学省「文部科学白書」の文化庁予算から作成

図表 2.6　文化庁が所管している国立文化機関

運営法人名	目的	施設	助成機関
㈱国立文化財機構	文化財保存・活用	東京国立博物館 京都国立博物館 奈良国立博物館 九州国立博物館 東京文化財研究所 奈良文化財研究所 アジア太平洋無形文化遺産研究センター	―
㈱国立美術館	芸術その他の文化の振興	東京国立近代美術館 国立西洋美術館 京都国立近代美術館 国立国際美術館 国立新美術館 国立映画アーカイブ	―
㈱日本芸術文化振興会	芸術その他の文化の援助・保存・振興	国立劇場 国立演芸場 国立能楽堂 国立文楽劇場 国立劇場おきなわ 新国立劇場 伝統芸能情報館 舞台美術センター	芸術文化振興基金
㈱国立科学博物館	自然科学および社会教育の振興	国立科学博物館	―

い，感染症対策に関する大幅な補正予算が組まれた。また，2020年7月に文化庁と国土交通省の支援による民族共生象徴空間ウポポイが開館している。

●施策の推移概観：文化財保護

さて，この文化庁の予算の範囲内で，文化芸術に関する施策がどのように変化していったかを見ておく必要があるだろう。具体的に，どのような事業が毎年行われているかを確認するうえで重要な資料となるのが，「〇年度文化庁予算の概要」（以下，予算概要と略）と呼ばれる資料だ。国立機関に振り分けられている分を除いた文化庁予算のうち，文化財保護分野は全体の40〜45％，芸術文化振興分野は20〜23％程度で推移をしてきている。この部分が，文化庁が施策を行うために，事業を企画して執行している部分になる。

文化財保護分野においては中核となっているのは予算概要の「事項」の「文化財の適切な修理等による継承・活用」で64.3％（2019年度）が当てられている。この具体的な内容は，①建造物の保存修理等，②美術工芸品の保存修理等，③伝統的建造物群基盤強化，④指定文化財管理等，⑤国有文化財等の保存整備等，⑥史跡等の保存整備・活用等，⑦平城および飛鳥・藤原宮跡地等の保存整備である。また2015年度から「文化財総合活用戦略プラン」が創設され，2017年度にはそれが「文化財総合活用・観光振興プラン」に改定され，文化財を観光資源として捉えることによって，地域振興につなげる9つの事業を展開するものとなっている。具体的には，①文化財を通じた歴史体感プロジェクト，②地域の美術館・博物館クラスターの形成，③観光拠点形成重点支援事業，④日本遺産魅力発信推進事業，⑤文化遺産総合活用推進事業，⑥日本の美再発見！文化財美術工芸品魅力開花推進事業，⑦美しい日本探訪のための文化

財建造物魅力向上促進事業等，⑧地域活性化のための特色ある文化財調査・活用事業，⑨地域の特色ある埋蔵文化財活用事業，となっている。

「文化財の適切な修理等による継承・活用」の①〜⑦，「文化財総合活用・観光振興プラン」の①〜⑨が各年度ごとに組み替えられる可能性があるものであり，新規，廃止，継続となっていくところである。

これに対して芸術文化振興については，中核となっていると思われた大項目の「文化芸術創造活動への効果的な支援」は 2014 年度をピークに減少している。これは下部の中項目の組み替えが起きていることから生じている。芸術文化振興の予算それ自体は減少しているわけではないので，中項目の組み替えをしながら，全体としての予算を維持していると言える。大項目の変化が見えてくるのが，2015 年度からであり，「文化力による地域と日本の再生」（2015，2016 年度），「文化芸術資源の創造・活用による地方創生と経済活性化等の推進」（2017，2018 年度），「我が国の文化芸術の創造力向上と新たな価値の創出」（2019 年度）などが加わり，短期間で大項目が変化してきていることが見てとれる。項目の組み替えをしても複数年維持されている事業については，中核的事業として位置づけることができると考えられる。事業は 5 年を目途に変化してきていることがわかる。文化財保護については一定程度の継続性が確保できているのに対して，芸術文化振興についてはそれができないのは，芸術文化振興の使命が明確ではないということを意味するのではないだろうか。大項目の変化は，政策評価にも影響してくることが考えられる。この現象は文化芸術基本法に改正されたことが関係しているようだが，今後の事業展開を見守っていく必要がある。

●本法成立後に成立した法律

　この法律は，基本法という特徴を持っていることから，この法律を根拠に新たな法律が制定されてきたことにも注目すべきである。旧法の文化芸術振興基本法以降，明確にこの基本法に基づいて制定されたのが 2012 年の「**劇場，音楽堂等の活性化に関する法律**」，2018 年の「**障害者による文化芸術活動の推進に関する法律**」などである。また，同じ時に，「**国際文化交流の祭典の実施の推進に関する法律**」が制定され，さらには国際観光旅客税を原資にする施策の展開のために 2020 年には，「**文化観光拠点施設を中核とした地域における文化観光の推進に関する法律**」が制定されている。

●地方公共団体の責務と取り組み状況

　最後になるが，文化芸術基本法では 4 条に**地方公共団体**の責務を記した。また 37 条では，地方文化芸術推進基本計画その他の文化芸術の推進に関する重要事項を調査審議させるため，条例で定めるところにより，審議会その他の合議制の機関を置くことができるとした。文化芸術基本法は 2017 年の成立だが，都道府県や先駆的な市町村においては国に先駆けて文化芸術に関する条例や基本計画を策定して文化行政を行ってきた。2020 年度 10 月現在において，市区町村の状況を見てみると，調査対象 1661 のうち，文化政策関連の指針を策定しているのは，229 にとどまっている。それぞれの自治体で策定されてきた計画が文化芸術推進基本計画をどのように参酌していくか，またどのように進捗が評価されているか，検証作業も必要とされている。

---

1) 文化庁監修（2009）『文化芸術立国の実現を目指して──文化庁 40 年史』ぎょうせい。

次のステップ

● 文化芸術基本法に関連した施策が，文化庁以外の行政機関でどのように展開されているかを探してみよう。

● 文化芸術基本法成立後に策定された地方自治体の計画で，国の計画を参考にしている部分と，地方自治体独自の部分を見つけてみよう。

参考文献

文部科学白書

根木昭・佐藤良子（2013）『文化芸術振興の基本法と条例——文化政策の法的基盤』水曜社

河村建夫・伊藤信太郎編著（2018）『文化芸術基本法の成立と文化政策——真の文化芸術立国に向けて』水曜社

表現の自由

　日本国憲法21条1項は「集会，結社及び言論，出版その他一切の表現の自由は，これを保障する」，さらに同条2項は「検閲は，これをしてはならない。通信の秘密は，これを侵してはならない」と規定している。しかし，**表現の自由**は無制約には保障されない。憲法の教科書を紐解くと，どのような場合に，どのような基準で表現の自由についての規制を行うことが許されるべきか，について多くの議論が交わされていることがわかる。

　文化芸術は，通俗的に流布する社会的通念に対する「異議申立て」としての機能を担うことが珍しくないため，その表現規制のあり方がしばしば議論の的となってきた。近時，文化芸術の世界で表現の自由との関係が注目されたのが，2019年に起きた「**あいちトリエンナーレ2019**」（以下，「あいトリ2019」）の企画展である「**表現の不自由展**」（以下，「不自由展」）に関する一連の経緯である。

　不自由展は，あいトリ2019の開催期間である2019年8月1日から10月14日に行われる予定であった。しかし，従軍慰安婦，昭和天皇，特攻隊などに関する展示に対する抗議が開始直後から殺到し，8月2日にはガソリンテロを予告する内容のFaxが届くなど事態は急速に悪化した。会場の安全・安心を保てないという理由から，8月3日に不自由展は中止に追い込まれ，閉会直前の10月8日に条件付きで再開されたが，限られた日数の展示になったことは否めない。混乱の当初から，複数の国および地方自治体の政治家が不自由展の展示内容への違和感を表明したことも，表現の自由との関係で議論を呼んだ。

　また，2019年9月26日に，文化庁長官は，あいトリ2019に対して交付が予定されていた「日本博を契機とする文化資源コンテンツ創成事業」の**補助金**の全額である7800万円を不交付とする決定を行った。文化庁は「補助金申請者である愛知県が，展覧会の開催に当たり，来場者を含め展示会場の安全や事業の円滑な運営を脅かすような重大な事実を認識していたにもかかわらず，それらの事実を申告することなく採択の決定通知を受

領した上，補助金交付申請書を提出し，その後の審査段階においても，文化庁から問合せを受けるまでそれらの事実を申告しませんでした」，「これにより，審査の視点において重要な点である，[1] 実現可能な内容になっているか，[2] 事業の継続が見込まれるか，の 2 点において，文化庁として適正な審査を行うことができませんでした」と述べている。その後，2020 年になって，愛知県が補助金額を減額して再度申請を行い，その申請は認められている。

不自由展は，表現の自由や補助金交付を含めて多くの問題を提起した。議論の詳細は参考文献に譲るとともに，紙幅の関係上，本コラムでは以下の点を課題として挙げるにとどめる。

不自由展が中止に追い込まれ，補助金交付不決定がなされたことについては，表現の自由に対する制約であるという見解も多く聞かれる。しかし，文化芸術における表現の自由が保障されるためには，文化芸術に従事する団体やコミュニティの「**自律性（autonomy）**」のあり方も同時に問われるはずである。自律性は，「他から干渉されない」ことと，「自分たちで自分たちを律することができている」ことの両方に関わるとともに，これら 2 つは不即不離の関係にある。

不自由展が開始直後に中止に追い込まれた状況に鑑みると，主催者側（ここには「あいちトリエンナーレ実行委員会」と「表現の不自由展実行委員会」の両方が含まれる）のリスクマネジメントは必ずしも十分ではなかった可能性がある。社会的に強い批判を受ける可能性がある展示を行うのであればこそ，事前に主催者側が展示の目的や展示内容を開示し，社会とコミュニケーションを行って信頼を得る必要があったはずであり，それがなされないままに混乱が生じたがゆえに，外部からの介入を招いてしまったという見方も成り立ちうるだろう。

不自由展に関する一連の経緯は，表現の自由の問題とともに，文化芸術における自律性を確保するために私たち文化芸術関係者は何をすべきなのか，という重い課題を突きつけている。

参考文献

「緊急特集 『表現の自由』とは何か？——芸術を続けるためのアイデアと方法」『美術手帖』第 72 巻第 1081 号（2020 年 4 月号，美術出版社）所収の各論稿

「特集　芸術と表現の自由」『法学セミナー』第 786 号（2020 年 7 月号，日本評論社）所収の各論稿

小島立（2021）「『文化芸術活動が行われる場や組織』について」『法律時報』第 93 巻第 9 号，日本評論社，94 頁

著作権法（1）
著作権法の「これまで」

I 　知的財産法における著作権法の位置づけ

　私たちは，無数の「人が生み出したもの」（以下，「**知的成果物**」という）に囲まれて暮らしている。知的財産法は，知的成果物が生み出されて（以下，「**創出**」という），世の中に送り出され（以下，「**媒介**」という），そして，**享受**される過程に関わるアクターの活動に対して法的に介入を行う法制度である。

　その法的な介入は，いかなる知的成果物を主にどの知的財産法（たとえば，主に技術に関係する特許法，主に文化的表現に関係する著作権法，主に商品またはサービスの出所を示す標章に関係する商標法など）で取り扱うのか，知的成果物のいかなる範囲に財産権や人格権などの権利を発生させるのか，それらの権利をどのような条件のもとで誰に帰属させるのか，知的成果物のいかなる利用の範囲について権利行使を認めるのか，といった事柄についてなされる。知的成果物に関係するアクター間における上記の事柄についての調整を通じて，知的財産法は，社会においていかなる模倣を認め，いかなる模倣を認めるべきでないのかという線引きを行う任務を負っている。

　本講では，主に文化的表現に関係する**著作権法**について見ていく。[1]
著作権法の目的は「文化の発展」であり（1条），著作権法の保護対象である「著作物」は，「思想又は感情を創作的に表現したもので

あつて，文芸，学術，美術又は音楽の範囲に属するものをいう」と定義されている（2条1項1号）。これらの事実から，著作権法が主に文化芸術の領域を対象としていることがわかる。

II 著作権法に関係する主なアクター

　著作権の基本構造について叙述する前に，著作権法に関する主なアクターについて，音楽を手がかりに若干の検討を行ってみよう。

　音楽は，作詞家・作曲家の頭の中に存在する無形（無体）のものとして生み出され，「表現」された音楽が，著作物（著作権法2条1項1号）としての資格が得られるならば，著作権法による規整が及ぶ。作詞家・作曲家は著作者（同項2号）と評価され，「**著作権**」と「**著作者人格権**」を有する（詳細は後述する）。

　私たちは，作詞家や作曲家が表現した楽譜に接しても，音楽の魅力を感じることが難しい場合が多く，演奏や歌唱などの形で実演されることによって，その魅力を十分に感じることができる。著作権法は，実演に従事する実演家に「**実演家の権利**」（89条1項，90条の2以下）を付与している。自ら作曲して実演するアーティストは「シンガー・ソングライター」と言われるが，そのアーティストは著作者と実演家の両方の立場を兼ね備えた存在であり，自らの楽曲について著作権と実演家の権利を両方有している。

　私たちが市場を介して音楽を享受するためには，実演が商品化されて売り出されることが必要であり，レコード会社などがその役割を担っている。「レコード製作者の権利」（著作権法89条2項，96条以下）もレコード会社などを支援する役割を担っている。著作権法はこのような音楽著作物の伝達行為に関わるアクターに「**著作隣接**

図表 3.1　ハッピーミュージックサイクル

いろいろな音楽の中から好きな曲、好きなアーティストを選んで CD を買ったり、音楽配信サイトで音楽を購入したり、聴き放題サービスに加入し音楽を聴きます。そのお金は、CD ショップや音楽配信会社、レコード会社、歌手・演奏家、作詞家・作曲家などに分配され、次の音楽づくりにいかされます。

詞や曲を作る人たち。音楽そのものを創造する人たちです。労力をかけてつくった音楽を多くの人に聴いてもらうことは、作品づくりのやりがいにつながります。

音楽作品を歌ったり、演奏したりする人たちです。できあがった作品を「音楽」として聴かせてくれる役割を担っています。

作詞家・作曲家
音楽を作り出す

ハッピーミュージックサイクル

音楽リスナー
購入する、楽しむ

歌手・演奏家
歌う、演奏する

CD ショップ
音楽配信会社など
紹介し、販売する

レコード会社など
商品にし、売り出す

音楽を作る人たちと、音楽を楽しむリスナーをつなぐ人たちです。幅広いジャンルの CD や楽曲を揃え、紹介してくれます。

すばらしい音楽を、最新の技術を使って最良の音質に仕上げ、CD や音楽ファイルなどみんなに届くかたちにする人たちです。「こんなに素敵な音楽がありますよ」と広く伝える人たちでもあります。

権」（89 条 6 項）による支援を行っている。さらに，商品化された実演が私たちに届くためには，CD ショップや音楽配信会社などが介在していることも必要である。

　このような過程を経て私たちに音楽が届けられ，その逆方向に私たちが商品と引き換えに支払う対価が還流していく。これらのアクターの間で対価の分配がなされるが，著作権や著作隣接権などの著作権法上の権利は，音楽が生み出され，世の中に送り出されて，私たちが享受する過程における様々なアクターを支援するとともに，それら

もし、みんなが音楽を買わなくなってしまったらどうなるの？

違法配信サイトからのダウンロードや違法配信サイトに誘導する無許諾アプリの使用によって皆さんが音楽を正規に購入しなくなってしまったら、一生懸命作品を生み出した人たちは正当な対価を得られなくなり、新しい音楽を作ることが難しくなってしまいます。未来の音楽を守るためのルール、それが著作権です。

出典：日本レコード協会（2020）『守ろう大切な音楽を HAPPY MUSIC CYCLE』3-4 頁，〈https://www.riaj.or.jp/f/pdf/leg/lovemusic/pamphlet2020.pdf〉（参照 2021-6-21）

のアクター間の力関係に影響を与える。

III 著作権法の基本構造

▶1. 著作権法によって保護される対象

著作権法によって保護される対象を**著作物**という。ある知的成果物が著作物と評価されるためには，①思想または感情を含むこと，②創作性があること，③表現されていること，および④文芸，学術，美術または音楽の範囲に属するものであること，の４つの要件を満たさなくてはならない（著作権法２条１項１号）。

上記①〜④の要件を満たす知的成果物には自動的に著作権が発生する（いわゆる「**無方式主義**」）。同じく知的成果物に関わる特許権や意匠権などの産業財産権では，産業財産権を取得するためには，出願および審査を経て，登録料を支払うなどの手続を履行しなくてはならない（いわゆる「**方式主義**」）。

●著作物として保護される対象

実際の訴訟では，ある知的成果物が上記①〜④の要件を満たしていないと被告が主張して争うことが多く，上記①〜④の要件は，ある知的成果物を著作物に含めるべきではないと判断する際の舵取りを行う機能を果たしている。

①の要件は，ある知的成果物に人間の精神活動が表れていることを求めているから，事実，出来事，データなどは著作物に該当しない。②の要件は，ある知的成果物に人間の個性が表出していることを求めている。もっとも，著作権の存在によって他の者が同種の知

図表 3.2 著作物の具体例

言語の著作物	講演，論文，レポート，作文，小説，脚本，詩歌，俳句など
音楽の著作物	楽曲，楽曲を伴う歌詞など
舞踊，無言劇の著作物	日本舞踊，バレエ，ダンス，舞踏，パントマイムの振り付け
美術の著作物	絵画，版画，彫刻，マンガ，書，舞台装置など。茶碗，壺，刀剣等の美術工芸品も含む。
建築の著作物	芸術的な建築物
地図，図形の著作物	地図，学術的な図面，図表，設計図，立体模型，地球儀など
映画の著作物	劇場用映画，アニメ，ビデオ，ゲームソフトの映像部分などの「録画されている動く影像」
写真の著作物	肖像写真，風景写真，記録写真など
プログラムの著作物	コンピュータ・プログラム

出典：文化庁（2020）『著作権テキスト——初めて学ぶ人のために（令和2年度）』8頁

的成果物を創出する際の妨げとなることは防がなくてはならないから，「ありふれた表現」，選択肢の幅が狭い表現などは著作物としての保護が否定される。③の要件は，ある知的成果物が表現されたものであることを求めているから，たとえば単なるアイディアは著作物に該当しない。④の要件は，実用的な性格を有する知的成果物を著作物として保護すべきか否かということを判断する際に機能する。これまでの裁判例では，工芸品（たとえば，博多人形，仏壇彫刻），プロダクトデザイン（たとえば，小児用の椅子），印刷用書体（タイプフェイス）などが議論されてきた。これらの実用品には，知的財産法の中の**意匠法**による保護が及ぶ可能性があるため，著作権法と意匠法の役割分担のあり方が問われる。

　著作物については例示規定がある（著作権法10条1項各号）。これらは例示であり，ゲームソフトのように，映画の著作物とプログラムの著作物の両方の性格を兼ね備えるものも存在する。

　さらに，編集著作物（著作権法12条1項），データベースの著作物

（同法12条の2第1項）なども著作物として保護される。編集著作物とは，「編集物（データベースに該当するものを除く。以下同じ。）でその素材の選択又は配列によつて創作性を有するもの」であり，たとえば職業別電話帳，百科事典などがそれに該当する。データベースの著作物とは，「データベースでその情報の選択又は体系的な構成によつて創作性を有するもの」である。

2. 著作物に関する権利の帰属

著作物（著作権法2条1項1号）を創作する者が**著作者**である（同項2号）。そして，著作者は**著作者人格権**（同法18条〜20条）と**著作権**（同法21条〜28条）を有する（同法17条1項）。

著作者人格権と著作権の違いは，権利を**譲渡**できるか否かである。「著作者人格権は，著作者の一身に専属し，譲渡することができない」（著作権法59条）ものの，「著作権は，その全部又は一部を譲渡することができる」（同法61条1項）。譲渡できるか否かという言葉遣いは一見すると中立的であるが，社会の実態に即せば，財産権である著作権については交渉力の強い者が「奪う」ことができることを意味する。

また，職務上作成される著作物の著作者は法人（会社等）であり（いわゆる「職務著作」。著作権法15条），映画の著作物の著作者は一般的に映画監督であるが（同法16条），著作権は映画製作者（映画会社）に帰属する（同法29条1項）。

3. 権利の内容と効力

図表3.3の権利のリストを見ると，著作権と著作者人格権は，著

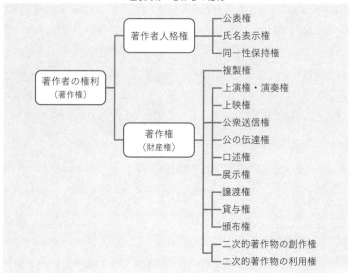

図表3.3　著作者の権利

出典：文化庁（2020）『著作権テキスト──初めて学ぶ人のために（令和2年度）』3頁

作物を社会に送り出す行為（媒介）と密接に関係していることがわかる。

　著作権は，複製権（著作権法21条）と二次的著作物を創作する権利（同法27条）を除けば，上映権（同法22条の2），公衆送信権（同法23条），譲渡権（同法26条の2）など，著作物の媒介に対して著作権者が介入できる権利として構成されている。著作権を英語で「コピーライト」と言うことからもわかるように，著作物は書籍やレコードのような，ある著作物の複製物（コピー）か，ある著作物に創作的に手が加えられたもの（二次的著作物）の複製物の形で社会に送り出されることが多かった。著作権者の許諾なく複製物が作られれば，それが社会に出回る可能性があるため，複製権と二次的著作物を創作する権利は，著作物の媒介に関する前段階の行為に対して著作権者が介入できる形を取っているとも言える。

著作者人格権は，著作物を世の中に送り出す際の著作者の評価に関係する。公表権（著作権法18条）は，著作者が著作物を世に問うタイミングに関わる。氏名表示権（同法19条）と同一性保持権（同法20条）は，著作者と著作物の結びつき（紐帯）に関わる。著作物に著作者の氏名が表示されなければ，その著作物がどんなに評価されても，著作者はその評価の恩恵にあずかれない。また，著作物が著作者のあずかり知らないところで改変されれば，改変された著作物の著作者がもとの著作物の著作者であると誤認されることもあるかもしれないが，これはもとの著作物の著作者としては不本意であろう。

◢著作権と著作者人格権の効力

著作権と著作者人格権の効力について考えるため，ここでは著作権や著作者人格権の侵害訴訟を想定しよう。原告（通常は著作者または著作権を譲り受けた者）は，被告が原告に無断で原告著作物を利用した作品を作って世の中に送り出していることを不満に思って訴訟を提起するはずである。しかし，著作権の効力を及ぼすためには，①被告が著作権または著作者人格権の条文に規定されている行為を行っていること，②被告が原告著作物に**依拠**していること，および，③被告の作品に原告著作物の創作的部分が再現されていることの3つが満たされなくてはならない。

①について，たとえば，料理のレシピ本に載っている料理を作り，友人と一緒に食べることも著作物に関する媒介の要素を含むかもしれない。しかし，著作権と著作者人格権は著作権法が定める創出と媒介にのみ及び，上記のようなレシピ本に従って料理を作って食べるといった行為には及ばない。

②について，被告が原告著作物の存在を知らずに被告の作品を作

り出した場合には，著作権や著作者人格権の効力は及ばない。

　③について，著作物は「思想又は感情を創作的に表現したもの」（著作権法2条1項1号）であるから，被告の作品に原告著作物の創作的部分が再現されていない，あるいは，原告著作物の中のアイディア，事実などが再現されているに過ぎないのであれば，著作権の効力は及ばない。

▼4. 権利の制限

　上記の著作権の効力で掲げた①～③が満たされても，著作権法30条以下に規定されている行為に該当すると，著作権が制限され，著作権侵害とはならない。著作権の制限が認められるのは，現在の著作権法の規定によれば以下の場合である（著作者人格権の制限については，紙幅の都合上，割愛する）。

> 私的使用のための複製（30条）
> 付随対象著作物の利用（30条の2）
> 検討の過程における利用（30条の3）
> 著作物に表現された思想又は感情の享受を目的としない利用（30条の4）
> 図書館等における複製等（31条）
> 引用（32条）
> 教科用図書等への掲載（33条）
> 教科用図書代替教材への掲載等（33条の2）
> 教科用拡大図書等の作成のための複製等（33条の3）
> 学校教育番組の放送等（34条）
> 学校その他の教育機関における複製等（35条）
> 試験問題としての複製等（36条）
> 視覚障害者等のための複製等（37条）
> 聴覚障害者等のための複製等（37条の2）

営利を目的としない上演等（38条）

時事問題に関する論説の転載等（39条）

政治上の演説等の利用（40条）

時事の事件の報道のための利用（41条）

裁判手続等における複製（42条）

行政機関情報公開法等による開示のための利用（42条の2）

公文書管理法等による保存等のための利用（42条の3）

国立国会図書館法によるインターネット資料及びオンライン資料の収集のための複製（43条）

放送事業者等による一時的固定（44条）

美術の著作物等の原作品の所有者による展示（45条）

公開の美術の著作物等の利用（46条）

美術の著作物等の展示に伴う複製等（47条）

美術の著作物等の譲渡等の申出に伴う複製等（47条の2）

プログラムの著作物の複製物の所有者による複製等（47条の3）

電子計算機における著作物の利用に付随する利用等（47条の4）

電子計算機による情報処理及びその結果の提供に付随する軽微利用等（47条の5）

翻訳，翻案等による利用（47条の6）

複製権の制限により作成された複製物の譲渡（47条の7）

　自覚的か否かはさておき，私たちが日常の知的生産活動を円滑に行えているのはこれらの**権利制限規定**の存在に負うところが大きい。上記の権利制限規定のリストから，著作権の創出，媒介および享受に関する様々なアクターの利害の調整がなされていることがわかるだろう。

●一般条項型の権利制限規定

　現在のわが国の権利制限規定は，著作物の利用がなされる特定の局面を捉えて権利制限規定を設ける形式であるが，諸外国の中には，

一般条項型の権利制限規定を置くところもある。一般条項とは，より抽象的な要件から作られている法的ルールのことである。その典型例として挙げられるのがアメリカ著作権法107条の「**フェア・ユース（公正利用）**」であり，フェア・ユースとなるか否かを判断する場合に考慮すべき要素として，①使用の目的および性質（使用が商業性を有するかまたは非営利的教育目的かを含む），②著作権のある著作物の性質，③著作権のある著作物全体との関連における使用された部分の量および実質性，および，④著作権のある著作物の潜在的市場または価値に対する使用の影響，が考慮される。

　日本においても，一般条項型の権利制限規定を設けるべきであるという意見は根強く存在する。著作権法を所管する文化庁に設けられている審議会でその方針が示されたことがあるものの，現在に至るまで一般条項型の権利制限規定の創設には至っていない。

▶5.　著作権の保護期間

　著作権には**保護期間（存続期間）**がある（著作権法51条以下）。原則的には，著作権の存続期間は著作物の創作の時に始まり（同法51条1項），著作者の死後70年を経過するまでの間，存続する（同条2項）。たとえば，ある著作者が2021年に死去したとすると，翌年の2022年1月1日から起算して2091年12月31日まで存続する。この暦年主義の長所としては，ある年の1月1日から当該著作者の著作物はすべて自由に使えるという点で明確性が高いことが挙げられる。

　もっとも，前述した職務著作（著作権法15条）が適用される団体名義の著作物の保護期間は，その公表から70年間となる（同法53条1項）。ここでは暦年主義が適用されないから，保護期間を計算

するためには，その団体名義の著作物が何年何月何日に公表された
のかを突き止めなくてはならない。

●戦時加算

そのほかに，第二次世界大戦をまたいで活躍した著作者の場合に
は，「**戦時加算**」という厄介な問題が生じる可能性がある。日本と
連合国が戦争していた期間を保護期間に加えることで，連合国の著
作権者が得られるはずであった利益を回復させることが趣旨である
と言われるが，現在この戦時加算を行っている国は世界中で日本だ
けである。戦時加算が厄介なのは，連合国ごとに日本と交戦してい
た期間が異なるため，加算すべき期間が一定しないことにある。た
とえば，第二次世界対戦中に亡命した作曲家について，どの連合国
との関係での戦時加算を適用すべきかということを突き止めないと
いけない場合も生じうる。

IV 著作権法が社会において果たしている機能

ここまで著作権法の基本構造を概説したが，それでは，著作権は
社会においてどのような機能を果たしているのだろうか。筆者の考
える限り，著作権が社会において果たしている機能は以下の3つ
に大きく分類できる。

(1) 著作物を世の中に送り出す過程において著作者と媒介者の交渉を
促進する

著作者が著作物を生み出すことなしに，私たち享受者は著作物を
享受できない。しかし，伝統的には，著作者は自らの著作物を世の

中に送り出すことができる「資源（リソース[2]）」を十分に持っていないことが多く，**媒介者（メディア）**の有するリソースにもっぱら依存してきた。

　著作者が，媒介者の力を借りて，自らの著作物を世の中に送り出したいと考える場合には，媒介者と交渉することが必要になる。しかし，もし著作者が生み出した文化的表現に著作権や著作者人格権が発生しなければ，媒介者はその文化的表現を勝手に複製して販売したり，著作者の氏名を表示しなかったり，表現を変えてしまったりするかもしれない。このような「不確実性」が存在する状況では，著作者は安心して媒介者と交渉することをためらうであろう。著作者が著作権と著作者人格権を享有する（著作権法17条1項）原則があることによって，著作者はより安心して媒介者との交渉に臨むことができ，結果として著作物が世の中に送り出される可能性が高まると考えられる。

(2)　著作物が世の中に送り出された後の著作者と媒介者の間の力関係への影響

　媒介者は，通常は「ビジネス」としてその役割を担っていることが多いと想像されるから，どの著作物を「商品化」して世の中に送り出すべきかという点で，一定の「選抜」を行わなくてはならない。媒介者が，経営を成り立たせるためにはどの著作物がヒットしそうかといったことを見極めたうえで，著作物の販売や販売促進の活動などを行いたいと考えるのは自然なことだろう。

　著作物の媒介者は，一般的に複数（または多数）の著作物の媒介に関わることが多い。この事実は，たとえば出版社が多くの作家の作品を商品化したうえで世に送り出していることから観察できる。しかしながら，媒介者が取り扱う著作物が実装された作品のすべて

が市場で人気を獲得できるわけではない。

　著作物が作品の形で媒介者によって実装されて世の中に送り出される際に供給されるリソースは，それが供給される「事前」の段階では，将来的に「回収」可能かどうかがわからないという点でリスクを抱えている。ある一定以上の確率で，ある著作物が実装された作品が「大ヒット」すれば，媒介者は自らの経営を成り立たせることができる可能性が高まる。また，一部の「**スーパースター**」の手になる「ベストセラー」があるおかげで，現段階では相対的に売れ行きの悪い著作者の作品が世に出るチャンスを得ている可能性もある。

●増殖されたリソースの「分け前」の分配

　ある著作物が実装された作品が市場において高い人気を獲得すれば，サプライチェーンにおいて作品が世の中に送り出される方向と反対向きに，増殖されたリソース（一般的には，大きな利益や高い名声など）が返ってくる。その増殖されたリソースは，まずは媒介者のところに返ってくることになり，著作者と媒介者の間でそのリソースの「分け前」の分配がなされる。その際に，どのような割合で分配がなされるかは，著作者と媒介者の「力関係」で決まると言えそうである。著作物を作品に実装し，かつ，世の中に送り出す際にリスクを取りつつリソースを供給しているのは媒介者であることが多いから，媒介者が相対的に多めの「分け前」にあずかったからといって，必ずしも不合理であるとは言えない。

　前述したとおり，著作権は著作者が保有する（著作権法17条1項）ことが原則であるものの，職務上作成された著作物については，法人が著作者となり（いわゆる「職務著作」。同法15条），著作権と著作者人格権の両方が法人に帰属する。また，著作権は譲渡可能な財産

権であるから（同法61条1項），著作者が著作物を生み出す前に，著作者と媒介者の間の契約によって著作権が媒介者に移転することが定められている場合もある。

　著作権を著作者と媒介者のどちらが有しているかということは，著作物が世の中に送り出され，増殖されたリソースの「分け前」の分配がなされる際の当事者間の「力関係」に影響する。もし媒介者が「分け前」の分配などを含めて著作者のことを大切に取り扱っていないと著作者が感じ，かつ，著作者が自らの作品についての著作権を有していれば，自らのことをより大切に扱ってくれるかもしれない他の媒介者に依頼して著作物を世の中に送り出してもらうための交渉を行いやすくなるだろう。しかし，著作者が自らの作品についての著作権を有していなければ，他の媒介者は当該著作者の作品の媒介を行うことができないはずであるから，当該著作者が将来において売れ行きの良い作品を書いてくれるかどうかということを見極めないといけなくなる。したがって，著作者が自らの作品について著作権を有していない場合には，著作者が自らの作品についての著作権を有している場合に比べて交渉力が下がると予想される。

　また，ここまでの観察と分析からは，著作権の持つ意味がすべての著作者にとって同じではないという事実も見えてくる。「スーパースター」にとっての著作権と，駆け出しで無名の者にとっての著作権は，「現時点」では同一の機能を果たしていないことは明らかであり，したがって「権利者」という言葉でくくられる者の利害状況は大きく異なる。

(3)　いわゆる「模倣品」への対策

　市場において高い人気を獲得する作品が登場すると，いわば「二匹目のドジョウ」を狙うべく，いわゆる「模倣品」の製造および販

売を行う者が現れることは珍しくない。媒介者が市場に置いた作品について，その模倣品が出回ることを止められないのであれば，媒介者は様々なリソースと「リスクマネー」[3]を負担してまで作品を世の中に送り出そうと思わなくなるかもしれない。したがって，媒介者がそのようなリスクを取ってビジネスを行うことを支援したければ，一定の範囲の模倣品を市場から駆逐する力を与えることが望ましい。

著作権は模倣品を市場から排除する力を与えるものであり（著作権法112条1項参照），著作物が実装されている作品については，前述したとおり，著作者と媒介者のいずれかが著作権を有していることが多いはずである。したがって，著作物が実装されている作品の著作者か媒介者のいずれかが著作権を行使することによって，模倣品を一網打尽に市場から駆逐することが可能となる。

(4)　著作権法の果たす機能についてのまとめ

ここまでの検討から，著作権法は複製物や公衆送信の形で文化的表現が拡散する「マスプロダクション」や「マスメディア」の構造に最も適合的であることがわかる。そして著作権という「武器」は，「先行者」である媒介者が，様々な文化的表現を商品として取り扱うビジネスを成り立たせるという，いわば「投資」を行う際の「ポートフォリオ」の構築を後押しすることを通じて，私たちの社会における文化的表現の多様性に貢献している。

しかし，ある文化的表現が著作物と認められれば，「追随者」は「先行者」の許諾なしには，当該文化的表現と同一または類似する文化的表現の創出と媒介を行うことが難しくなる。私たちが表現活動を行う際には，「お手本」をもとに行う「稽古」はもとより，「本歌取り」，「パロディ」，「オマージュ」などに見られるように，先行

する文化的表現の「模倣」を伴うことも珍しくない。そこで，著作権法は，前述したように，著作物（2条1項1号）に該当するか否か，権利の効力，権利制限（30条〜50条），保護期間（51条以下）などの複数の要素を組み合わせて，「先行者」と「追随者」の間のバランスを取ることを目指している。

---

1) 本講および次講の記述の一部は，小島立（2021）「学生・生徒への著作権教育」上野達弘編『教育現場と研究者のための著作権ガイド』有斐閣，197頁以下をもとに加筆修正を加えている。
2) ここでの「リソース」には，資金，物資などのほか，人的なリソース（いわゆる「ヒューマン・キャピタル（人的資本）」）や，あるアクターと別のアクターをつなぐことができるリソース（いわゆる「ソーシャル・キャピタル（社会関係資本)」）などを含めている。
3) 内藤篤（2012）『エンタテインメント契約法〔第3版〕』商事法務，26頁は，「投下対象たるコンテンツの利用によって回収されることを意欲されたお金」を「リスクマネー」と表現している。

参考文献

上野達弘編（2021）『教育現場と研究者のための著作権ガイド』有斐閣

著作権法（2）
著作権法の「これから」

I 現在および将来の著作権制度について 検討する際に必要とされる観点

（1） 現在および将来の著作権制度についての問題意識

　前講で検討したとおり，著作権法は，「著作物」（2条1項1号）という創作的な文化的表現の創出，媒介および享受に関わるアクターの行動に影響を及ぼす法制度である。文化的表現を創出する者は，従来，文化的表現を社会に送り出すリソース（資源）を持ち合わせていないことが多く，当該文化的表現を世の中に送り出す者（媒介者またはメディア）が有するリソースにもっぱら依存してきた。そして，文化的表現の相当数は，平準化された品質の複製物（コピー）の形で商品化され，数多くの享受者に送り届けられることが珍しくない。著作権法は，従来，このような「マスプロダクション」「マスマーケット」に関係するアクターを主に支援してきた。

　しかし，文化的表現の創出，媒介および享受を取り巻く社会的環境は劇的に変わりつつある。従来は享受者であった私たちは，SNSを用いて情報発信を行い，3Dプリンターを用いて自ら「ものづくり」に関わっている。マンガやアニメの享受者の中には，同人誌などの「二次創作」に従事し，それを同人誌即売会等のイベントで自ら販売する者も一定数存在するなど，「二次創作」のコミュニティが隆盛を極めていることも広く知られている。また，地域活性化の

ために，地域の特産品や文化遺産などの地域資源を活用して，より「草の根」的に「ものづくり」「まちづくり」を進める動きなども活発になっている。

「一億総クリエイター」，「生涯学習」，「イノベーションの民主化」といった現象が進む現代社会において，文化的表現の創作，媒介および享受は，特定の「職種」または「職能」に閉じられる形で固定化されず，多様なアクターが，状況に応じて役割をその都度変えたり，2つ以上の役割を兼ねたりしながら，多様な形で関わることが常態化しつつある（以下，このことを「**多様性**」という）。この現状に鑑みれば，著作権法の制度設計を行う際にも，多様なアクターの利害に配慮するとともに，当該アクターの意見が適切に制度設計に反映され，制度設計のもたらす成果が当該アクターに適切に反映される状況（以下，このことを「**包摂性**」という）を実現する必要性はこれまで以上に高まっている。

以下では，著作権制度が「多様性」と「包摂性」を兼ね備えるべきであるという問題意識に基づき，現在および将来の著作権制度の目指すべき方向性について考えていきたい。

(2) 文化的表現に関係する「業界」や「コミュニティ」における「慣習」や「規範」

著作物の資格を得る文化的表現には，文芸作品，音楽，舞踊，建築，写真など，多種多様なものが含まれる。それらの文化的表現の創作，媒介および享受のあり方は，当該文化的表現が関係する「**業界**」や「**コミュニティ**」によって異なるとともに，当該「業界」や「コミュニティ」ごとに，その創出，媒介および享受に関わる「**慣習**」や「**規範**」が存在する。それらの「慣習」や「規範」は，当該「業界」や「コミュニティ」において，どのような文化的表現が著

作物としての資格を有するべきか，保護範囲はどの範囲であるべきか，権利制限はどのようにあるべきかといったことに影響を与えるはずである。そうであれば，当該文化的表現が関係する「業界」や「コミュニティ」における「慣習」や「規範」の意味を探求することなしには，著作権に関係する様々な問題を解決することはできないだろう。

　つまり，著作権についての理解を深めたいのであれば，著作権法について学びを深めることはもちろんのこと，様々な文化的表現の創出，媒介および享受に関係する「クリエイティブ」な営みや**「クリエイティブ産業」**と，それらの「業界」や「コミュニティ」などに幅広く関心を寄せ，実態を深く知る努力を行うことが必要になる。

●「オープンソース」や「クリエイティブ・コモンズ」

　また，現在では，著作者が一定の条件で著作物の利用や改変を許すという条件を付して著作物を社会に広める手段として，いわゆる**「オープンソース」**や**「クリエイティブ・コモンズ・ライセンス**（いわゆる**「CC ライセンス」**）」などの手段も幅広く利用されている（「クリエイティブ・コモンズ・ライセンス」については後述する）。ここでは，著作物が実装された商品の直接的な「売り買い」を通じて，著作者や媒介者が収益を得ることが企図されているわけではない。しかし，著作物が広く拡散されれば，著作者は名声等のリソースを獲得することができ，それを通じて新たなビジネスチャンスを得られるかもしれないし，媒介者も広告収入などを得られるかもしれない[1]。

　さらに，数は少ないものの，著作物を実装した「コンテンツ」を配信する際の広告収入などによって生計を立てることができる者（いわゆる**「ユーチューバー（YouTuber）」**など）も登場している。このような「マネタイズ」は，著作物を積極的に無料で拡散することに

図表 4.1 クリエイティブ・コモンズ・ライセンス（CC ライセンス）「表示」

原作者のクレジット（氏名，作品タイトルなど）を表示することを主な条件とし，改変はもちろん，営利目的での二次利用も許可される最も自由度の高い CC ライセンス[2]。

伴う広告収入によって成り立っており，著作物が実装されて価格がついている商品の「売り買い」によって収益を上げる形とは異なる。

このように，現代社会における著作物の利活用のあり方は多様化している。しかし，無料での著作物へのアクセスを積極的に促進したいと考える者にとっても，著作物と著作者の「結びつき」が明示されていなければ，自らの社会的な評判や名声を高めることは難しくなるだろう。著作物の複製や改変の可能性を含め，著作物を世の中に広めることに対して積極的な役割を果たしているものの 1 つに「クリエイティブ・コモンズ・ライセンス（いわゆる「CC ライセンス」）」が挙げられるが，すべての CC ライセンスに「作品の出所（クレジット）を表示する」という項目が含まれていることは，著作者人格権の中の「氏名表示権」（著作権法 19 条）が果たす機能を考えるうえで示唆的であろう。

(3) 法に本来的に存在している「余白」を自覚的に認識すること

法に本来的に存在している「余白」を自覚的に認識することも重要である。前述したオープンソースやクリエイティブ・コモンズは[3]，著作物の社会への伝達を促す自主的な取り組みであるが，一定の条件のもとでは権利者が著作権や著作者人格権という権利を行使しないとあらかじめ宣言しているだけであり，権利者が権利を放棄しているわけではない。オープンソースやクリエイティブ・コモンズは，著作権法に定められた権利の存在を前提としつつ，それらを巧みに用いることによって，権利者の事前の許諾を必要とする著作権制度

とは異なる価値を追求している点が興味深い。このような取り組みは，著作権法に「余白」が存在しているという認識があって初めて可能となる。

　また，個別具体的な要件から構成される条文だけではなく，「公正」，「正当」といった規範的な要件から構成される条文（いわゆる「一般条項」）を法の中にあえて書き込むことも，「余白」を自覚的に作り出すことにつながる。著作権法に一般条項型の権利制限規定である「フェア・ユース（公正利用）」を導入すべきかどうかという議論（☞第3講を参照）などは，その1つの例である。

　これに関連して，フェア・ユースの規定を持たない日本の状況において興味深い現象は，いわゆる「二次創作」の隆盛である。これは権利者の「黙認」によって成立している（いわゆる**寛容的利用**）と言われることもあるが，すでに二次創作に関するコミュニティが確立され，それを取り巻く慣習や規範が存在していることは，著作権法に「余白」が存在している事実を私たちに再確認させてくれる。

（4）　著作物を社会に伝達して正当な評価を獲得し，それを通じて社会との関係性を構築する営みとの関係

　前述したように，著作権制度は，複製物や公衆送信等の形で著作物が実装された商品が伝達される営みに関わるアクターに対して支援を行ってきた。そして，伝統的に，このような著作物の大規模な拡散に従事するアクターは，そのような営みについてのリソース（いわゆる「リスクマネー」）を負担してきた。

　しかし，著作物の利活用のあり方が多様化している現代社会において，著作権制度は，著作物を実装した商品の「売り買い」に関係するアクターだけを支援しているわけではないという事実も，これまでの検討から明らかになった。

私たちが社会において生きていくためには，様々な文化的表現の創出，媒介および享受におけるリソースのやり取りが不可欠であり，著作権制度はそのプロセスに密接に関わっている。その営みのかなりの部分が，著作物を実装した商品の「売り買い」を行うか，「ユーチューバー」のように著作物を無料で提供するかといった違いはあるにせよ，著作物に関係するアクターが生計を立てる活動に関わっているという点でビジネスに関係している。

　また，今はビジネスに関わっているつもりはなくとも，読者の皆さんが過去または現在に生み出した著作物の評価を将来的に社会に問いたいと考える際にも，著作権制度がなければ，そのような営みを安心して行うことが難しくなるかもしれないことは，前講において創作者と媒介者の関係について考察した部分から明らかであろう。つまり，私たちが著作物を社会に伝達して正当な評価を獲得し，それを通じて社会との関係性を構築する営みを支援するために，著作権制度は重要な役割を果たしている。

　これまでの著作権についての「語られ方」を観察すると，「モラル」や「倫理」に基づく説明がなされることが多かった[4]。しかし，前講で紹介した「ハッピーミュージックサイクル」のように，著作権が現代社会において果たしている実際の機能に着目した説明を行うほうが社会から幅広く納得感を得られるのではないかと思われる。そして，私たちが著作物を社会に伝達して正当な評価を獲得し，それを通じて社会と関係性を構築する営みに著作権が関わる以上，著作物に関係するビジネスなどの「お金」の話をすることは避けられない。

(5) 「パトロナージ」の一環としての著作権法という視点

　これまでの分析からも見て取れるように，本講の筆者は，著作権

制度に関係するアクター相互間のリソースのやり取りは，広い意味での「パトロナージ（パトロネージュ）」に関する問題ではないかと考えている。

　パトロナージとは，裕福な王侯貴族，寺社仏閣，教会などがいわゆる「パトロン」として，文化的表現を生み出す芸術家や職人に対して資源を提供する現象であり，古今東西の歴史に広く見られる[5]。文化的表現が一品制作の絵画や彫刻であれば，パトロンは制作のために必要なリソースを供給することに加えて，それを展示する場を提供することが期待される。また，音楽の場合にも，パトロンが作曲家をパトロナージするとともに，音楽を享受するためには演奏という実演行為が必要とされるため，パトロンが「お抱え楽団」を保有していたこともあった[6]。そして，パトロンは文化的表現の創出や媒介のあり方について，自らの意向に沿うように介入することも珍しくなかった。つまり，パトロンは「金も出すが口も出す」存在であった。

　このように，パトロンは媒介者としての役割を担っていたという事実が観察されるが，生み出される文化的表現が絵画や彫刻等の一品制作の原作品（オリジナル）であれば，所有権等でコントロールすれば，かなりの問題は処理可能であっただろう。また，音楽についても，王侯貴族等の「サロンミュージック」の要素が強かったはずであり，現在のように演奏を記録したり複製したりして大規模に拡散させる技術が当時は存在しておらず，小規模なコミュニティにおける「一期一会（ライブ）」の演奏のみが音楽の享受のあり方であった。このような形で文化的表現の創出，媒介および享受がなされ，その過程にパトロンが存在していた時代には，著作権制度の出る幕はほとんどなかったとも言えるだろう。

●技術革新による影響

しかし，時代が下り，複製技術や情報通信技術が発展してくると，創出される文化的表現が複製物，公衆送信等の形で社会に広く伝達されるようになる。このような形で文化的表現の創出，媒介および享受がなされる環境を支えているのが著作権制度であることは，前述した著作権が果たしている機能の観察および分析からも理解できるだろう。創作者が著作物としての資格を有する文化的表現の評価を世の中に問いたいという営みである点と，それを支える媒介者等のアクターとの関係でリソースのやり取りがなされているという点を考慮すれば，著作物を取り巻く環境は，裕福な少数の王侯貴族等がパトロンとしてその「エコシステム」を支えている形態ではなく，私たち社会の構成員が，いわば「薄く広く」関わる形態の「パトロナージ」なのではないかという見方も可能かもしれない。

筆者としては，私たちが生活する社会の中で著作権制度が果たしている機能を合理的に説明することこそが，著作権に対する理解と共感を深めるために最も重要であると考えている。

(6)「多様性」と「包摂性」を兼ね備えた著作権制度の制度設計

本講の検討からわかるように，著作権はいまや万人に関わるものになっており，そうであれば，著作権の制度設計は，多様なアクターに寄り添いつつ，それら多様なアクターを取りこぼすことなく「包摂（inclusion）」するものでなければならない。この「誰一人取り残さない」という「包摂性（社会的包摂）」の考え方は，国連が2030年までに達成すべきとしている「持続可能な開発目標（SDGs）」にも掲げられており，著作権に関する制度設計においても当然に目指されるべきものである。[7]

このような政策形成がなされなければ，「国民一人ひとりが社会

のメンバーとして『居場所と出番』を持って社会に参加し，それぞれの持つ潜在的な能力をできる限り発揮できる環境整備」として「社会的排除の構造と要因を克服する一連の政策的な対応」（いわゆる「社会的包摂」。「一人ひとりを包摂する社会」特命チーム『社会的包摂政策を進めるための基本的考え方（社会的包摂戦略（仮称）策定に向けた基本方針）』〔2011 年 5 月〕）が適切に行われているとはいい難い。**文化芸術基本法**が，「国民がその年齢，障害の有無，経済的な状況又は居住する地域にかかわらず等しく，文化芸術を鑑賞し，これに参加し，又はこれを創造することができるような環境の整備」（2 条 3 項）を求めているのは，現代社会の環境変化に適応するべく，著作権法を含めた文化的表現に関する法制度設計が多様性と包摂性を兼ね備えることの必要性を例証している。

●「ダウンロード違法化」の混乱

しかし，2019 年の初めには，いわゆる「**ダウンロード違法化**」の問題をめぐって立法過程が混乱し，著作権法の所管官庁である文化庁が当初提出した法案（以下，「文化庁当初案」という）の国会提出が断念される事態が起きた。この背景には，いわゆる「海賊版対策」が目指されるべきであったにもかかわらず，文化庁当初案がその範囲を超えて広範な規制を志向した結果，私たちの情報収集活動や表現活動等に対する萎縮効果をもたらすのではないかという強い懸念が幅広いアクターから上がったことが挙げられる。

この「ダウンロード違法化」の混乱から導かれる教訓は，すでにできあがっている法律の条文（法的ルール）にとどまらず，それらの条文が作られる過程，すなわち**政策形成**や**ルール形成**の過程が，多様なアクターに配慮し，包摂的なものとなっているのかどうかという点に私たちがより関心を持たなくてはならないということであ

る。

II 最後に

著作権法の歴史において，現代ほど多様性と包摂性の両方を兼ね備える必要性に迫られている時代はないと言っても過言ではない。日々の知的生産活動に従事する私たち全員に著作権が関係する以上，より良い著作権制度を構築するべく，著作権法のルールの内容はもちろんのこと，著作権に関する政策形成やルール形成のあり方についても関心を持っていただくことを切に願っている。

---

1) いわゆる「フリー（フリーミアム）」のビジネスモデルである。詳細は，クリス・アンダーソン（2009）『フリー──〈無料〉からお金を生みだす新戦略』小林弘人監修・高橋則明翻訳，NHK 出版を参照。簡潔なまとめとしては，Diamond Online（2010）「独占インタビュー！『FREE』著者のクリス・アンダーソンが語る『無料経済を勝ち抜く企業と個人の条件』」，〈https://diamond.jp/articles/-/145〉（参照 2021 -6-22）。

2) クリエイティブ・コモンズ・ライセンスについては，クリエイティブ・コモンズ・ジャパン「クリエイティブ・コモンズ・ライセンスとは」，〈https://creativecommons.jp/licenses/〉（参照 2021-6-22）を参照。

3) 水野祐（2017）『法のデザイン』フィルムアート社，20 頁。

4) たとえば，著作権教育の教材である公益財団法人著作権情報センター・一般社団法人日本教育情報化振興会「5 分でできる著作権教育」，〈https://chosakuken.jp/〉（参照 2021-6-22）を参照。

5) 文化芸術においてパトロンが果たしてきた役割については，高階秀爾（1997）『芸術のパトロンたち』岩波新書。

6) 「交響曲の父」と言われるフランツ・ヨーゼフ・ハイドン（1732～1809 年）の「パトロン」であったエステルハージ候（1714～1790 年）は「お抱え楽団」を有していた。ハイドンが作曲した作品の演奏には，エステルハージ候の邸宅や別荘などが演奏会場として用いられたはずである。エステルハージ候は，文化的表現の創出者であるハイドンをパトロナージュする（リソースを供給する）とともに，自らを「メディア（媒介者）」の地位に立たせていると評価できる。

7)　外務省国際協力局地球規模課題総括課（2021）「持続可能な開発目標（SDGs）達成に向けて日本が果たす役割」2頁，〈https://www.mofa.go.jp/mofaj/gaiko/oda/sdgs/pdf/sdgs_gaiyou_202103.pdf〉（参照 2021-6-22）。

8)　小島立（2019）「私たちは『多様性』と『包摂性』を兼ね備えた著作権制度をどのようにしてつくり上げるべきなのか？」ネット TAM リレーコラム「文化政策研究とアートマネジメントの現場（第3回）」，〈https://www.nettam.jp/column/cultural-policy-management/3/〉（参照 2021-6-22）。

参考文献

上野達弘編（2021）『教育現場と研究者のための著作権ガイド』有斐閣

水野祐（2017）『法のデザイン』フィルムアート社

小島立（2019）「『社会デザイン』としての文化政策における『法』の役割」『文化政策研究』第 12 号，美学出版，8-13 頁

文化財保護法（1）
教育法制上の位置づけ

I 文化財保護法の概要

▶1. 文化財保護法とはどのような法律か

　文化財保護法では，文化財を「有形文化財」，「無形文化財」，「民俗文化財」，「記念物」，「文化的景観」，「伝統的建造物群」と定義し（2条1項），これらの文化財のうち，重要なものを国が指定・選定・登録し，重点的に保護している。なお，同様に都道府県や市町村も各自治体が定めた文化財保護条例の規定に基づいて，文化財を指定・選定・登録し，保護している。

　国の文化財の指定・選定・登録は，文部科学大臣が文化審議会に諮問し，その答申を受けて行う。また，無形文化財，無形民俗文化財では，指定のほかに記録作成等の措置を講ずべきものを文化庁長官が選定し，その記録の作成に努めている。後述するように，そのほか土地に埋蔵されている文化財を**埋蔵文化財**，文化財の保存・修理に必要な伝統的技術・技能を**文化財の保存技術**と呼び，保護の対象となっている。文化財の種類や件数は，新発見や学術調査研究の進展とともに，人々の文化財を認識する価値観の変化によって増加傾向にある。たとえば，1950年の文化財保護法制定時には文化財

とみなされてこなかった伝統的な町並みが，1975年の文化財保護法の一部改正に伴って，「伝統的建造物群」として保存すべき対象となったことは，国民の文化財に対する捉え方の変化を示している。

　なお，国が指定した文化財については，その種類に応じて，現状変更等に一定の制限が課される一方，修理等に対する国庫補助が行われるなど，保存と活用のために必要な各種の措置が講じられている。

▼2. 文化財の種類

　文化財保護法に規定されている主な文化財は，図表5.1のものがある。

●登録有形文化財

　このうち**登録有形文化財**は，1996年の文化財保護法の一部改正によって設けられた「文化財登録制度」の対象となっている。この制度は，国土開発や都市計画の進展，生活様式の変化などによって，消滅の危機にさらされている近代等の文化財建造物を継承することを目的としている。届出制と指導・助言等を基本とする緩やかな保護措置を講じ，従来の強い規制を前提とする指定制度を補完している。

●無形文化財

　無形文化財は，人間の「わざ」そのものであり，その「わざ」を会得した個人または個人の集団によって体現される。保持者等の認定には，「各個認定」，「総合認定」，「保持団体認定」の3方式がとられている。国は，重要無形文化財の保持のため，各個認定の保持

図表 5.1 文化財の体系図

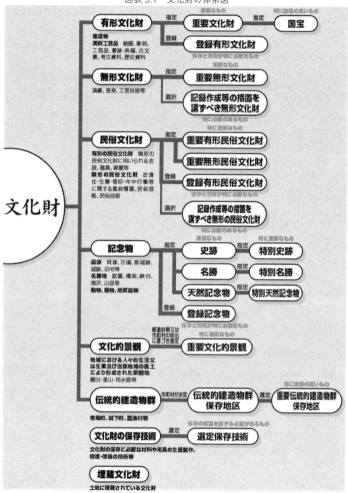

出典：文化庁「文化財の体系図」、〈https://www.bunka.go.jp/seisaku/bunkazai/shokai/gaiyo/taikeizu_l.html〉（参照 2021-8-4)

者（いわゆる「人間国宝」）に対し特別助成金（年額200万円）を交付するほか，保持団体，地方公共団体等の行う伝承者養成事業，公開事業に対してその経費の一部を助成している。

●民俗文化財

民俗文化財は，衣食住や生業，年中行事といった，日常生活において生み出され，継承されてきた有形・無形の伝承を指す。国は，有形の民俗文化財の収蔵施設や防災施設の設置，その修理に対して助成を行うほか，地方公共団体が行う無形民俗文化財の保存・伝承事業および民俗文化財の活用事業などに対して助成を行っている。

●埋蔵文化財

埋蔵文化財は，遺跡などの土地に埋蔵されている文化財である。埋蔵文化財の存在することが知られている土地（周知の埋蔵文化財包蔵地）は，全国で約46万か所あり，毎年9000件程度の発掘調査が実施されている。文化財保護法では，周知の埋蔵文化財包蔵地において土木工事などの開発事業を行う場合に，都道府県・政令指定都市等の教育委員会に事前の届出（93条，94条）を求めている。また，同法では新たに遺跡を発見した場合にも届出等を行うよう求めている（96条，97条）。

　土木工事等の開発事業の届出等があった場合，都道府県・政令指定都市等の教育委員会と開発事業者の間でその取扱いを協議する。協議の結果，やむをえず遺跡を現状のまま保存できない場合には事前に発掘調査を行って遺跡の記録を残し，埋蔵文化財発掘調査報告書等にまとめる（記録保存）。発掘調査にかかる経費は，開発事業者に協力を求めている（事業者負担）。

●史跡名勝天然記念物

図表 5.2　天然記念物 平林寺の雑木林

（埼玉県新座市）

史跡名勝天然記念物は，貝塚や古墳，城跡などの「**史跡**」，庭園（人間の作意によるもの）や峡谷，海浜，山岳（天然の営為によるもの）などの「**名勝**」，日本列島の成り立ちを示す地質現象や固有種の動植物等の「**天然記念物**」で構成され，主に土地に結びついた文化財である。1919 年の史蹟名勝天然紀念物保存法は，国宝保存法や重要美術品等ノ保存ニ関スル法律とともに，1950 年の文化財保護法へと受け継がれ，今日の史跡名勝天然記念物に関する規定の基礎をなしている。景観や自然史に関連するものを文化財として扱う制度は，日本の文化財保護法の特異性を象徴するものである。

●重要文化的景観

重要文化的景観は，都道府県または市町村が定める景観法に規定する景観計画区域または景観地区内にある文化的景観のうち，特に重要なものを指す。重要文化的景観の選定制度は，2004 年の文化財保護法の一部改正によって導入された。

●伝統的建造物群保存地区

伝統的建造物群保存地区は，「伝統的建造物群及びこれと一体をなしてその価値を形成している環境」（文化財保護法 142 条）を保存するため，市町村が定める地区である。伝統的建造物群保存地区制度は，1975 年の文化財保護法改正によって発足し，城下町や宿場町，門前町などの歴史的な集落や町並みを対象としている。文化財

保護法において，市町村は，都市計画法の規定により指定された都市計画区域または準都市計画区域内において，都市計画に伝統的建造物群保存地区を定めることができると定められている（143条）。

文化財の保存技術

文化財の保存技術について，文化財保護法では，「文部科学大臣は，文化財の保存のために欠くことのできない伝統的な技術又は技能で保存の措置を講ずる必要があるものを選定保存技術として選定」することができると定めている（147条）。文化財の保存には，保存のために欠かせない技術者の養成も不可欠である。文化財の保存技術のうち，保存の措置を講ずる必要のあるものを「選定保存技術」として選定し，その保持者や保存団体を認定する制度が設けられている。選定保存技術制度は，1975年の文化財保護法の改正時に創設された。

3. 文化財を指定することの意味

文化財保護法は，「文化財を保存し，且つ，その活用を図り，もつて国民の文化的向上に資するとともに，世界文化の進歩に貢献する」（1条）ことを目的としている。行政として文化財を保護することの意味は，文化財保護が国民の文化的向上や世界文化の進歩に資するからである。

ただし，文化財は文化財として最初から存在するわけではない。**指定**という手続を経て，文化財は文化財となる（文化財保護法27条）。言いかえれば，対象物自体に変化はなくとも，文化財指定されると，対象物をめぐる社会的な価値づけや意味づけに変化が生まれるということである。文化財として指定されたものは，文化財としての価

図表 5.3　文化財の指定・公開・保護

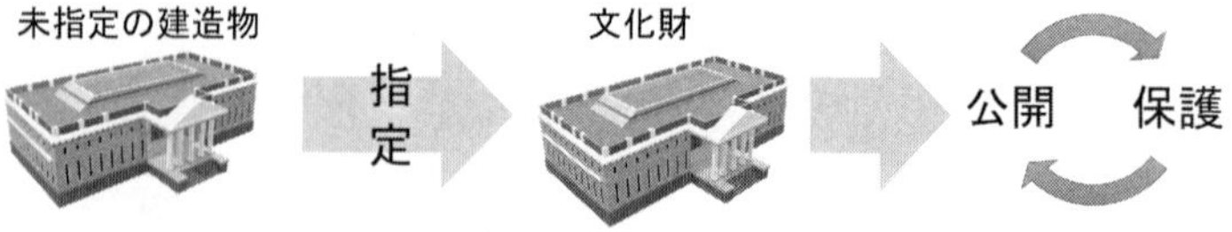

未指定の建造物　　　　　　　文化財

指定　　　　　　　　　公開　　保護

値を失わないよう，**保護**の対象となる（同法34条の2〜47条）。他方で，文化財は**公開**を通じて，その価値は社会に還元される（同法47条の2〜53条）。公開とは具体的には，独立行政法人国立文化財機構が設置する国立博物館などにおいて展示されることが挙げられている（同法48条）（図表5.3）。

　文化財の「保護」には，保存と活用の両方の意味が込められているとされる。この活用の一部が公開であるが，実態として必ずしも公開されているわけではない。日本の文化財の多くは個人所有となっており，所有者の自宅などで保管され，広く社会に公開されないケースがある。このことから，「美術品の美術館における公開の促進に関する法律」（1998年）では，重要文化財や国宝などの優れた美術品を国が登録し，登録した美術品を美術館において公開することを定めている。登録美術品は，相続が発生した場合，他の美術品と異なり，国債や不動産などと同じ順位で物納することが可能となっている（☞第11講）。

II　文化財保護法が教育法制のなかに位置づけられている意味

▼1.　文化財保護法の今日的状況

　すでに述べたように，文化財保護法上，文化財は保護の対象であると同時に，公開されて社会に還元される必要がある。この社会へ

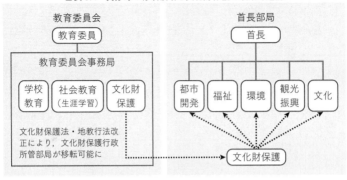

図表 5.4　異分野の行政領域と文化財保護の政策的連携

の還元は，教育という枠組みの中で展開されてきている。

2019 年，文化財保護法の一部改正に併せて，「**地方教育行政の組織及び運営に関する法律**」（以下，「**地教行法**」とする）が改正された。地教行法の改正により，それまで文化財保護行政は教育委員会固有の職務であったが，**首長部局へ移管できるようになった**。この背景には，過疎化や少子高齢化を背景として「文化財の滅失や散逸等の防止が緊急の課題」となっており，「未指定を含めた文化財をまちづくりに活かしつつ，地域社会総がかりで，その継承に取り組んでいく」必要性が生じていることが挙げられている。この課題解決にあたっては，「文化財の計画的な保存・活用」の促進だけでなく，「地方文化財保護行政の推進力」強化が鍵となっている[1]（図表 5.4）。

ここで注目したいのは，**教育委員会**固有の職務としての文化財保護行政の法的位置づけである。これまで行政として文化財を保護することは，**教育**という枠組みの中において文化財保護の内容を社会へと還元し，公共の福祉の向上に寄与することを意味してきた。今日の文化財保護法ならびに地教行法の一部改正によって，教育行政だけでなく，都市開発行政や福祉行政，環境行政，観光振興行政といった首長部局と文化財保護行政との連携が可能となり，文化財保

護はまちづくり総体の中で新たな役割が期待されている。

　また，観光や国際交流などの諸分野と文化芸術政策の連携を視野に入れて 2017 年に改正された**文化芸術基本法** 13 条において，基本的施策の 1 つに文化財等の保存および活用が掲げられていることも，文化財保護に教育分野に限定されない幅広い可能性が期待されていることの表れである。こうした状況だからこそ，ここではあえて教育という枠組みの中に文化財保護が位置づけられてきた意味を問い直してみたい。

▼2.　関連法規と文化財保護法の関係の曖昧さ

　教育基本法の前文に，「ここに，我々は，日本国憲法の精神にのっとり，我が国の未来を切り拓く教育の基本を確立し，その振興を図るため，この法律を制定する」とあるように，教育を受ける権利と受けさせる義務を 26 条で定めた憲法との関係を明確に記している。

　ところが，憲法の規定の中に文化財保護に直接関連する条項は存在しない。憲法 25 条 1 項「すべて国民は，健康で文化的な最低限度の生活を営む権利を有する」の「文化」概念は，文化政策における文化権につながるものである。この「文化」概念は，文化財の「文化」概念を包含するものと捉えられるものの，それがなぜ文化財を保護しなければならないのかという問いに対する答えとしては不明瞭である。

　教育基本法と文化財保護法との関連も必ずしも明示的とは言えない。憲法⇒教育基本法⇒社会教育法⇒図書館法・博物館法という明確な法体系が整備されていることと比すれば，教育としての文化財保護の位置づけは，はっきりしていない。

つまり，明確な規定がないまま，文化財保護は教育と関連するという位置づけがこれまで引き継がれてきた。では，両者の関係が不明瞭ゆえに，あまり重要な意味を持たないのかといえば，決してそうではない。

III 文化財の公開と文化国家建設

▼1. 敗戦と「教育」「文化財保護」の関係

いつから教育と文化財保護の関係が生まれたのだろうか。すでに述べたように，文化財保護法上の文化財の活用とは，当初公開を意味した。まずは，この公開が意識された背景を探りながら教育と文化財保護の関係について考えてみたい。

1940年代後半，戦後の混乱期にあって華族や財閥といった上流階級により独占されていた美術工芸品が，市場に流出し，新たな資本階級によって買い取られる事例が相次いだ。同時に，新たな所有者による所有や管理のあり方に対する懸念が起きていた。そのため国民にその大切さを知らしめることを目的として，文化財を公開することが必要であった。一握りの人々に対してのみ開かれた存在でしかなかった文化財について，公開＝教育という手段によって，国民全体の財産化，つまり公有化が必要であった。

そして，最終的に文化財の公開は，「**文化国家の建設**」と「**世界文化の振興**」に寄与するものと位置づけられた（教育基本法前文，文化財保護法1条参照）。なぜならば，戦争によってすべてを失った日本が諸外国に比肩しうるものは，文化財を除けばほとんど残されていなかったという認識が浸透していたからにほかならない。

▶2. 戦前・戦中における「文化建設」

戦前・戦中において「文化」や「平和」は，「戦争」と対立的な概念ではなかった。「文化」「平和」「戦争」は矛盾することなく，一連の意味として捉えられたがゆえに，「文化建設」という言葉が，支那事変や大東亜戦争を遂行するうえでの大義名分として登場した。この文化建設とは，「文化財を築き上げること」であり，たとえば「日本主義精神文化の建設」や「東洋道徳の再建」，「仏教教義の大陸還元」，「日満支経済ブロックの建設」，「支那天文学の復興」などを意味した。[2]

戦後における「文化建設」から「文化国家建設」への転換は，国民の統合・再統合という点では共通していた。近代における文化政策において，聖蹟や陵墓は近代天皇制の確立や戦時体制の強化に利用されていた。[3]だが，戦後においても，文化財保護法の成立によって，文化財は戦後復興に向けて日本国民を再び結集させる資源として位置づけられた。敗戦によって日本が軍事国家から文化国家へ急激な方向転換をしたかに見える。しかし，少なくとも文化という側面においては，両者の間には連続性が存在し，文化財保護法制定によって文化国家建設を図るという方向性に違和感を抱く者はあまり多くはなかった。

やがて，この日本国民の再結集を象徴するキーワードとして登場したのが，「**文化財愛護の精神**」を普及することであった。

▶3. 地方教育委員会の役割と博物館法との関係

ところで，文化財保護法制定前後の時期における文化財保護政策に関わる 2 つの議論について触れておきたい。

1つは，文化財保護政策における地方教育委員会の役割について
である。文化財保護は，国主導による中央集権ではなく，地方の責
任において企図されていたのである。国宝や国の重要文化財につい
ては，文化財保護委員会（文化庁の前身）の管理・保存となるが，
これから漏れた文化財については，都道府県の管理・保存対象とな
るよう都道府県における**文化財保護条例**の制定が計画された。実際
に，各都道府県だけでなく，その後に全国の市町村においても文化
財保護条例が設けられ，国―都道府県―市町村という行政機構にお
いて，きめ細かな文化財保護組織網が張り巡らされていった。各地
方の教育行政と結びついた文化財保護の組織網を介して，文化財は
文化国家建設に向けて公開されたのである。

　もう1つは，**博物館**との関係である。すでに触れたように，現在，
社会教育法や博物館法と文化財保護法との関係を示す明確な条文は
存在しない。だが，文化財保護法制定時には，博物館は文化財の公
開施設としての役割を期待されていた。博物館法制定の前年，法隆
寺金堂壁画焼失事件（1949年）を受けて，急遽，超党派により文化
財保護法が制定された。これに伴い，重要美術品を所蔵する東京国
立博物館が文化財保護委員会所管となり，文化財保護行政上の役割
を与えられた。こうして，「文化財保護委員会―文化財保護法―国
立博物館」と「文部省（のち文部科学省）―博物館法―国立博物館以
外の博物館」という枠組みが結果的にできあがった。このために，
文化財の公開は社会教育施設としての博物館での展示を意味してい
たが，制度上分化していった。

Ⅳ 地域における文化財の愛護思想の普及

▼1. 国の文化財保護政策としての「文化財愛護地域活動」

　文化財の愛護という方向性は，1954年の文化財保護法改正を契機とした同年の**文化財保護強調週間**の設定，翌1955年の文化財防火デーの設定へと引き継がれていった。文化財保護強調週間は，毎年11月1日から7日までの1週間が対象となり，この期間中に「文化財に親しむことを目的」として，歴史的建造物や美術工芸品の特別公開，文化財ウォーク，伝統芸能発表会などの行事が全国各地で開催される。

　1966年には**文化財愛護地域活動**が設定された。この活動は，「一般国民が，その日常生活をとおして，それぞれの地域社会に所在する文化財，ひいてはわが国文化財全般についての理解を深め，これを尊重する態度を涵養することにより地域社会の住民の協調や郷土愛を伸張し，国民協同意識や祖国愛の涵養に資することを目的」[4] としていた。

　この背景には，高度成長の時代にあって大規模かつ急激な国土の開発によって，文化財の消滅が社会問題化していたことがあった。国土の開発による埋蔵文化財や歴史的街並みの消滅，地方の過疎化による郷土芸能の衰退，さらには国民の価値観の激変といった環境の中で生まれたのが，文化財愛護地域活動であった。

　ここで注目したいのは，文化財愛護地域活動において，文化財保護とは保存と活用という制度の問題であると同時に，国民の心性の問題でもあったという点である。文化財保護と教育がセットになることで，文化財を大切にする心が養われるという道筋が敷かれたの

である。

　特に文化財愛護地域活動で
は，青少年がその対象となっ
ていった。具体的な活動とし
て1965年ごろから全国で発
足し始めたのが，文化財愛護
少年団であった。文化財愛護
少年団の活動は，学校や社会
教育団体の活動プログラムに
組み込まれているもの，地区
の子ども会が母体となってい
るものなど，形態は様々であ
った。活動は特別天然記念物

図表 5.5　文化財保護強調週間ポスター

である釧路のタンチョウの給餌や観察，駿府城跡や登呂遺跡の清掃
奉仕活動など多岐にわたり，地域文化財の保護活動を通じて，愛護
の精神を涵養することが目指された。

　戦前・戦中の「文化建設」は，文化財保護法の制定を経て，戦後
の「文化国家建設」へと接続された。「文化国家建設」を具現化す
るキーワードとして登場した「文化財愛護の精神」の普及は，
1960年代以降，文化財愛護地域活動という施策へと引き継がれて
いった。「私たちの文化財」として文化財の愛護に努めるという思
想は，青少年を対象としたように，文化財の公開と一体化した教育
という場での浸透が試みられていった。

▼2.　地方における「文化財愛護地域活動」の実態

　先述のとおり，日本における文化財保護行政は地方の教育委員会

を通じて，文化財保護のネットワークを張り巡らしてきた。国民の間に文化財愛護の精神を普及する国策にもまた，こうした地方教育委員会のネットワークが活用された。

一方で，地域の人々自身の手で文化財を愛護する運動が展開されていた。文化財愛護地域活動には，こども会や婦人会，学校の生徒会活動の一環として，史跡の指定地における清掃，除草等の清掃活動，説明板や管理施設の設置，郷土芸能への積極的な参加や後継者育成といった活動が含まれていた。このような活動は地域の人々が地域社会を見直す契機となるとともに，地域の集合体である国民国家に対する愛着を育むというのが，文化財愛護地域活動に込められた意図だった。

これまでに人々が文化財愛護の精神を自然に受け入れていった理由の1つとして，戦後の文化財とされたものの中には，近代以前からの共有財として継続的に管理されてきたものがあったことを挙げることができる。

たとえば，入会地などの共有地として維持・管理されてきた土地のうち，古墳などの史跡を対象としていた事例がある。文化財保護法成立以後の文化財概念が存在する前から，共有物として地域の人々が除草や修繕などのメンテナンスを行ってきた場所が，近代以降の法制度成立に伴って，史蹟や文化財として保存されていった事例は少なくない。祭礼などの無形民俗文化財とされてきたものも，文化財保護制度成立以前から運営方法，参加地域の費用負担割合，担い手の再生産などが地域で取り決められてきた。

つまり，文化財概念の登場とその保存のための制度が確立することで，保存されてきたものばかりでなく，固有法のようなローカル・ルールによって史跡の管理や祭礼の運営が支えられてきた。こうした条件の整った地域では，文化財愛護地域活動を自然と受け入

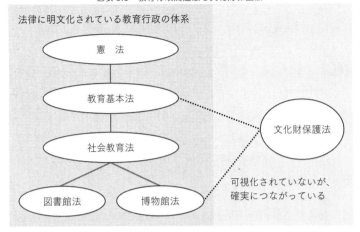

図表 5.6　教育行政関連法と文化財保護法

法律に明文化されている教育行政の体系

憲　法

教育基本法

社会教育法

文化財保護法

図書館法

博物館法

可視化されていないが、確実につながっている

れる素地があった。こうした素地が各地の地域社会にあったからこそ，国や地方自治体による文化財愛護精神普及政策は，高い実効性を持っていたのである。

V　最後に
文化財保護法の読み方

　2006年の改正により教育基本法には，「伝統と文化を尊重し，それらをはぐくんできた我が国と郷土を愛する」の文言が追記された。この文言だけに着目すると，突然私たちの目の前に出現したように見受けられる。しかし，これまで見てきたように，近代以降の文化財保護政策が教育行政を通して，国民国家形成を企図してきたことを踏まえれば，教育基本法へのこの文言の追記は極めて自然な流れであったことがわかる。

　憲法や教育基本法，社会教育法といった教育法制と文化財保護法との具体的な関係は，法文上に明記されていない。だが，実質的に

は文化財保護法は教育法制上の関係を有し，教育的な枠組みの中で制定され，政策として具現化されてきた。社会教育施設の1つである博物館を担保する博物館法と文化財保護法との関係も同様に，関連する法律は不可視化された関係の上に成り立っているのである。人々は政策形成に関わろうとする場合，関連する法律の条文を目で追うだけでなく，法律間の見えない関係性を踏まえたうえで議論を重ねていくことが求められる。この見えない関係性を可視化するためには，法律制定過程の議論や社会背景，そこに込められた意味を紐解く必要がある。

---

1) 文化庁「文化財保護法及び地方教育行政の組織及び運営に関する法律の一部を改正する法律の概要」，〈https://www.bunka.go.jp/seisaku/bunkazai/pdf/r1402097_01.pdf〉（参照 2021-8-4）。
2) 藤井祐介（2007）「統治の秘宝――文化建設とは何か？」池田浩士編『大東亜共栄圏の文化建設』人文書院，15 頁。
3) ここでいう聖蹟とは，天皇が行幸した場所や建物を指す。たとえば日本最初の鉄道路線の起点とされた旧新橋停車場は，開通式に明治天皇が行幸したことから「本邦鉄道の嚆矢」として聖蹟指定された。陵墓とは，歴代の皇室関係の墓所で，現在は宮内庁が管理している。たとえば仁徳天皇陵（大阪府堺市堺区大仙町）などがある。
4) 文化財保護委員会（1968）『文化財愛護地域活動事例集』，70 頁。

次のステップ

🔖 身近な地域の資源の中から，文化財として指定されていないものを取り上げ，それは今後文化財になるのか，文化財になるとすればどのような意味がそこに与えられるのか，考えてみよう。

🔖 教育と文化財保護の関係について，今後の望ましいあり方を整理してみよう。

文化財保護法（2）
空間を文化財指定する

I 文化財保護法改正
単体指定・保存から「地域総がかり」の保護へ

　2017年，文化審議会より「文化財の確実な継承に向けたこれからの時代にふさわしい保存と活用の在り方について（第1次答申）」が公表されたことを踏まえ，2018年に文化財保護法が改正された。この改正の背景には，過疎化・少子高齢化といった社会の変化により，地域における文化財保護の担い手が著しく減少していることがある。文化財保護の担い手減少は，文化財の滅失や散逸の危機を意味する。こうした文化財の消滅危機に対して，改正文化財保護法では，次の方策が想定されている。

> ①文化財をまちづくりに活かす
> ②文化財としての価値づけがなされていないもの（文化財未指定のもの）も保護の対象とする
> ③文化財継承の担い手を確保し，地域社会総がかりで文化財保護に取り組む
> ④文化財の計画的な保存・活用の促進

　①の「文化財をまちづくりに活かす」という意図は，クールジャパン戦略と関連させて，文化財を**観光資源**化し，文化財で稼ぐことが含まれているとされる。今回の文化財保護法改正が問題視される要因の1つは，稼ぐことのできる文化財の活用に人々の注目が集

まり，稼ぐことのできない文化財の価値が軽視され，滅失してしまうのではないかという危惧である。

　他方で，文化財の観光資源としての活用と保存を両立させようとする試みも生まれている。2004年に世界文化遺産に登録された「紀伊山地の霊場と参詣道」（和歌山県）の構成資産の1つである「熊野古道」では，世界遺産登録後に観光客が急増し，多くの人が歩いた結果，古道の損傷が目立つようになった。このような状況から，2009年に和歌山県は古道の維持・修復に観光客の力を借りる「道普請ウォーク」を発足させた[1]。参加者は補修用の土を現場に運び，「タコ」と呼ばれる道具で土を固め，道を修復する。この作業を通じて，参加者は観光しながら文化遺産の保全活動に関わることができる。同プロジェクトは，結果的により多くの観光客（参加者）の獲得につながっている。「**文化観光拠点施設を中核とした地域における文化観光の推進に関する法律**」（**文化観光推進法**）の制定に見られるような文化財保存・活用，観光振興，地域活性化を一体化させる政策ともつながるものである。

　このように文化財保護法の一部改正にあたって文化財活用が観光振興と結びつくことに議論が集中する一方，②〜④の内容も極めて重要な意味を持っている。文化財は，文化財指定というフィルターを通じて文化財としての価値が社会の中に認識される。しかし，その文化財化のフィルターを通過する以前のモノの中にも価値を有しているものがある。そして，文化財として指定されていないモノは，それ単独で地域社会の中に存在するのではなく，歴史的・文化的な文脈の中で他の文化財とも密接な関連を持って遺されている。そのために，文化財であるもの，文化財でないものを含めた包括的なモノの保存が必要である。

　包括的に文化財，文化財でないものを保存していくことは，文化

財保護行政だけでは難しい。これまでも地域の文化財はその地域の人々によって維持・継承されてきたが，少子高齢化に伴って，そもそも保存の担い手が減少しつつある。次世代の担い手を育成しながら維持される獅子舞や，除草作業などの大がかりな管理を伴う史跡のように，これまで地域の共同管理で維持されてきた文化財の中には，すでに担い手が不足し，管理システムを見直さざるをえない事例は少なくない。

より深刻なのは，個人所有の文化財，未指定のものの場合である。たとえば，個人の所有地全体が未指定の史跡である場合，それを維持していくためには高額な固定資産税を個人が負担していく必要がある。相続する場合も相続税が大きな負担となってくる。加えて，少子化に伴って相続人がいない場合もあり，史跡地が第三者に売却され宅地開発される危険性がある。こうした事例は，今後想定されるものではなく，現に発生している喫緊の課題である。それゆえに地域総体を対象とした，文化財保護を計画的に推進するための計画が必要となる。

II 「点」の保存から「面」の保護へ
文化財の価値づけ変遷

▼1. 戦前・戦中期における「面」としての保護の系譜

改正文化財保護法が掲げた，地域総体に対する文化財保護制度の確立には，そこへつながるこれまでの文化財保護制度の系譜が存在している（図表 6.1）。

まず，ドイツにおける天然記念物保存制度を参考に，1919 年**史蹟名勝天然紀念物保存法**が可決，公布された。この法律は現状変更

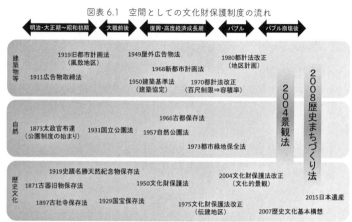

図表 6.1　空間としての文化財保護制度の流れ

明治・大正期〜昭和初期　大戦前後　復興・高度経済成長期　バブル　バブル崩壊後

建築物等

1919旧都市計画法　　　1949屋外広告物法　　　　1980都計法改正
（風致地区）　　　　　　　　　　　　　　　　　　　　（地区計画）
1968新都市計画法
1911広告物取締法
1950建築基準法　　　　1970都計法改正
（建築協定）　　　　（百尺制限⇒容積率）

自然

1966古都保存法
1873太政官布達　1931国立公園法　1957自然公園法
（公園制度の始まり）
1973都市緑地保全法

歴史文化

1919史蹟名勝天然記念物保存法　　　　　　　　2004文化財保護法改正
1871古器旧物保存法　　　　1950文化財保護法　　　　（文化的景観）
1897古社寺保存法　　1929国宝保存法　　1975文化財保護法改正　　2015日本遺産
（伝建地区）
2007歴史文化基本構想

2004景観法

2008歴史まちづくり法

国土交通省都市局　公園緑地・景観課　景観・歴史文化環境整備室（2020）「歴史まちづくり」，
〈https://www.mlit.go.jp/toshi/rekimachi/content/001347749.pdf〉4頁をもとに作成

を制限し，政府に対して環境保全上必要な規制や命令を発したり，立入調査を行ったりする権限を与えている。この法律の制定にあたっては，史蹟名勝天然記念物保存協会による働きかけがあった。史蹟名勝天然記念物保存協会は，徳川頼倫を中心に，研究者や政治家で構成された，いわば公的性格の強い民間団体であった。史蹟名勝天然記念物保存制度が脆弱であったこともあり，史蹟名勝天然記念物保存協会は，史蹟や名勝といった一定のエリアの環境保全のための運動を行なっていた。

　たとえば，厳島は1923年に史蹟ならびに名勝として，1929年に瀰山原始林として天然記念物に指定された。しかし，指定の前後にケーブルカーやロープウェーの建設計画が持ち上がり，そのたびに史蹟名勝天然記念物保存協会によって，これらの計画に対する批判や反対運動が繰り広げられた。この時期，史蹟名勝天然記念物の保存は，対開発，特に対観光開発の立場をとっていた。

　このように個人の所有物だけでなく，史蹟や名勝，天然記念物といった一定の広さを持つ空間を文化財として指定する動きは，少な

くとも大正期に現れていた。戦後の文化財保護政策は，文化財単体つまり「点」としての保護から，一定の空間自体を対象とする「面」としての保護へという流れが指摘されてきた。しかし，実際にはその系譜の淵源は，戦前・戦中期の史蹟名勝天然紀念物保存法に認めることができる。

▼2. 高度成長期における「面」としての文化財保護

　1960年代は，日本だけでなく国際的に特定のエリアを対象とした文化遺産の保護についての議論が活発化していた。この背景には，第二次世界大戦を経て社会が復興に向かう中で，文化遺産の修復や保存が各国共通の喫緊の課題として浮上したことがある。

　1964年，ユネスコの協力機関であるイコモス（ICOMOS）が，イタリアのベネチアで採択した「**記念物および遺跡の保護と復元のための国際憲章**」（ベネチア憲章）には「**歴史的記念物**」という定義が示された。歴史的記念物という概念はたんに単一の建築作品のみならず，そこに特定の文明，重要な発展あるいは事件の証跡が見いだされるような都市や田園の環境も含んでいる。つまり，ベネチア憲章は，文化財を単独のものとして捉えるのではなく，歴史的環境全体を文化財として捉えることを提唱した点で，文化財保護政策上の大きな変革を象徴するものであった。このような国際社会における文化財に対する考え方は，1976年10月からケニアの首都ナイロビで開催された，ユネスコ第19回総会で採択された「**歴史的地区の保全及び現代的役割に関する勧告**」に継承された。ここでの歴史的地区とは，人間の居住地を形成する建造物や工作物，空間の集合体であり，人間の日常生活の一部を成し，文化的，宗教的，社会的活動の豊かさと多様性の最も確実な証拠を後世に伝えるものである。そ

して，歴史的地区の保全と現代の社会生活への統合が都市計画および国土開発の基本的要素とされた。つまり，国際社会における文化財の保護も，点から面へと移行していったのである。

こうした世界的な流れを踏まえつつ，戦後，日本において再び面としての文化財保護が問題となったのは，1960年代の高度成長期である。経済発展に伴う大規模な社会資本整備の進展は，遺跡などの面としての文化財保護との両立問題を顕在化させていった。

1961年，平城宮跡の一画に近畿日本鉄道が検車区建設を計画したことに端を発し，住民や考古学者，歴史学者らによる平城宮跡の保存運動が展開された。結果的に当時の池田内閣は，史跡地を買い上げて保存することを決定した。その後，遺跡の保存運動は奈良県の藤原宮跡や大阪市の難波宮跡の保存運動へと引き継がれていった。

同時期には遺跡の保存運動だけでなく，古都の景観破壊に対する住民運動も奈良市，京都市，鎌倉市で展開されていた。従来の都市計画法に基づく自治体の条例や規則では，「風致地区」の制度が設けられており，良好な景観を有する区域への建築物や工作物の新築，増改築，土地の形質変更などについての規制はあったものの，行政指導による禁止などの強い措置をとることはできなかった。この法制度の不備ゆえに，市民運動による保存に依拠せざるをえなかった。市民の運動を背景として，1966年に「古都における歴史的風土の保存に関する特別措置法」（古都保存法）が制定された。

他方で同年に，文化庁は風土記の丘設置構想を発表した。風土記の丘は，古墳群や城跡などの遺跡を広域的に保存し，歴史資料などを収蔵・展示する資料館を設置することで，遺跡と資料の一体的な保存や活用を図ろうとするものである。西都原風土記の丘（1966年）をはじめとして，さきたま風土記の丘（1967年），紀伊風土記の丘（1968年）などが開設された。

そのほか，歴史的環境の保存については，地方自治体レベルで取り入れられていった。1968年の金沢市伝統環境保存条例，1971年の柳川市伝統美観保存条例など，日本各地の都市において条例が制定

図表6.2　さきたま風土記の丘

された。各地で歴史的環境の保存が都市計画の一環として組み入れられていったことを受けて，1975年の文化財保護法改正時に**重要伝統的建造物群保存地区制度**が整備された。2020年12月現在，重要伝統的建造物群保存地区については，43都道府県123地区が選定されている。

▶3. 景観の保護と形成

　2000年代に入ると，面としての文化財保護は，「**景観**」という空間を対象とした保護へとシフトしていった。景観行政の系譜は1919年の**都市計画法**制定に伴う「風致地区」，「美観地区」の制度創設までさかのぼることができる。すでに述べたように，この制度は，1966年の古都保存法における「歴史的風土保存区域」や「歴史的風土特別保存地区」制度，さらに1975年の文化財保護法一部改正に伴う「伝統的建造物群保存地区」制度創設へと展開されていった。1980年には，都市計画法の一部改正に伴う「地区計画」制度が設けられた。この制度により，地区の特性に合わせて，住民参加によって区画道路，小公園などの配置，建築物の用途や高さ，敷地規模などのルールを定めることが可能となった。

　このような都市計画法を中心とする制度上の改編が進められる一

方で，一部の地方自治体では住民の要望に応えつつ，**景観条例**を定めていた。[2] ただし，法令の委任に基づかない自主条例のために強制力はなく，建築確認の際などに必ずしも開発事業者はこのルールに従う必要はなかった。

1990 年代以降，このような景観条例制定の動きを踏まえつつ，国土交通省においても自らが発注する公共工事において景観に対する配慮や調和を重視するようになっていった。2003 年には「美しい国づくり政策大綱」が策定され，「景観に関する基本法制の制定」などの具体的な提言が盛り込まれた。これを受けて，2004 年**景観法**が施行された。景観法の制定により，景観行政団体である地方公共団体が定める景観条例（法委任条例）は，景観問題に対して大きな役割を果たすことが可能となった。景観法そのものが直接的に景観破壊の原因を規制するのではなく，地方公共団体の景観に関する計画や条例，それに基づいて地域住民が締結する景観協定に，実効性や法的な強制力を持たせようとした点に特色があった。

▼4. 面から空間へ

2007 年に**歴史文化基本構想**が策定された。これは同年の文化庁文化審議会文化財分科会企画調査会での提言を受けたもので，指定・未指定の文化財を核として，地域全体を歴史文化の観点から捉え，各種施策を統合して歴史や文化を活かした地域づくりを進めるための地方公共団体の基本的な構想である。さらに 2008 年には，「**地域における歴史的風致の維持及び向上に関する法律**」（歴史まちづくり法）が制定された。この法律は文部科学省（文化庁），農林水産省，国土交通省による共管で，市町村が作成する「歴史的風致維持向上計画」に基づき，歴史的風致を後世に継承するまちづくりを国が支援

するという形態をとっている。なお、文化庁では、市町村が歴史まちづくり法の「歴史的風致維持向上計画」の作成にあたって、歴史文化基本構想を踏まえて、文化財の保護と一体となった歴史的風致の維持および向上のための効果的な取り組みが行われるよう努める必要があるとしている。

　古都保存法や景観法に見られるような面としての保護や保全は、どちらかといえば一定のエリア内における文化財の保護や土地利用規制を主眼とするものであった。歴史まちづくり法では、風致を「地域におけるその固有の歴史及び伝統を反映した人々の活動とその活動が行われる歴史上価値の高い建造物及びその周辺の市街地とが一体となって形成してきた良好な市街地の環境」（1条）と定義づけたうえで、空間としての風致の総体的な保護が目指された。

　歴史まちづくり法の創設については、2つの重要な点を指摘することができる。第1に、今までの政策は個別単体の文化財を文化財指定し、保護（保存＋活用）と言いつつも実際には保存重視であったが、風土記の丘構想や重要伝統的建造物群保存地区制度のような、同質の文化財が所在する一定の地域を対象とした面としての保護政策を経て、自然環境や現在の人々の諸活動を含めた、異なる性質の文化的資源を包括的に空間として保護する政策への転換を意味している。個々の文化財は単体で生み出され、遺されてきたのではない。文化財は、自然環境や思想、信仰、生業といった人々の活動の結果として生み出され、今日までの時間的経過の中で伝えられてきたのであり、これらの環境を抜きにしてその価値や意味を評価することはできない。このような視座に立って、空間としての環境全体を保護しようとする思考は、過去から現在に至る私たちの社会環境に対する捉え方そのものを大きく変えたのである（図表6.3）。

　第2に、これまでは建築物や自然環境、歴史や文化といった異

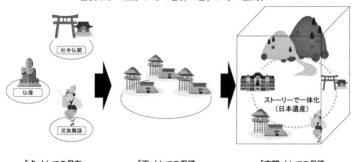

図表 6.3 「点」から「面」，「面」から「空間」へ

「点」としての保存　　　　　「面」としての保護　　　　　「空間」としての保護

なる分野に関して各担当する省庁が個別の政策を打ち出し，それに伴って都道府県や市町村の担当部署もその縦系列に沿って事務を所管していたが，包括的な保護政策が求められるようになったことで，文部科学省（文化庁）と農林水産省，国土交通省という異なる省庁の協力関係が必要となるとともに，地方自治体の関連する事務を所管していた部署も再編成されていった。

　2015 年には**日本遺産制度**がスタートした。日本遺産は，地域の歴史的魅力や文化・伝統を語るストーリーを文化庁が認定する制度である。ストーリーに基づいて，有形・無形の文化財群を，地域主導で総合的に整備・活用し，国内のみならず海外へも戦略的に発信していくことで地域の活性化を実現することがこの制度の目的である。「空間」としての地域の保護を展開するうえで，個々の建造物や遺跡，名勝地，祭りなど地域に根差して継承・保存がなされている文化財を 1 つのストーリーによって接続し，「空間」としての一体性を付与するのが，日本遺産制度である。歴史文化基本構想，歴史まちづくり法，日本遺産という「空間」保護の政策思想は，2018 年の文化財保護法一部改正へと引き継がれている。改正された文化財保護法では，未指定のものを含めた総合的な文化財の保存

を地域全体で保護することが盛り込まれたが，それは文化的・歴史的環境，自然環境，人々の暮らしまでを包括する保護政策の今日的なあり方を体現しているものと言えるだろう。

III 「空間」としての文化財保護が抱える課題

▶1. 「地域総がかり」の困難さ

　今日の文化財保護制度は，地域総がかりによる，地域全体の総合的な保護を目的としているが，では地域総がかりとは具体的に誰を指すのか？　すでに本講冒頭で述べたように，地域総がかりという文言が登場した背景には，急速な少子高齢化により文化財保護の担い手が減少し，未指定を含めた文化財が消滅の危機に瀕していることがある。それゆえに，新たな担い手の創出が求められるが，その代わりとなる担い手が存在しない地域は少なくない。地方において農業や製造業は，すでに多くの外国籍の人々によってなんとか担われている。本書☞第15講で扱われている日本語教育推進法の制定は，まさにこうした状況に対応し，地域文化財の保護以上に，多文化共生が喫緊の課題となっている地域が存在することを示している。文化財の保全どころか日常的な道路の維持管理（いわゆる道普請）や消防団活動など，地域活動の担い手全体が減少している。従来の地域活動に代わる団体として，新たな市民団体やNPOの立ち上げなども想定されるが，そうした新たな組織を構成するメンバー自体が存在しない。

　また，大幅な税収の拡大を見込めず，良好な財政状態とは言えない地方自治体は，たとえば上下水道などの従来のインフラ整備に加

えて，戦後70年以上が経過して老朽化が目立つ施設の改修，高齢者福祉制度の充実など，文化財保護政策よりも優先されがちな政策分野を数多く抱えている。文化的・歴史的環境の保護が，地域社会にとって不可欠であることは，そこに暮らす多くの人々が認識するものの，表立って文化財保護政策の有用性を主張しがたいという現実がある。

つまり，改正文化財保護法が唱えるような，未指定を含めた文化財の包括的な保護政策の仕組みづくりが必要であることは多くの人々が認めるものの，疲弊している地域社会全体のあり方を問い直すような政策が不在である限り，本質的な解決は見込めない。特に地方が抱える問題は，文化財の保護問題だけを取り上げても解決の糸口は見つからないのである。

▼2. 評価軸の単一化のあやうさ

この解決策として語られるのが，**文化財の観光資源化**である。文化財の保護は，文化財の保存と活用を含意するとされ，その中でも文化財の活用に注目が集まっている。この文化財の活用の1つの事例として，文化財の観光資源化がしばしば取り上げられる。観光資源化することにより集客力を高めて地域経済を立て直したり，文化財の保存・修復費用を捻出したり，文化財保護に対する幅広い支持を得たりすることが期待される。

2020年12月25日，文化庁は日本遺産の取り消し制度を2021年から導入する方針を決定した。誘客実績や人材育成の取り組みなどを評価し，効果が低調と判断した事例は認定を外す。2020年12月現在，認定済みの日本遺産は104件であるが，合計数を100件程度維持したまま，新規認定を目指す地域を候補地域とする制度も

設ける。3年間の準備期間後に取り組みが充実したと評価されれば，取り消された日本遺産と入れ替えられる。

　「空間」としての一体的な環境保全政策は，観光振興政策としての側面を国から強く期待されている。この期待に応えるため，自治体間競争が激化する可能性がある。日本遺産認定の有無は，その地方自治体の文化財保護政策の評価に直結するかもしれない。同様に，改正文化財保護法における文化財保存活用地域計画の策定も国からの補助金に紐づけられつつあり，計画策定によってより補助金を獲得し，まちづくりに文化財を活用する自治体とそうでない自治体との格差が生まれる可能性もある。

　こうした文化財活用の新たな潮流に乗って，競争的に予算を獲得しながらまちづくりを進めることは，自治体同士が切磋琢磨し，魅力を提示し合うことで文化財保護政策の新たな枠組みを確立することにつながる可能性はある。しかし一方で，集客力のような特定の指標で単純に文化的・歴史的環境が評価され，観光資源以外の価値や魅力が切り捨てられてしまう危険性がある。

IV　「空間」としての文化財保護の未来

　では，観光資源以外の文化財の価値や魅力とは何か。たとえば，雄勝法印神楽（宮城県石巻市）の事例では，東日本大震災により衣装や楽器，道具，舞台の9割以上を失ったものの，2か月後には復興支援金を呼びかけ，多くの関係者の支援で神楽を復興できたという。その結果，転出者さえ帰省して神楽に参加するようになった。神楽という無形民俗文化財の再生を通して，地域全体が復興に向けて動き出したのである。文化財は地域の記憶を人々の間に喚起し，

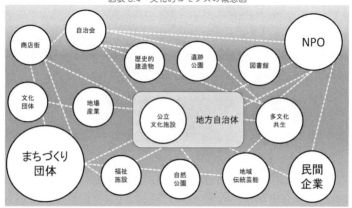

図表 6.4 文化的コモンズの概念図

一般財団法人地域創造（2016）「地域における文化・芸術活動を担う人材の育成等に関する調査研究報告書——文化的コモンズが，新時代の地域を創造する」，〈https://www.jafra.or.jp/fs/2/4/6/3/8/_/27_1.pdf〉5 頁の図を参考に作成

共有せしめ，地域再生の原動力となる。

　この無形民俗文化財の事例のように，文化財はそれ単独で成り立っているわけではない。他の文化財や文化施設とのつながりがあり，それを支える組織やコミュニティが互いに結びつきながら支えている。近年こうしたネットワークは，「文化的コモンズ」と呼ばれている（図表 6.4）[3]。地域に存在する組織やコミュニティは，特定の目的を持って設立・運営され，高度な専門性を有している。それぞれの専門性を活かしながら，社会全体を支えている。そこには，高齢者福祉や多文化共生といった現代的な課題も含まれる。本来「空間」として地域社会を捉えようとするならば，文化財群だけで構成される限定的な「空間」ではなく，地域社会全体を包含した「空間」の中で文化財の活用が模索される必要がある。

1)　和歌山県世界遺産センター「世界遺産保全活動『道普請ウォーク』募集」，〈https://www.sekaiisan-wakayama.jp/protect/michibushin.html〉（参照 2021-8-4）。

2) 景観保存のための初期の条例として，市町村レベルでは，1968年の「金沢市伝統環境保存条例」，「倉敷市伝統美観保存条例」が挙げられる。また，都道府県レベルでは，1969年に「宮崎県沿道修景美化条例」が創設された。高度成長期における乱開発から歴史的な街並み保存に向けての市民運動の活発化が，その背景にあった。

3) （財）地域創造（2014）『災後における地域の公立文化施設の役割に関する調査研究——文化的コモンズの形成に向けて』を参照。文化的コモンズとは，地域の共同体の誰もが自由に参加できる入会地のような文化的営みを意味している。文化財保護も，こうした文化的コモンズの機能との関わりの中で問い直す必要があるだろう。

次のステップ

- 史跡公園や古い町並みの整備・保存には，行政だけでなく，様々な団体が関わっている。資料や聞き取り調査から，全体の見取り図を描いてみよう。
- 文化財を観光資源とすることで生まれるメリットとデメリットについて整理してみよう。
- 観光資源以外の文化財の持つ社会的な意味にはどんなものがあるのか，列挙してみよう。

参考文献

篠田真理子（1999）「開発と保存——戦前期の史蹟名勝天然紀念物制度の場合」『環境と歴史』新世社

中村賢二郎（2007）『わかりやすい文化財保護制度の解説』ぎょうせい

E. デュルケーム（2017）『社会分業論』田原音和訳，ちくま学芸文庫

顕彰制度

　文化財保護法の説明で「重要無形文化財保持者として認定された個人を人間国宝と呼ぶのは通称で，法律用語ではない」と言うと，「知らなかった」と驚く学生がいる。それだけ人間国宝という呼び方が知られているのだろうが，文化財保護法は芸術家個人の顕彰を想定した制度ではない。

　国が芸術家等の功績を認める顕彰制度として，文化庁のウェブサイトでは，**文化勲章**，**文化功労者**，**日本芸術院**，文化庁長官表彰，地域文化功労者表彰，**芸術選奨**，文化庁メディア芸術祭賞，文化庁映画賞が挙げられる。[1] また内閣府のウェブサイトでは，内閣府の政策である勲章・褒賞が挙げられる。[2]

　文化勲章は 1937 年に**文化勲章令**によって新設された。日本の受勲の歴史はそれより古く 1875 年の太政官布告に遡るが，文化を顕彰するのは文化勲章が初めてだった。文化勲章は戦後も存続したが，憲法 14 条 3 項の規定によって褒賞金はなかった。そこで文化に対する貢献者に報いるために 1951 年に制定されたのが，**文化功労者年金法**である。同法 3 条の規定により，文化功労者に選ばれた者は終身，政令で定める額の年金の支給を受けられることになった。たとえば 2017 年の時点では終身年金は年額 350 万円で，合計 234 人の文化功労者に約 8 億円が支給された。[3] そのような事情を背景に，文化勲章受章者も原則として前年までの文化功労者の中から選ばれるという運用になっている。文化勲章の受章者は，文化庁文化審議会に置かれる文化功労者選考分科会に属する委員全員の意見を聴いた文部科学大臣から推薦された者について，内閣府賞勲局で審査を行い，閣議に諮り，決定される。文化勲章は，毎年 11 月 3 日，天皇から受賞者に手渡される。

　11 月 3 日は，「**国民の祝日に関する法律**」の 2 条によって，「文化の日　11 月 3 日　自由と平和を愛し，文化をすすめる」と定められた祝日で，戦争放棄を謳った日本国憲法の公布日である。公布記念日を**文化の日**と呼ぶ背景には，明治天皇の誕生日でもある 11 月 3 日を憲法記念日とするこ

とに異を唱えた GHQ 民政局の影響がある。平和憲法の記念日を文化の日と呼ぶ発想は，当時からごく自然に受け入れられた。日本国憲法制定過程においては，**文化国家**という言葉が，**国民主権，平和主義，基本的人権の尊重**という後に**日本国憲法の三大原則**と呼ばれる内容を含む概念として用いられていた。

11 月 3 日は，文化勲章以外の叙勲および褒章も行われている。褒章の中では紫綬褒章が，科学技術分野における発明・発見や学術およびスポーツ・芸術文化分野における優れた業績を上げた人物に与えられる。叙勲および褒章は年 2 回行われ，春の叙勲と褒章は 4 月 29 日に実施される。4 月 29 日は昭和天皇誕生日だが，「国民の祝日に関する法律」の 2 条では「昭和の日　4 月 29 日　激動の日々を経て，復興を遂げた昭和の時代を顧み，国の将来に思いをいたす」と規定されている。

日本芸術院は，1919 年に帝国美術院として創設され，その後帝国芸術院に改組されるなどの拡充を経て，1947 年に現在の名称に変更されて現在に至る，優れた芸術家を優遇顕彰するための栄誉機関であり，会員制の組織である。

文化勲章，文化功労者，叙勲，褒賞，日本芸術院は，いずれも実績を上げた芸術家の顕彰を想定している。価値の評価が定まった段階で制度上もお墨付きを与えるという考え方は，文化財保護法と共通する。それが芸術家個人への支援として十分かどうかは，検討の余地がある。

---

1) 文化庁「芸術家の顕彰」，〈https://www.bunka.go.jp/seisaku/geijutsubunka/jutenshien/geijutsuka/〉（参照 2021-8-5）。
2) 内閣府「日本の勲章・褒章」，〈https://www8.cao.go.jp/shokun/index.html〉（参照 2021-8-5）。
3) 日テレ NEWS24 (2017)「文化勲章と文化功労者　その違いは『お金』」〈http://www.news24.jp/articles/2017/10/30/07376615.html〉（参照 2021-8-5）。

参考文献

江橋崇（2020）『日本国憲法のお誕生──その受容の社会史』有斐閣

「遺跡化」，「博物館化」から「文化財化」へ

「次々と発掘され，密林が拓かれ，測量され，写真にとられ，再建され，柵で囲まれ，分析され，そして展示」されることで古代遺跡は「博物館化」される。「博物館化」は，同時に文化財でないモノを文化財に仕立てる「文化財化」と連動することで，私有物から公有物へと転換を図る。文化財の公有が人々に広く意識されることで，一人一人が国民としての自覚を育み，その共同体である国民国家を想像することが可能となる。

このプロセスをもう少し具体的に解き明かしてみよう。モーリス・アルヴァックスは，「集団」が，現在において過去の出来事，人物，集団自身を想起するイメージや印象，感覚，観念を**集合的記憶**と呼んだ。集合的記憶は単なる過去の再現ではなく，現時点での過去の再構成や再解釈である。過去は過去のまま私たちの目の前に存在するのではない。現在の文脈に則って解釈された過去を私たちは見ているに過ぎない。このプロセスを単なる捏造と割り切ってしまうことは危険である。なぜならば，調査という科学的な手続によって妥当性が与えられた過去にもこのプロセスは見られるからである。

この集合的記憶を表象する装置としてしばしば用いられるのが，遺跡である。遺跡は残された時点から確かにそこに存在する。しかし，単にそこに存在するだけでは廃墟でしかなく，遺跡にはなりえない。「見出されたなんらかの過去の出来事の痕跡が，遺跡と見なされるようになった」時点から遺跡は私たちの目の前に遺跡として立ち現れる。「『遺跡があった』のではなく，『遺跡になった』」のである。これを山泰幸は「**遺跡化**」と呼んだ。

「遺跡化」は，発掘調査のような考古学的手続を経て，遺跡を成立させる。モノや場所に価値や意味を与えることで遺跡を仕立てていくという点では，ベネディクト・アンダーソンの「博物館化」も「遺跡化」の論理と基本的には共通している。加えて大切なことは，考古学者という一定の専門性を有している者を介して「遺跡化」が正統性を得られるという点であ

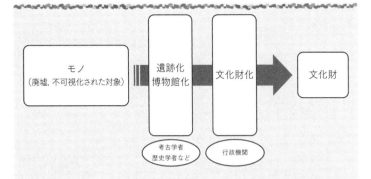

る。同じことは，たとえば古文書についても当てはまる。日記や恋文，大福帳は，歴史学者という専門家によって，歴史的事象を示す情報源として調査され，解釈され，評価されることで，古文書という歴史資料として存在する。

　ただし，「遺跡化」や「博物館化」を経ただけでは，遺跡や古文書は文化財にはならない。すべての遺跡は指定文化財でないことを想起すれば，理解することができる。遺跡や古文書を文化財に変換するためには，「**文化財化**」の手続が必要となる。「文化財化」の手続とは，法律や条例に則った行政上の手続にほかならない。**文化財保護法**に規定されているとおり，対象物の種類に限らず，文化財としての「**指定**」が「文化財化」の手続上，重要な意味を持っている。そして，考古学者や歴史学者と同様に，公的な機能を持った行政機関が，専門性や知見を背景に，「指定」することが「文化財化」にとって不可欠なのである。

　専門性や公共性といった特別な性質を持つ個人や機関によって評価され，何らかの価値を与えられるという点では，重要無形文化財の保持者つまり人間国宝を認定することも，栄典制度に基づく叙勲も共通した機能を持ち合わせている。特定の分野において功成り名遂げた人物を人間国宝や叙勲にふさわしい対象として価値づけることが，技の無形文化財であり，叙勲なのである。

　このような「遺跡化」や「博物館化」を経たものの先に生まれるのが，

集合的記憶であり，想像の共同体なのだ。

1) アンダーソン，B.（1997）『増補 想像の共同体——ナショナリズムの起源と流行』白石さや・白石隆訳，NTT 出版，293-301 頁。原著は，Anderson, B.（1998）*Imagined Communities: Reflections on the Origin and Spread of Nationalism.* Rev. ed., Verso.
2) アルヴァックス，M.（1989）『集合的記憶』小関藤一郎訳，行路社。原著は，Halbwachs, M.（1968）*La Mémoire Collective.* 2e éd. rev. et augm., Presses Universitaires de France.
3) 山泰幸（2009）「遺跡化の論理——歴史のリアリティーをめぐって」土生田純之編『文化遺産と現代』同成社。

第2部

文化政策の場・組織を支える法

文化芸術を支える 組織の法規制

I　文化芸術を支える組織の法規制の「これまで」

▼1.　はじめに

　文化芸術をはじめ，私たちが何らかの活動を行う際には，社会の様々な人々と協力することが不可欠である。人と協力する際には，対価を支払って商品やサービスを購入する方法もあるだろうし，何らかの目的を達成するために人と人が結びついて組織を作る，あるいはすでに存在する組織に加入するといった方法もある。読者の皆さんも，勤務先や学校など，自らが帰属意識を持つ組織の一員であるかもしれないし，文化芸術に関連する活動を行うために，クラブやサークルなどの組織に属しているかもしれない。

　文化芸術の世界には多種多様な組織が存在している。ざっと挙げてみても，博物館や美術館などのミュージアム，オーケストラや歌劇場，図書館や公文書館，公民館，レコードレーベル，劇団，音楽祭や芸術祭の実行委員会などが思い浮かぶ。

　本講では，これら文化芸術を支える組織の法規制について概観する。社会に存在する組織は，その組織が実現したい目的との関係でその構成原理も様々であり，それぞれの組織のあり方に適合的なルール作りが求められる。文化芸術を支える組織も例外ではない。

以下では，文化芸術を支える組織の分析軸として，①ある組織が法人格を有するか否か，②営利組織か非営利組織か，③無限責任か有限責任か，④社団か財団か，⑤「公益法人」か否か，⑥公益認定を受けているか否か，の6つを設定し，それらに従って叙述を進める。そのうえで，文化芸術を支える組織の法規制の現代的課題について論じる。

▼2. 文化芸術を支える組織の分析軸

(1) 法人格の有無

　社会に存在する組織が，契約の当事者になったり，法的責任を負う主体となったりすることは珍しくない。これは組織を生身の人間（自然人）と同じように権利・義務の主体であると擬制することによって可能となる。このような権利・義務の主体となることができる組織を**法人**という[1]。

　私たちの社会は，一定の組織を法人として扱うことにより，あたかもその組織に**人格**が存在しているかのような「フィクション」を作り上げているが，どうしてこのようなフィクションが必要とされるのだろうか。仮に組織に**法人格**がない場合には，どのような不都合が生じるのかということを考えてみると，法人の存在意義が見えてくるだろう。

　たとえば，ある組織が対外的に何らかの契約をする場合には，相手方に対して意思表示を行う必要がある（民法522条1項）。もし組織が法人格を有していないと，組織としての意思をどのように決定し，それを誰がどのように相手方に表明するのかということが問題になるかもしれない。また，組織は自然人ではないから，契約書に記載すべき組織の名前と住所の表記なども課題になるだろう。

財産分離

　さらに，ある組織と契約した相手方としては，当該契約が履行されない場合に，当該組織のために拠出された財産，さらには当該組織の構成員の財産を差し押さえ，その財産を換価することによって満足を得たいと考えるかもしれない。しかし，ある組織に関わっているだけで自らの財産まで差し押さえられる事態になるのであれば，他人と組織を作って協力しようという人は減ることが予想されるだろう。また，たとえば，地域の歴史遺産の保全に熱心な篤志家が何らの組織を作らずに，いわば「手弁当」でその活動を行っていた場合に，もしその篤志家のビジネスが立ち行かなくなるようなことになれば，歴史遺産の保全に関する財産まで一緒に差し押さえられるかもしれない。こうなると，歴史遺産の保全という文化活動にも大きな支障が生じる。このように，組織のために拠出された財産と組織の構成員の財産をどのように分離すべきなのか（いわゆる「**財産分離**」）という問題は，文化芸術活動の持続可能性を維持するためにも重要な視点である。

権利能力

　これまでの叙述から，組織が社会的な活動を行おうとする場合には，組織が契約の当事者になれること，組織の財産とその構成員の財産を分離することなどを認めるのが理にかなっているように思われる。つまり，組織に**権利能力**を認め，組織に権利と義務が帰属する（民法34条）という形で「フォーカルポイント（焦点）」をフィクションとして人為的に作り出すことは，組織と社会の両方にとってメリットがあるだろう。

　しかし，闇雲に法人を作り出すことができれば，ある者が法人の名を借りて契約して履行しなかったり，法人に個人の財産を隠匿し

たり，法人の名をかたって課税逃れをしたりする者が現れるなど，法人という制度が悪用される危険がある。民法33条1項が「法人は，この法律その他の法律の規定によらなければ，成立しない」と規定しているのは，誰もがむやみやたらに法人を作れないようにするためであると理解できる。

さらに，法人に関しては，定款の設立，登記，総会の開催，議決権の行使，機関の設置（たとえば，理事，監事，取締役，監査役を置くなど）などの要件を満たす必要がある。法人がこれらの定めを履行し，組織の**ガバナンス**（統治）を行うことにより，法人は自律的な存在として社会に認められる。

●権利能力なき社団

もっとも，文化芸術に関係する組織の中には，法人格を有さないものが珍しくない。たとえば，文化芸術活動を行う同好会やサークルなどに加えて，地域コミュニティにおいて農業資源，漁業資源などを管理する**入会**（いりあい）集団のような組織は法人格を有しておらず，一般的に「**権利能力なき社団**」と言われる（社団の詳細については，社団法人と財団法人の箇所で後述するが，ここではひとまず組織と考えてもらって構わない）。

最高裁判決は，「権利能力なき社団」について，「団体としての組織をそなえ，そこには多数決の原則が行なわれ，構成員の変更にもかかわらず団体そのものが存続し，しかしてその組織によつて代表の方法，総会の運営，財産の管理その他団体としての主要な点が確定しているものでなければならない」，「権利能力のない社団は『権利能力のない』社団でありながら，その代表者によつてその社団の名において構成員全体のため権利を取得し，義務を負担する」と述べて，実質的に権利能力を認めている（最判昭和39年10月15日

〔昭和35年（オ）第1029号〕）。「権利能力なき社団」というネーミングが紛らわしいが，上記の要件を満たす組織には実質的に権利能力が認められる取扱いになっている。[2]

🍃組合

また，民法上の**組合**（同法667条以下）も法人格を有しない。組合契約は，各当事者が出資をして共同の事業を営むことを約することによって成立する（同法667条1項）が，各組合員の出資その他の組合財産は，総組合員の共有に属する（同法668条）。もっとも，組合が対外的な活動を行う場合には，法人格を有していないことによる不都合が生じうるため，たとえば，組合の業務について業務執行者に委任することができる（同法670条2項・3項）など，それを克服するための法的ルールが用意されている。

日本では，映画を製作する際に，映画が完成した後にその映画を利用したい（たとえば，テレビで放映したい，キャラクターグッズを販売したい，など）と考えるアクターが共同で出資して**製作委員会**を組織する方法がしばしば取られるが，この製作委員会は組合の法形式を用いている。[3]

(2) 営利組織と非営利組織

ある組織を分析する際の軸の1つが，当該組織が**営利組織**か**非営利組織**かである。

営利組織と非営利組織の違いを尋ねると，しばしば「営利組織は金儲けをしてもよいけれども，非営利組織は金儲けしてはならない」といった答えが返ってくることがある。「金儲け」についての共通理解が存在するのかどうかも疑わしいが，いずれにせよその認識は正しくない。また，非営利組織の構成員が高い給料をもらうこ

とについて好ましくないという回答が寄せられることもあるが，この意見にも特に根拠はない。

　非営利組織であっても収益事業を行って「金儲け」をしてもよいし，その構成員が高給取りであっても構わない。たとえば，アメリカ合衆国では，文化芸術を支える組織の多くは非営利組織であるが，少なくともコロナ禍前までは，著名なオーケストラや歌劇場等は多額の収益を上げてきたし，それらの組織の支配人や所属する実演家には高額の給与を得る者もいた。日本では，非営利組織は「清貧」であるべしというイメージが流布しているようにも思われるが，非営利組織が「清貧」でなくてはいけないという本質的な理由はない。

●営利組織と非営利組織を分ける基準

　営利組織と非営利組織を分ける基準は，組織が利益を上げた場合にその利益を構成員に分配できるか否かということである。もっとも，利益の分配といっても，それをどのような構成員に分配するかという点については，組織形態に応じて違いがあるが，それは組織を運営するための資源（典型的には金銭）の拠出と関係する。

　一般的には，組織の運営のために資源を拠出した者に利益の分配がなされることが合理的だと思われる。資源を拠出する者も，将来に現在拠出する資源よりも大きな見返りという形で利益の分配がなされることを望むからこそ，現在において資源を拠出する判断を下すと考えられるからである。

　前述した組合のように，組織を運営する者が資源を拠出する（民法667条）ことも可能であるが，組織の規模が大きくなれば，組織を運営する者がすべての資源を拠出できず，組織外から資源を調達することが必要になるだろう。組織外で資源を拠出する者は，当該組織の運営に関心を有する場合もあれば，様々な制約からそうでな

い場合もあるだろう。そうであれば，組織外で資源を拠出する者が組織の運営に直接に関わらない形での制度設計があってもよさそうである。

法人格を有する営利組織の典型である**株式会社**は，資源の拠出と組織の運営を分離する仕組み（いわゆる「所有と経営の分離」）を洗練させた形で実現している。株式会社では，典型的には人々が株式市場において株式を購入する形で当該会社に出資を行う（会社法32条以下）。出資は貸付け（融資）と異なり，会社は出資者に出資金を返還しなくてよい。しかし，会社が利益を上げれば，出資者に配当の支払いがなされるし（同法453条），会社に利益が出る場合には株価は購入時より高値になっていることが多いだろうから，出資者は株式を株式市場で売却して利益を得ることもできる（同法127条）。このように，営利組織では構成員に利益の分配を行うことが制度的に予定されている。

非営利組織の場合には，株式会社のような営利組織と異なり，利益を構成員に分配できない。したがって，ある非営利組織がどんなに利益を上げても，たとえば当該組織に寄附をしてくれた人に利益を還元することは認められない。非営利組織が利益を上げることが非難されるべきでないことは前述したとおりであるが，その利益は組織の運営のために用いられるべきであるという制度設計になっている。

文化芸術を支える組織の中には，劇団（たとえば，劇団四季），レコード会社，放送局（たとえば，民放のテレビ局やラジオ局）などで株式会社の形態を取るものがあるが（2005年にライブドアがニッポン放送に対して敵対的買収をしかけた一件は，ニッポン放送が株式会社の形態を取っているために生じた），非営利組織も多く存在する。たとえば株式会社のような営利組織であれば，株主が短期的な利益の分配を

期待して利潤追求を強く求める場合に，組織の運営がそれに影響される可能性も否定できない。しかし，非営利組織であれば，利益の分配は行いえないから，より組織のミッションに即した運営を中長期的に行うことも可能となるだろう。

(3) 有限責任と無限責任

　組織を分析する際の軸の1つに，有限責任と無限責任がある。組織が取引を行う際に債務が発生することが珍しくないが，組織の財務状況が悪くなれば，組織のために拠出された財産だけでは債務を返済できないこともある。その場合に，組織の構成員に対して債務の返済を求めることができるか（いわゆる「**無限責任**」）そうでないか（いわゆる「**有限責任**」）ということが問題になる。組織のために資源を拠出する場合に無限責任を負わせられるのであれば，資源の拠出をためらう者も出るであろう。有限責任では，組織に資源を拠出する限度で責任を負う仕組みとなっている。

　これまでに挙げた組織では，組合は無限責任であるが，株式会社は有限責任である。株式会社では，株主は株式を購入して出資するが，その株式の価値が無になることを覚悟すれば済む。

(4) 社団法人と財団法人

　文化芸術を支える組織には，法人格を有するものとして，一般社団法人，公益社団法人，一般財団法人，公益財団法人などと呼ばれる組織が珍しくない。ここでは，社団法人や財団法人とはいかなる組織であり，その両者の違いは何か，そして，これらは前述した株式会社などと何が異なるのかということについて見てみよう。

　社団法人と**財団法人**について定める法律の1つに「一般社団法人及び一般財団法人に関する法律」がある（以下，「一般法人法」とい

う）。これを見ると，一般社団法人では，その設立に社員2名以上を要するとされるものの，どれだけの財産を保有すべきかという点についての規制は存在しない。それに対し，一般財団法人では，その設立に300万円以上の財産の拠出が必要とされている（一般法人法153条2項）。これらの規定から，社団法人はある目的を達成するための人的な結びつきに着目した組織を指し，財団法人はある目的を達成するために拠出された財産に着目した組織であることが見えてくる。

　社団法人では，組織やその運営に関する事柄について，社団法人の構成員（これを「**社員**」という。日常会話などで「会社員」の意味で用いられる「社員」とは意味が異なることに注意されたい）に最終的なコントロール権限があり，社団の構成員からなる社員総会で，社団法人の組織，運営等について定める定款を変更することも可能である[4]。

　しかし，財団法人は前述のとおり，ある目的を達成するために拠出された財産に着目した組織であるから，その組織の基本的な性格を変更することは許されない。したがって，たとえば一般財団法人では，同法人の目的，ならびに，評議員の選任および解任の方法についての定款の変更は認められない（一般法人法200条1項，153条1項1号・8号）[5]。

　ちなみに，「営利組織か非営利組織か」の項目（(2)）で触れた株式会社も社団法人であり，かつ，営利組織であるから，営利社団法人という位置づけになる。株式会社の場合には，出資者である株主が社員として，組織のコントロール権限を有する制度設計になっている。

(5)　いわゆる「公益法人」について

　一般社団法人と**一般財団法人**については，2008年に施行された前

述の一般法人法が適用される。一般法人法が成立する前は，民法上の公益法人として社団法人と財団法人が存在した。現在の民法を見ると，38 条から 84 条までが削除されているが，それは旧制度の残滓である。以下では，いわゆる「**公益法人改革**」と一般法人法の成立の背景について概観する。

2008 年以前は，公益を目的とする社団法人と財団法人については，法人を設立する際に主務官庁（その法人の目的とする公益事業を所掌する行政官庁）の許可が必要とされていた（改正前民法 34 条）。その公益性の判断には主務官庁の裁量が存在し，許可が恣意的になされている，特定の社団法人や財団法人に行政の委託や補助金が多く投入されている，いわゆる「天下り」がなされているといった批判があった。[6]

そのような批判を受けて，いわゆる「公益法人改革」[7]として，一般法人法が成立するに至った。一般法人法のもとでは，主務官庁による許可制を廃止し，①社団法人と財団法人の設立と②公益性の認定を分離することになった。

その結果，①社団法人と財団法人の設立については登記のみで可能になった。この形での設立が認められるものが一般社団法人と一般財団法人である。そして，②公益性の認定（いわゆる「**公益認定**」）については，行政庁による認定が必要とされている。公益認定については，次の項目（（6））において説明する。

つまり，一般社団法人と一般財団法人については，それぞれの組織形態が定める要件（一般社団法人については，一般法人法 10 条以下。一般財団法人については，同法 152 条以下）を満たせば設立が可能となった。しかし，一般社団法人と一般財団法人は簡易な形で設立が可能になったため，それまでの公益法人に認められていた税制優遇措置などは受けられない。もし税制優遇措置などを受けたいのであれ

ば，次に述べる公益認定を受けなくてはならない。

●NPO 法人

また，公益活動を行う法人である**特定非営利活動法人**（いわゆる
NPO 法人）についても，ここで併せて触れておく。NPO 法人を支
援する特定非営利活動促進法（以下，「NPO 法」という）は，「不特定
かつ多数のものの利益の増進に寄与することを目的とするもの」を
「特定非営利活動」と定義し（2 条 1 項），「特定非営利活動を行う団
体に法人格を付与すること並びに運営組織及び事業活動が適正であ
って公益の増進に資する特定非営利活動法人の認定に係る制度を設
けること等により，ボランティア活動をはじめとする市民が行う自
由な社会貢献活動としての特定非営利活動の健全な発展を促進し，
もって公益の増進に寄与することを目的」（1 条）としている。

NPO 法人は「営利を目的としないもの」（NPO 法 2 条 2 項 1 号）
でなければならないが，NPO 法人に認定されることにより，税制
優遇措置などを受けることができる。

また，「**認定 NPO 法人**（認定特定非営利活動法人）」という制度も
ある。これは，認定 NPO 法人への寄附に対して，単なる NPO 法
人への寄付と比べて大幅な税制上の優遇措置を施すことで，NPO
法人への寄附を促すことにより，NPO 法人の活動を支援するため
に設けられた制度である。認定 NPO 法人になるためにはいくつか
の条件を満たさなくてはならないが，その中の重要な要件が「パブ
リック・サポート・テスト（PST）」であり，広く市民からの支援を
受けているかどうかを判断するための基準である。

(6) 公益認定の有無

文化芸術に関する社団法人と財団法人の中には，一般社団法人ま

たは一般財団法人と呼ばれるものと，**公益社団法人**または**公益財団法人**と呼ばれるものがあるが，その違いは何だろうか。

公益社団法人及び公益財団法人の認定等に関する法律（以下，「公益認定法」という）4条によれば，公益目的事業を行う一般社団法人または一般財団法人は，行政庁の認定（いわゆる「**公益認定**」）を受けることにより，公益社団法人または公益財団法人となることができる。「**公益目的事業**」とは，「学術，技芸，慈善その他の公益に関する別表各号に掲げる種類の事業であって，不特定かつ多数の者の利益の増進に寄与するもの」である（公益認定法2条4号）。公益目的事業の1つが文化および芸術の振興を目的とする事業であり，たとえばオーケストラなどは公益財団法人となっているものが多い。公益認定を受けるためには，公益認定法5条1号から18号に定められた条件を満たさなくてはならない。たとえば，公益目的事業以外の事業（いわゆる「収益事業等」）を行う場合には，収益事業等を行うことによって公益目的事業の実施に支障を及ぼすおそれがないものであること（同条7号），公益目的事業比率が50％以上となると見込まれるものであること（同条8号）などの条件である。

申請を受ける行政庁は，公益認定等委員会（公益認定法32条）などの合議制の機関に公益認定について諮問しなくてはならない（同法43条1項）。

公益認定が認められれば，法人税や寄附金等に関して，税制上の優遇措置が受けられる。[9]

●公益法人の課題

公益認定を受けることは，当該公益法人の社会的な信頼を向上させることにつながると思われるし，前述の税制上の優遇措置などを享受できる。もっとも，「公益法人は，その公益目的事業を行うに

当たり，当該公益目的事業の実施に要する適正な費用を償う額を超える収入を得てはならない」とされている（公益認定法14条）。つまり，公益法人は年間の収入と支出を均衡させなくてはならず，中長期的に利益を積み立てることが予定される制度設計になっていない（これは「**収支相償の原則**」と言われることもある）。新型コロナウイルス感染症により，多くの文化芸術関係の公益法人が活動の縮小を余儀なくされて赤字経営になっているため，この収入と支出の均衡を維持することが困難になっている。また，2事業年度にわたり連続して法人の純資産額がいずれも300万円未満となった場合には，法人は解散しなくてはならないと定められており（一般法人法202条2項），これは公益法人にも当てはまる。[10]

公益法人改革に伴い，文化芸術に関係する多くの組織が公益認定を受けるべく努力を払ってきた。これまでは，どちらかといえば公益認定を受けるメリットのほうが強調されてきたきらいがあるが，新型コロナウイルス感染症が文化芸術の現場を直撃したことにより，公益認定の脆弱さが浮き彫りになったと言え，公益認定の仕組みについての改革が求められている。

II　文化芸術を支える組織の法規制の「これから」

文化芸術を支える組織の形態は多岐にわたっており，本講で具体的に取り上げた組織形態は氷山の一角と言っても過言ではない。ここまでに挙げたもののほかにも，文化芸術に関係する営みや課題解決のあり方に応じて様々な組織形態が存在する。

たとえば，伝統工芸品は地域の伝統文化を代表するものであるが，伝統工芸品の「産地」には，事業者から構成される「産地組合」が

存在することが多い（博多織〔福岡県〕における博多織工業組合などは
その一例である）。産地組合は一般に「**中小企業組合**」の形態を取っ
ており、「中小企業等協同組合法」に基づく組合（事業協同組合等）、
あるいは、「中小企業団体の組織に関する法律」に基づく組合（商
工組合等）に位置づけられ、営利法人と非営利法人の中間的な存在
であると言われる。

　また、近時は、「地域おこし」「地方創生」の観点から、地域産品
の発掘や販路開拓等を進めるための「**地域商社**」の存在が注目され
ている。地域商社の中には、地域銀行などが積極的に関わる形で展
開されているものも少なくなく、そこでは組織形態として株式会社
が採用されていることも珍しくない。

●資金調達との関係

　また、前述したとおり、現在の映画製作において製作委員会はメ
ジャーな存在であるが、成果物である映画の利用に直接関係するアク
ターのみが出資する民法上の組合である。もし社会から大規模に
資金調達などを行って映画製作を行いたいといったニーズが高まれ
ば、たとえば成果物である映画に関する著作権などを担保にして証
券化し、社会から広く投資を募る法的スキームが必要になるはずで
ある（これまでにも、「ゲームファンドときめきメモリアル」〔通称「とき
メモファンド」〕などの例が存在している）。その場合には、現在の製作
委員会で用いられている無限責任かつ財産権が組合員の共有となる
民法上の組合ではなく、安心して幅広く投資を呼び込むという観点
から、**有限責任事業組合（LLP）**などの法的スキームを使うといっ
たことが検討されることになるだろう。

　文化芸術に限らず、組織とは「ヒト・モノ・カネ」に代表される
様々な資源が集う「器」または「乗り物（ビークル）」であり、それ

それの組織形態ごとに「使い勝手」の良さや，長所と短所も異なっている。したがって，文化芸術に携わる関係者が何らかの組織を作って活動を行う場合には，色々な組織形態とその利害得失に関心を寄せるとともに，自らが行うべき活動の目的に適合的な組織形態を選択することが望ましい。

〔追記〕本講の内容については，清水剛教授（東京大学大学院総合文化研究科）から貴重なご教示を得た。深く御礼申し上げる。

1) 法人については，道垣内弘人（2019）『リーガルベイシス民法入門〔第3版〕』日本経済新聞出版，53頁以下がわかりやすく論じている。
2) 道垣内・前掲注1) 57頁。
3) 谷川和幸（2021）「研究・論文における著作物利用と著作権」前田健・金子敏哉・青木大也編『図録 知的財産法』弘文堂，48頁。
4) 久保大作（2020）「営利社団法人としての会社」髙橋美加・笠原武朗・久保大作・久保田安彦『会社法〔第3版〕』弘文堂，3頁。
5) 久保・前掲注4) 3頁。
6) 道垣内・前掲注1) 58頁。
7) 内閣府（2014）「公益法人制度改革の進捗と成果について──旧制度からの移行期間を終えて」，〈https://www.koeki-info.go.jp/pictis_portal/other/pdf/sintyoku_seika.pdf〉（参照 2021-6-22）。
8) 内閣府NPOホームページ（2012）「認定制度について」，〈https://www.npo-homepage.go.jp/about/npo-kisochishiki/ninteiseido〉（参照 2021-6-22）。
9) 内閣府「公益法人制度とNPO法人制度の税制上の優遇措置の比較について」，〈https://www.cao.go.jp/others/koeki_npo/koeki_npo_zeisei.html〉（参照 2021-6-22）。
10) コロナ禍に伴う公益認定の問題点については，「日本フィル・平井理事長　オケなど公益法人見直し要望」『日本経済新聞』2020年6月1日。
11) 全国中小企業団体中央会（2019）『2019-2020中小企業組合ガイドブック』，〈https://www.chuokai.or.jp/k-guide/guidebook2019-2020.pdf〉（参照 2021-6-22）。
12) 日本政策投資銀行（2018）「地域商社の成長に向けた戦略調査」，〈https://www.dbj.jp/topics/investigate/2018/html/20180731_108225.html〉（参照 2021-6-22）。

参考文献

本文中に掲げたもの

古物営業法

　文化芸術に関係する品々を入手する場合に，新品を購入できることもあるが，古書や古美術品などの「中古品」しか選択肢が存在しない場合も珍しくない。このような中古品の取引に関する規制を行うのが**古物営業法**であり，古物営業法は「盗品等の売買の防止，速やかな発見等を図るため」（1条）の制度設計を行っている。

　古物営業法が規制する「古物」とは，①一度使用された物品，②使用されない物品で使用のために取引されたもの，③上記①または②の物品に幾分の手入れをしたものをいう（同法2条1項）。物品には，鑑賞的美術品に加えて，商品券，乗車券，郵便切手等が含まれるが，船舶，航空機，工作機械等の大型機械類は含まれない。古物営業を行いたい者は，都道府県の公安委員会の許可を得なくてはならない（同法3条）。

　文化芸術の世界において，中古品市場に存在する「お宝物」が果たす「遺産」の機能は大きく，この機能はもっぱら中古品取扱業者の「目利き」に拠っていた。また，中古品市場が特定の地域に集積することによって，それらの地域は独自のカラーを持つに至るとともに，それらの地域を核として，好事家や若者などによる独自の文化が形成されてきた。たとえば，神田神保町の古書店街，渋谷や下北沢などのレコードショップなどはその代表例であろう。

　しかし，1990年代から，それまでの家内工業的な「分散型事業」ではなく，「規模型事業」を展開する中古品事業者が登場したことにより，中古品市場の性格が変容したと指摘されている[1]。従来の中古品市場では，中古品を「下取り」する段階では，店主の「目利き」によるところが大きかった。そして，分散型事業においては，経営者の資質が成功の鍵を握ることが多く，企業全体としての優位性構築が困難であった[2]。しかし，1990年代以降に市場で存在感を増してきた中古品販売チェーンは，定型的な判断基準で中古品を仕入れて販売するビジネスモデルを確立し，急速に全国に店舗を展開していった。

現在では，インターネットの普及により，一般人であっても，古物に関する売買を行うことが容易になっている。現在，個人間取引（C to C）として「中古品売買アプリ（フリマアプリ）」を利用する者の一定数は，「レンタル感覚」でサービスを利用しているとも言われる。中古品市場において転売することを織込み済みで新品または中古品を購入する行為は，対価を伴うレンタル（貸与）に接近しており，このような消費行動は，広い意味での「シェアリングエコノミー（共有型経済）」の一環として捉えることもできる。

　中古品市場が「規模型事業」となり，新品と中古品の間に質的差異を感じない需要者の数が増えれば増えるほど，新品市場と中古品市場は，「棲み分け」よりもむしろ「競合」する関係となる。文芸家や出版社が全国規模で展開する中古書籍販売業者に対する不信感を表明することもしばしば見られたし，ゲームソフトメーカーが著作権（頒布権）を用いて中古ゲームソフトの販売に対して介入しようとした裁判例（最判平成 14 年 4 月 25日〔平成 13 年（受）第 952 号〕）なども，このような中古品販売に関する社会状況を反映している。

　いまや文化芸術関連のコンテンツの多くは，媒体という「器」を離れてインターネット環境においてデータの形で入手可能になっている（その意味では，従来のレコードや音楽 CD などで見られた「ジャケ買い」のような消費行動はかなり稀になっているかもしれない）。デジタルコンテンツについても「転売」が認められるべきかという議論もなされているが，書籍，レコード，音楽 CD をはじめとした「器」を離れてデータの形で取引されるコンテンツについては，ビジネスモデルや消費行動の変容に伴い，従来の古物を前提とした枠組みとは異なる法規制が模索されるべきであろう。

---

1)　山田英夫・大木裕子（2010）「出版業界における規模型中古品事業のビジネスモデル──ブックオフと文教堂の比較を通じて」『早稲田国際経営研究』第 41 号，早稲田大学，95 頁。

2)　山田・大木・前掲注 1) 96 頁。

行政改革に関連する法律

I　はじめに

●行政改革とその契機

　本講で扱う法律は，文化政策領域だけに適用されるものではなく，広く公共サービス全般に関わるものである。文化政策も公共サービスの1つを担うものとして，大きな影響を受けているので，理解を必要とする。そもそも行政とは何をする機関なのであろうか。いきなりこのような問いを立てられても困ってしまうかもしれない。ここで扱う法律は，行政が自らの政策管理を厳しくしていくことと，行政と民間が同じ目標に向かって協働するための仕組みに関係するものである。

　近代的な国家の定義は，主権国家と法治国家の意味があるが，市民革命以降に成立してきた。国家の最初期は，国民の権利義務を保護するための治安維持と防衛の最低限のサービスをするにとどまる**消極的な国家**であったが，徐々に格差解消のために社会的サービスを提供する**積極的な国家**へと歩みを進めてきた。**福祉国家**の登場である。ゆりかごから墓場までというスローガンを聞いたこともあるかもしれない。福祉国家とは，国民の福祉の増進や確保を主要目標とする国家のことをいう。イギリスをはじめ西ヨーロッパ諸国が第二次世界大戦後に掲げた国家の理想像で，資本主義の長所を活かし

つつ，社会保障その他の方法を通じて貧富の差や社会不安などの社会的弊害の改善を図っていこうとするものである。

とはいえこの福祉国家化が進み，想定される行政サービスをすべて国家や地方公共団体で提供するとなると，それなりの財政規模が必要になってくるうえ，**行政によるサービスの独占**によって質の向上が図られないなどの問題も生じてくる。このような問題に取り組む機運が，各国において見られるようになってくる。福祉先進国であったイギリスは，1979 年にサッチャーが首相に就任して以降，停滞していた経済の再生に力を入れるようになる。そのために行ったのが新自由主義的政策であった。基本的には，国家による管理や裁量的政策を排除し，できる限り市場の自由な調節に問題の解決を委ねていくという思想である。そこでは国家によって運営されてきた様々なサービス，電気，ガス，水道，鉄道，郵便等について規制緩和や民営化が行われるようになった。このような状況に続いて，1980 年代に入ると，行政改革を主導する新しい行政経営論が展開されるようになった。これが後に日本にも大きな影響を与えるようになるニュー・パブリック・マネジメントである。

●**2000 年以降の日本の行政改革とニュー・パブリック・マネジメント**

第二次世界大戦後の日本で国営企業を民営化していく動きが始まるのは 1980 年代の半ばである。**民営化には段階があるが**，1980 年代に，電話，たばこ，農林中央金庫，日本国有鉄道，日本航空等が，そして 2000 年代に入ると，日本郵政公社，道路公団，営団地下鉄等が民営化することになった。また行政経営に特化した新しい方法論である**ニュー・パブリック・マネジメント**が，イギリスやニュージーランドなどのアングロサクソン系諸国から各国にも波及するようになる。このニュー・パブリック・マネジメント（以降，NPM と

省略）への取り組みが日本で語られるようになるのは，1990年代頃のことである。

　NPMは，行政経営に民間の運営手法を取り入れることに主眼が置かれている。その方法は，各国によって様々であり，概ね3つに集約できる。第1に，行政サービス部門の分権化・分散化により，市場分野でなくとも「**競争原理**」を導入するというもの，第2に，施策の企画立案部門と執行部門を分離するというもの，第3に，業績・成果に基づく管理手法を可能な限り広げるもの，である。1996年，北川正恭知事が三重県の首長であったときに，**事務事業評価制度**を取り入れて注目されたが，これは第3の視点に立った行政改革と言える。行政改革を実施していくための法律は，この概念を広義に考えれば多数にのぼるが，ここでは文化政策分野に大きな影響があった3つを取りあげることにしたい。第1に行政機関が行う政策の評価に関する法律，第2に国の政策の実務執行を行政本体とは切り離して行う独立行政法人制度の通則法である**独立行政法人通則法**と**地方独立行政法人法**，そして第3に，地方自治体が設置した公共施設の管理運営を指定した者に代行させることができる**指定管理者制度**の根拠となる**地方自治法**である。

II　行政機関が行う政策の評価に関する法律

●政策評価とは

　この法律は2001年，国レベルの行政改革により省庁再編が行われた年に制定されている。これは国の行政機関が行う**政策評価**について定めた法律で，政策の評価を客観的，厳格に実施し，その結果の政策への適切な反映を図る。そして，政策の評価に関する情報を

公表したうえで，効果的，効率的な行政運営を行うことを目的としている。地方行政において事務事業評価が1990年代後半から注目されるよう

図表8.1　政策・施策・事業の階層性

政策

施策

事業

になったが，より高次のレベルでの政策を対象としている。この法律の趣旨は，国民に対する行政側からの説明責任を徹底することにある。もちろん本書で扱う文化政策も，この政策評価の対象となる。

　行政機関は，その所掌する政策について，政策効果を把握し，これを基礎として，必要性・効率性・有効性の観点，その他それぞれの政策の特性に応じて必要な観点から，自ら評価する。そのうえで，その評価の結果を，その政策に適切に反映させなければならない。ここでいう政策効果とは，政策が行われたことによる国民生活や社会経済に及ぼしている影響のことをいう。そしてこの評価は客観的で厳格に実施するために，①政策の特性に応じた合理的な手法を用い，できる限り定量的に把握する，②政策の特性に応じて学識経験を有する者の知見の活用を図る，とされている（3条）。

　法の第4章では総務省が，2つ以上の行政機関で共通に行われている政策等について，政府全体の統一性と総合性の観点から，政策評価を実施することとされている。

●政策評価の実施方法

　政府は，政策評価の基本方針を定めることになっている。そこでは，政策評価の実施，観点（視点），政策効果，事前評価の実施，事後評価の実施，学識経験者の知見の活用，結果の政策への反映，情報公表等について定める（5条）。この基本方針に基づいて，行政機関は政策評価に関する基本計画を定め，事後評価の実施計画を定

めたうえで，評価書を作成する（6条〜8条，10条）。国民生活や社会経済生活に相当程度の影響を及ぼし，多額の費用を必要とするような政策を行おうとするときに，事前評価を行わなければならないことになっている（9条）。

●文部科学省の政策評価基本計画

　文部科学省の最新の**政策評価基本計画**は2018年から5年間の期間を定めている。文部科学省の政策は，教育，科学技術・学術，スポーツ・文化と幅広い。これらの領域は，未来への先行投資とも言え，効果が発現するまでに長い時間を要すると考えられている。さらに，地方公共団体をはじめとした多様な政策実施主体が関わることや民間活動の影響ともあいまって，政策とその効果との因果関係が複雑になる特性を持つ。したがって，短期的な効果にのみ着目するのではなく，過去に行われた政策が効果を発揮している可能性を含めて検証をするという方向性を示すとともに，ロジック・モデル等を用いた効果的な評価実施に努めるとしている。

　ロジック・モデルとは，施策の論理的構造のことであり，ある施策が目的を達成するまでの論理的因果関係を示したものである。

　文部科学省は，現在，13の政策目標を掲げており，そこにぶら下がる施策42のうち41を評価することにしている。これらを5年間の間に振り分けて，事後評価を実施していく。文化政策に関しては，文部科学省の政策目標の12番目に**文化芸術の振興**がある。そしてこの政策目標を実現するために行われる施策が4つある。これは文化芸術推進基本計画の目標と同じである（☞第2講Ⅲ）。現行基本計画においてはこの政策目標を2021年度に事後評価を実施することになっている。

　前回の文部科学省政策評価基本計画は2013年度から5年間であ

り，政策目標13の「文化による心豊かな社会の実現」は，芸術文化の振興，文化財の保存・活用の充実，日本文化の発信および国際文化交流の推進，文化芸術振興のための基盤の充実の4つが施策として挙げられた。当初は各施策を複数年度評価する予定だったようだが，計画の改定が行われて，2014年度にすべての施策の事後評価が行われた。評価方法は実施側に任されており，たとえばモニタリング手法の場合は，活動計画が計画どおりに実施されているか，または対象集団に届いているか，さらには資金が適切に使用されているかを確認する。

III 独立行政法人通則法と地方独立行政法人法

独立行政法人通則法

　NPMの具体的な実施方法として，政策の企画立案を行政に残し，政策の実務執行を行政の外に出すという方法を採用することになる。それを実行していく制度として取り入れられたのが，**独立行政法人**である。独立行政法人は，「事務，事業の自律的，効率的な実施を図る見地から[1)]」創設された制度であり，国の行政改革の一環として独立行政法人通則法が1999年に成立した。この法律の2条では，独立行政法人を以下のように定義する。

> ……国民生活及び社会経済の安定等の公共上の見地から確実に実施されることが必要な事務及び事業であって，国が自ら主体となって直接に実施する必要のないもののうち，民間の主体に委ねた場合には必ずしも実施されないおそれがあるもの又は一の主体に独占して行わせることが必要であるもの……を効果的かつ効率的に行わせるため，中期目標管理法人，国立研究開発法人又は行政執行法人として，この法律及び個別法の

　独立行政法人の事業は，①国が自ら主体となって直接に実施する必要のないもので，②民間の主体に委ねた場合には必ずしも実施されないおそれがあるもの，③または1つの主体に独占して行わせることが必要であるもの，が条件となっている。①については実質的に，「国が自ら主体となって直接に実施する必要のあるもの」を限定したうえで，施設等の機関については「国として必要なもの」以外のものについては，民間または地方公共団体への移譲または廃止が決められた。

●国の文化施設・機関の独立行政法人化

　国立の博物館や美術館は，かつては文化庁の付属機関，国立の劇場関係は特殊法人という位置づけであったが，博物館・美術館は2001年に，劇場関係は2003年に独立行政法人化された。2001年以降の経緯は図表8.2〜図表8.4のとおりである。独立行政法人国立文化財機構（独立行政法人については，以後名称に付す場合は⑭と略す）に位置づけられる博物館群と，⑭国立美術館に属する美術館群，⑭国立科学博物館がある。そして⑭日本芸術文化振興会が，芸術文化振興基金と劇場群を束ねている。新国立劇場と国立劇場おきなわは，運営を，劇場開設にあたって設置した公益財団法人に委託している。それぞれの独立行政法人には，個別の組織法があり，その中に法人設立の目的が記されている。

●中期目標管理法人

　独立行政法人一般には3つのカテゴリーがあり，中間目標管理法人，国立研究開発法人，行政執行法人に分けられ，上記4つの

図表 8.2　㈳国立文化財機構の変遷と法律上の目的

独立行政法人化前	2001 年時	㈳国立文化財機構 (2007)	㈳国立文化財機構法における目的
東京国立博物館 (1872) 京都国立博物館 (1897) 奈良国立博物館 (1895) 東京文化財研究所 (1952) 奈良文化財研究所 (1952)	㈳国立博物館 東京国立博物館，京都国立博物館，奈良国立博物館，九州国立博物館 (2005) ㈳文化財研究所 東京文化財研究所，奈良文化財研究所	東京国立博物館 京都国立博物館 奈良国立博物館 九州国立博物館 東京文化財研究所 奈良文化財研究所 アジア太平洋無形文化遺産研究センター (2011)	博物館を設置して有形文化財を収集し，保管して公衆の観覧に供するとともに，文化財に関する調査および研究等を行うことにより，貴重な国民的財産である文化財の保存および活用を図ることを目的とする。

図表 8.3　㈳国立美術館の変遷と法律上の目的

独立行政法人化前（文化庁付属機関）	㈳国立美術館 (2001)	㈳国立美術館法における目的
東京国立近代美術館 (1952) 国立西洋美術館 (1959) 京都国立近代美術館 (1967) 国立国際美術館 (1977)	東京国立近代美術館 国立西洋美術館 京都国立近代美術館 国立国際美術館，国立新美術館 (2007) 国立映画アーカイブ (2018) 国立工芸館 (2021)	美術館を設置して，美術（映画を含む）に関する作品その他の資料を収集し，保管して公衆の観覧に供するとともに，これに関連する調査および研究ならびに教育および普及の事業等を行うことにより，芸術その他の文化の振興を図ることを目的とする。

　文化施設関連の独立行政法人は**中期目標管理法人**である。中期目標管理法人は，主務大臣（これらの場合は文部科学大臣）の定める**中期目標**に従い中期計画を作成することになっている（独立行政法人通則法31条）。中期目標は，国民に対して提供するサービスその他の業務の質の改善，業務運営の効率化，財務内容の改善，その他業務運営に関する重要事項という視点から 3〜5 年の範囲の期間が設定される（同法 29 条）。つまり，国が目標を設定し，具体的な実行につ

図表 8.4　㈰日本芸術文化振興会の変遷と法律上の目的

特殊法人 国立劇場	特殊法人日本芸術文化振興会 (1990)	㈰日本芸術文化振興会 (2003)	㈰日本芸術文化振興会法における目的
国立劇場 (1966) 国立演芸場 (1979) 国立能楽堂 (1983) 国立文楽劇場 (1984)	国立劇場，国立演芸場，国立能楽堂，国立文楽劇場，芸術文化振興基金 (1990)	国立劇場，国立演芸場，国立能楽堂，国立文楽劇場，芸術文化振興基金 新国立劇場 (1997) 国立劇場おきなわ（2004） 新国立劇場と国立劇場おきなわは，管理運営を下記財団にさらに委託。 ㈶新国立劇場運営財団・㈶国立劇場おきなわ運営財団	芸術家および芸術に関する団体が行う芸術の創造または普及を図るための活動その他の文化の振興または普及を図るための活動に対する援助を行い，あわせて，わが国古来の伝統的な芸能の公開，伝承者の養成，調査研究等を行い，その保存および振興を図るとともに，わが国における現代の舞台芸術の公演，実演家等の研修，調査研究等を行い，その振興および普及を図り，もって芸術その他の文化の向上に寄与することを目的とする。

いては各独立行政法人に属した機関が計画を立案して実施するという仕組みになっている。

　この中期目標は，主務官庁からの指示書に近い内容と言えるもので，たとえば，2018 年 3 月 1 日に文部科学省によって発出された「独立行政法人日本芸術文化振興会が達成すべき業務運営に関する目標（中期目標）」の全体の構成は図表 8.5 のとおりである。この中で，Ⅲのそれぞれの項目において指標，関連指標，重要度，目標水準の考え方が示されている。自律的な運営が求められる独立行政法人であるが，政策に連動して詳細に指標等が設けられるという中で，実際には政策立案側が相当に細やかに管理していることがわかる。

図表 8.5 平成 30 年 3 月 1 日「独立行政法人日本芸術文化振興会が達成すべき業務運営に関する目標（中期目標）」の構成

Ⅰ 政策体系における法人の位置付け及び役割

Ⅱ 中期目標の期間

Ⅲ 国民に対して提供するサービスその他の業務の質の向上に関する事項

　1 文化芸術活動に対する援助

　2 伝統芸能の公開及び現代舞台芸術の公演

　3 伝統芸能の伝承者の養成及び現代舞台芸術の実演家その他関係者の研修

　4 伝統芸能及び現代舞台芸術に関する調査研究の実施並びに資料の収集及び活用

Ⅳ 業務運営の効率化に関する事項

Ⅴ 財務内容の改善に関する事項

Ⅵ その他業務運営に関する重要事項

🖋文化施設運営の地方独立行政法人化

さて，独立行政法人制度は，地方にもある。それを規定するのが，**地方独立行政法人法**である。地方独立行政法人法2条1項において，地方独立行政法人は以下のように定義されている。

> 住民の生活，地域社会及び地域経済の安定等の公共上の見地からその地域において確実に実施されることが必要な事務及び事業であって，地方公共団体が自ら主体となって直接に実施する必要のないもののうち，民間の主体にゆだねた場合には必ずしも実施されないおそれがあるものと地方公共団体が認めるものを効率的かつ効果的に行わせることを目的として，この法律の定めるところにより地方公共団体が設立する法人をいう。

全国に先駆けて，文化施設の管理運営を行う地方独立行政法人を設立させたのが，大阪市である。沿革は，図表 8.6 のとおりである。

地方独立行政法人も，設立した地方公共団体から中期目標を設定・指示され，それに対する中期計画を策定し，評価するという点では国の独立行政法人と同じである。詳細な中期目標と，中期計画

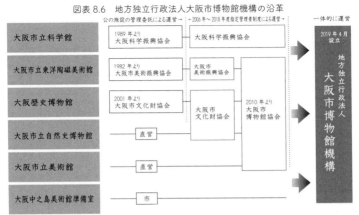

図表 8.6　地方独立行政法人大阪市博物館機構の沿革

出典：地方独立行政法人大阪市博物館機構「沿革」，〈https://ocm.osaka/sys/wp-content/uploads/2019/04/enkaku.pdf〉〈図の一部省略〉

の策定，実施，そして自己点検も含めた評価は，政策を厳格に効果的に運営していくうえで重要になっている。政策を立案している側には，政策に合致した目標と執行の管理，そして執行側には，具体的な実行管理について自己点検をしながら，評価を受けることによって不断の検証を行っていくことが求められる。自己点検等の業務は煩雑な作業であるが，単なる経済性での判断だけではない目標が設定されるところに重要な意味がある。地方独立行政法人についてはその設立自体の評価はこれからではあるが，組織としてのガバナンスを強化することを通じて，次に述べる指定管理者制度の弊害を取り除くことができるという意味で期待したい。

Ⅳ　指定管理者制度

🍃公の施設

地方自治法は地方公共団体の組織と運営に関する根本的な事柄を

図表 8.7　地方自治法の構成

第 1 編　総則
第 2 編　普通地方公共団体
　第 1 章　通則
　第 2 章　住民
　第 3 章　条例及び規則
　第 4 章　選挙
　第 5 章　直接請求
　第 6 章　議会
　第 7 章　執行機関
　第 8 章　給与その他の給付
　第 9 章　財務
　第 10 章　公の施設
　第 11 章　国と普通地方公共団体との関係及び普通地方公共団体相互間の
　　　　　　関係
　第 12 章　大都市等に関する特例
　第 13 章　外部監査契約に基づく監査
　第 14 章　補則

定めている。地方自治法の第 2 編までの構成は，図表 8.7 のとおり
になっており，本項で扱う指定管理者制度はこの第 10 章「公の施
設」に関する制度である。

　地方公共団体は，地域住民の福祉の増進を目的に，地域における
行政を行う組織である。その地方公共団体が，住民に利用してもら
うことを目的に設置しているのが**公の施設**である。道路，水道，学
校，地下鉄，バス，病院，コミュニティセンター，公民館，保育園，
体育館，博物館，美術館，文化センター，公会堂，市民会館，劇場，
音楽堂，図書館，老人施設等々，様々なものがある。これらの施設
は，すべての地方公共団体に同じように，平等に整備されているわ
けではない。もちろん学校のように規格が決まっており義務的に設
置されているものもあれば，そうでないものも多くある。自分の住

んでいる地域に何があって，何がないかは，隣の地方公共団体と比較してみれば明らかである。本書で扱う内容に関係してくる公の施設は，主に博物館，美術館，劇場，音楽堂等になる。

公の施設として設置されたものは，正当な理由がない限りは住民の利用を拒んではならず，また不当に差別的扱いをしてはならないという原則がある。また個別の専門的な施設については，特別法が制定されていることは本書で学ぶとおりである（☞第10講，第12講等）。

●指定管理者制度概要

指定管理者制度の根拠条文は地方自治法244条の2の第3項である。2003年の地方自治法の改正によって新たに導入された。公の施設の設置，管理運営について，地方公共団体は，公の施設の設置の目的を効果的に達成するため必要があると認めるときは，条例の定めるところにより，法人その他の団体で，当該普通地方公共団体が指定する者に，当該公の施設の管理を行わせることができるとしている。この指定された者が，**指定管理者**となる。「法人その他の団体」ということで，非営利，営利を問わず，民間の営利を追求する団体でも指定管理者になれる。具体的には，地方公共団体が設置した公共施設ではあるが，管理運営は民間企業が行っている事例が多く出てきた。たとえば2021年11月現在，東京都の小金井市が設置した市民交流センター（宮地楽器ホール）は，㈱サントリーパブリシティサービスと㈱野村ビルマネジメントが共同で設置した「こがねいしてぃ共同体」が指定管理者になっている。名称が宮地楽器ホールになっているのはネーミングライツによる。長崎県と長崎市が共同で設置した長崎歴史文化博物館の指定管理者は㈱乃村工藝社である。民間事業者で，公共施設の管理運営で実績を伸ばす会社が

図表 8.8　小金井市民交流センター条例の一部

（指定管理者による管理）
第 4 条①　交流センターの管理は，地方自治法（昭和 22 年法律第 67 号）
　　第 244 条の 2 第 3 項に規定する指定管理者（以下「指定管理者」とい
　　う。）に行わせるものとする。
②　指定管理者は，小金井市公の施設の指定管理者の指定手続等に関する条
　　例（平成 17 年条例第 25 号）第 4 条第 1 項各号の基準を満たす者であっ
　　て，かつ，文化芸術及び交流活動の振興を図るために必要な能力及び実績
　　を有するものとする。
（指定管理者が行う業務の範囲）
第 5 条　指定管理者は，次に掲げる業務を行うものとする。
　（1）　第 3 条に規定する事業の運営に関する業務
　（2）　交流センターの施設及び附帯設備（以下「施設等」という。）の使
　　　用の承認に関する業務
　（3）　施設等の利用料金の収受及び減額又は免除に関する業務
　（4）　施設等の維持管理に関する業務
　（5）　前各号に掲げるもののほか，市長が必要と認める業務

増えてきており，このことによってサービスが改善されるケースも
ある。

　指定管理者をどのように選ぶかについては，各自治体に任されて
いる。指定期間，指定の手続，管理運営の基準，業務の基準等の大
枠は，個別の公の施設について設置条例等に定めるものとされてい
る。しかしながら，公の施設全体に同じように指定管理者制度を導
入するため，指定管理者の指定手続に関する条例を定めている場合
がある（図表 8.8 参照）。選定方法も自由に決められ，たとえば公募
型のプロポーザル方式で行うところもあれば，これまでに管理運営
を託してきた団体に継続して行わせることもある。また地方公共団
体が適当と認めるときは，利用料金を収受させてよいとなっている。
たとえば，文化ホールの会議室を借りるときに，使用料を支払うこ
とがほとんどであるが，この使用料を利用料金として指定管理者が
得ることができるというものである。指定の議決は当該施設を設置
した地方公共団体の地方議会によってなされる。

この改正が行われたときに，地方自治法を所管する総務省は，新規に設置する公の施設には原則として指定管理者制度を導入するように通知した。しかしながら，指定管理者制度が十分に導入されているジャンルとそうでないものがある。

●選定の手続

　指定管理者が一般に公募される場合は，指定期間が始まる前年度，あるいは前々年度には公募要領が発表される。そこには，当該施設の概要（所在地，規模，面積，内容，開設日）などとともに，その施設が設置された沿革などが示される。さらに，現行の利用状況（利用者数や施設の貸出率）が具体的に示される。この公募要領を作成するのが，地方自治体の当該公の施設を所管している部局である。

　一般的に，文化施設等に指定管理者を導入して株式会社等が参入することには，サービスの質の低下を心配する住民も多く，賛否両論がある。導入反対の立場は，株式会社は利益を重視するから，利益にならないものをないがしろにする，というものがある。利益にならないことを確かに株式会社は行わない。悪質な事例もあるかもしれないが，実は指定管理者制度に選定されることそれ自体が企業にとっては（確実な）収入になる。継続的な指定のために，自治体に満足してもらうサービスを提供するよう努力をするのが，指定管理者制度である。

　行政の側が住民からの反対を押し切り，指定管理者制度を導入する場合には，より質の高い行政サービスを代行する指定管理者を探す必要があり，そのためには丁寧な公募要領づくり，そして選定された場合の協定が重要である。指定管理者制度は，法律上は「公の施設の設置の目的を効果的に達成する」こと（地方自治法244条の2）が目標であり，効率性だけが求められているわけではない。し

かし，表向きの制度設計とは異なり，地方公共団体の財政状況は順調なところばかりともいえず，実際には効率性や経済性を優先させて指定管理者を選ぶ危惧が常につきまとう。しかしながら，過度にサービスを充実させることによって，地方公共団体が財政破綻することになっては元も子もない。サービスの低下を住民は懸念しているのであり，行財政のバランスを考えながら，それを払拭することも行政の役割である。

V 本章のまとめ

　行政が自らを律していくために行われているのが行政改革ということになる。行政がサービスの提供を独占していくと，質の向上が図られない状況に陥ることがある。そのことを防止し，サービスの質を高めていくために，民間活力を導入したり，自己点検・評価をしたりして組織それ自体のマネジメント力を高めていくことによって，国民や住民の満足度や信頼性を高めていくことが行政改革の本来の目的と言える。行政改革に関連する取り組みをしながらも，国民や住民不在ではどうしようもない。文化施設も，国民や住民に直接サービスを提供するという意味において，この枠組みで考えられる必要がある。行政が提供する事務には，国民や住民への直接的なサービスという言葉が適切なものと，国民や住民に直接には見えないながらも行わなければならない領域とがある。このような領域であっても不断の質の向上が求められていることから，公の施設には，組織として自律的に点検評価をしていきながら，行政との関係を築いていくことが求められてくる。

1) 第 142 回国会衆議院行政改革に関する特別委員会議録第 2 号平成 10 年 4 月 16 日，国務大臣小里貞利発言。

次のステップ

人間のライフサイクルを見渡し外部から提供されるサービスを見直したときに，行政機関でなければできないこと，また行政機関しかできない領域とは何かを考えてみましょう。

参考文献

大住荘四郎（1999）『ニュー・パブリック・マネジメント──理念・ビジョン・戦略』日本評論社

河島伸子・小林真理・土屋正臣（2020）『新時代のミュージアム──変わる文化政策と新たな期待』ミネルヴァ書房

社会教育法・図書館法
教育法体系と文化政策

I 　社会教育法とは

●社会教育法の概要

　社会教育法は，1949 年に制定された。1945 年の敗戦直後の日本
では，それまでの軍国主義に代わって，「戦後日本は**文化国家**を目
指すべき」という文化国家論が盛んに議論されていた。そして文化
国家実現のために重視されたのが教育だった。憲法 26 条で定めら
れた教育を受ける権利の理念を踏まえ，1947 年に**教育基本法**が制
定された。それを基点とする教育法体系に位置づけられる形で，
1949 年に**社会教育法**，1950 年に**図書館法**，1951 年には**博物館法**
（☞第 10 講参照）が制定された。

　その後頻繁に改正されて現在に至る今日の社会教育法は，図表
9.1 のように構成されている。

　前文はなく，目的としては同法 1 条で「この法律は，教育基本
法……の精神に則り，社会教育に関する国及び地方公共団体の任務
を明らかにすること」と謳う。教育基本法の前文と同様に，まずは
個人の尊厳を重んじるところから始めて，最終的に文化の創造を目
指す教育が，社会教育でも念頭に置かれていると言える。

図表 9.1　社会教育法の目次

第１章　総則（第１条―第９条）
第２章　社会教育主事等（第９条の２―第９条の７）
第３章　社会教育関係団体（第 10 条―第 14 条）
第４章　社会教育委員（第 15 条―第 19 条）
第５章　公民館（第 20 条―第 42 条）
第６章　学校施設の利用（第 43 条―第 48 条）
第７章　通信教育（第 49 条―第 57 条）
附則

社会教育の定義

社会教育法における**社会教育**の定義は，２条で明示される。

> 第２条　この法律において「社会教育」とは，学校教育法……又は就学前の子どもに関する教育，保育等の総合的な提供の推進に関する法律……に基づき，学校の教育課程として行われる教育活動を除き，主として青少年及び成人に対して行われる組織的な教育活動（体育及びレクリエーションの活動を含む。）をいう。

学校教育法は，幼稚園，小学校，中学校，高校，大学，さらに９年一貫の義務教育学校，小学校卒業後に前後期６年間で修了する中等教育学校，中学校卒業後に５年間で修了する高等専門学校，特別支援教育，専修学校を対象とする。「就学前の子どもに関する教育，保育等の総合的な提供の推進に関する法律」は，小学校就学前に通う幼稚園，保育所等，幼保連携型認定こども園をはじめとする認定こども園を対象とする。よって社会教育法の定める「社会教育」は，先に挙げた２つの法に基づく教育活動以外のものとされている。このような定義は，国際的には不定型教育（Non-Formal Education）と呼ばれるものに相当する。また２条の記述から，主に青少年および成人に対して行われる組織的な教育活動で，体育とレクリエーションも含まれることがわかる。

●社会教育主事

　法の前半の第1章～第4章は，社会教育の基本的な枠組みに関する条文である。事務局を**教育委員会**に置き（第1章），専門職制度として**社会教育主事**制度を有し（第2章），主体として**社会教育関係団体**（第3章）と**社会教育委員**（第4章）が位置づけられる。

　社会教育主事は，都道府県および市町村の教育委員会の事務局に置かれる専門的職員で，社会教育を行う者に対する専門的技術的な助言・指導を与える役割を担う（社会教育法9条の3）。職務内容は，教育委員会事務局が主催する社会教育事業の企画・立案・実施，管内の社会教育施設が主催する事業に対する指導・助言，社会教育関係団体の活動に対する助言・指導，管内の社会教育行政職員等に対する研修事業の企画・実施，などである。

　なお社会教育主事講習等規程の改正によって，2020年4月から講習の修了者は「**社会教育士**」と称することが可能になった。教育委員会事務局に置かれる専門的教育職員である社会教育主事に対し，社会教育士にはそれ以外の場，たとえばNPOや企業等の多様な主体と連携，協働して，社会教育施設における活動のみならず，環境や福祉，まちづくり等の社会の多様な分野における学習活動の支援を通じて，人づくりや地域づくりに携わる役割が期待されている。[1]

●社会教育関係団体

　社会教育関係団体は，社会教育法10条で定義されるように，「法人であると否とを問わず，公の支配に属しない団体で社会教育に関する事業を行うことを主たる目的とする」ものである。具体的には，子ども会，青年団，婦人会，PTA，老人会，ボーイスカウト・ガールスカウト，YMCA・YWCA，スポーツや文化団体なども想定される。登録は各自治体で行われ，構成員数や，営利活動を

行わないことといった条件が設定される。条件を満たして登録されると，市民に社会教育に関する事業を提供する団体として，公共施設の優先利用や使用料減免などのメリットがあることが多い。

●社会教育委員

社会教育委員は，社会教育法15条によって，都道府県および市町村の教育委員会から委嘱される。具体的には，学校教育関係者，社会教育関係者，学識経験者，家庭教育の向上に資する活動を行う者への委嘱が想定され，地域において社会教育に優れた知見を有する人々の知識を社会教育行政に反映させることが制度の趣旨として期待されている。

●社会教育施設

法の後半の第5章～第7章で社会教育の場として想定されているのが，**公民館**，学校施設の利用，通信教育である。なお，社会教育法9条で「図書館及び博物館は，社会教育のための機関とする」（1項）と定められたことによって，図書館および博物館は，公民館と併せて**社会教育施設**と呼ばれる。しかし同じく9条で「図書館及び博物館に関し必要な事項は，別に法律をもつて定める」（2項）とされ，社会教育法とは別に図書館法，博物館法（☞第10講参照）が定められている。

II 文化政策における社会教育施設

▼1. 公民館は「文化施設」か？

　ここまでの説明を読んで社会教育の具体的なイメージを描けるかどうかは，公民館に代表される社会教育施設との関わり方の経験によって大きく左右されるだろう。実際に筆者が授業で学生に尋ねても，「公民館」という言葉で思い描く施設のイメージは千差万別である。「祖父母が前庭でゲートボールをしていた，自宅から徒歩5分の，広い和室が一部屋ある集会所」から，「2階建てで多数の部屋があり，図書室と約400人収容のホールが併設され，コンサートや演劇公演も行われていた文化に関する公立の施設」まで，同じ名称の施設にもかかわらずかなりの幅がある。後者のような公民館には，社会教育主事をはじめとする専門の職員が常駐し，社会教育関係団体が登録され，文化やスポーツも含めた積極的な活動が行われる事例が多い。そのような文化に関する市民の活動の場という意味で，公民館を「文化施設」と呼ぶことは間違いとは言えない。

▼2. 社会教育施設と公立文化施設

　社会教育法の規定に従えば，公民館，博物館，図書館は社会教育施設に含まれるものの，いわゆる文化ホールと呼ばれるような文化会館や市民会館そして劇場や音楽堂は社会教育施設に含まれず，教育法体系に属さない。この事実をより厳密な縦割りで捉えた結果として，「公民館・博物館・図書館は社会教育施設であり公立文化施設ではない，教育法体系に属さない文化ホールなどが公立文化施設

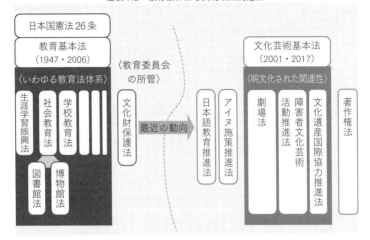

図表 9.2　教育法体系と文化政策関連法

である」と説明されることもある。

　こうした用語の使い方の相違は，根本的には文化施設の定義に関わる問題だが，なかなかややこしい。施設のあり方を規定する博物館法と図書館法に対し，1948 年制定の**興行場法**は，劇場を含めた興行場の公衆衛生管理に特化した内容に過ぎなかった。実演芸術に関わる文化施設に関する法は，2012 年の「**劇場，音楽堂等の活性化に関する法律**」（劇場法）の成立を待たねばならなかった（☞第 12 講参照）。

　日本においては，公民館・博物館・図書館と，劇場・音楽堂等のいわゆる文化ホールでは，ともに文化に関する事業を行う施設であるにもかかわらず，背景の法体系が大きく異なっている。その違いはミュージアムとホールの違いにとどまらず，日本の文化政策に関する法体系全体に関わる問題である。

　図表 9.2 で示したように，戦後日本で比較的早い時期に制度化された教育法体系に，文化政策に関連する法もいくつか含まれていた。

時代が下るにつれて，教育法体系から離れた文化政策関連の立法が増えてきた。最近では教育法体系に位置づけられていた博物館や文化財保護の分野でも，法改正や新たな法制定に際し，文化芸術基本法を中心とする文化政策関連法に，徐々に制度的位置づけを移行していく傾向にあると言える。

▼3. 指定管理者制度と社会教育施設

　社会教育施設にとっても公立文化施設にとっても，2003年の**地方自治法**の一部改正によって，営利企業や公益法人などの民間の主体に**公の施設**の管理と運営を包括的に任せる**指定管理者制度**が導入されたことは，大きな変化だった（☞第8講参照）。

　指定管理者制度の対象とされた公の施設であっても，個別法によって管理者が特定されている施設は指定管理者制度の対象外となる。たとえば学校の場合は，学校教育法5条によって学校の設置者がその設置する学校を管理することが定められているので，指定管理者制度は適用されない。筆者が授業で「学校教育法によって公立幼稚園に指定管理者制度は適用されないが，公立保育園は別である」，「なぜなら幼稚園は義務教育ではないものの文部科学省管轄で学校教育法に規定されるが，保育園すなわち保育所は厚生労働省の管轄する児童福祉施設で学校教育法の規定は関係ないからだ」と説明すると，学生は未就学児の通う施設の運営の違いに驚くことが多い。

　指定管理者制度の導入当初，設置法のない文化ホールとは違い，法に規定のある社会教育施設，とりわけ個別法がある図書館と博物館については，制度導入の適否がまず問題になった。しかし2005年1月25日に全国生涯学習・社会教育主管部課長会議で配付された文部科学省社会教育課「社会教育施設における指定管理者制度の

適用について」という文書において，図書館および博物館に対しても指定管理者制度の適用が可能であるという見解が示されたことで，全国で図書館・博物館を含めた社会教育施設への指定管理者制度の導入が進むことになった。

III 図書館法

▼1. 図書館法の概要

　博物館法については別講で扱うとして，図書館法および図書館については簡単に見ておきたい。

図書館法の内容

　図書館法の構成は博物館法（☞第10講）とよく似ている。図書館法1条では，社会教育法の精神に基づき「図書館の設置及び運営に関して必要な事項を定め，その健全な発達を図り，もつて国民の教育と文化の発展に寄与することを目的とする」と謳っている。2条は定義規定で，この法律における「図書館」とは「図書，記録その他必要な資料を収集し，整理し，保存して，一般公衆の利用に供し，その教養，調査研究，レクリエーション等に資することを目的とする施設」であると定義し，公立（地方公共団体）と私立（日本赤十字社または一般社団法人もしくは一般財団法人が設置するもの）両方を含むことが示される。博物館法のような**登録制度**は設けられていない。

　図書館法の特徴と言えるのは**図書館奉仕**を規定した3条である。図書館資料を収集し，一般公衆の利用に供することに始まり，合計

9 項目にわたって実施に努める事項が挙げられている。4 条から 7 条までは**司書**および司書補という専門的職員についての規定である。7 条の 2 は文部科学大臣による設置および運営上望ましい基準，7 条の 3 は運営の状況に関する評価等，7 条の 4 は運営の状況に関する情報の提供についてであり，博物館法の規定とも類似する。8 条は都道府県の教育委員会が地域内の図書館奉仕促進のために市町村の教育委員会あるいは首長への協力を依頼できることを定め，9 条は政府・国・地方公共団体の機関による公の出版物を公立図書館に適宜提供することについての規定である。

●図書館法の歴史

　敗戦前に図書館について規定していたのは天皇の勅令である**図書館令**だった。1950 年制定の図書館法は，アメリカとりわけ CIE（民間情報教育局）の強い影響のもとに成立した法律だと言われる。公立図書館における，条例による図書館の設置や無料公開の原則は，アメリカの影響によるところが大きい。

　地方自治体が公立図書館を設置する際には，自治体の法である条例によって設置を議会で決議しなければならない。これは，戦前のように国の認可は必要ないこと，また義務教育の小中学校と異なり義務設置制ではないのであくまで住民の総意によって設立されること，以上 2 つの意味で重要だった。

　また，図書館法 17 条は無料公開の原則を明示している。背景には，地域住民の総意で設けられた公立図書館は，住民の誰もが資料を自由に利用できる環境でなければならないという考えがある。

▼2. 図書館の自由に関する宣言

「法」ではないが図書館に大きな影響を与えてきたのが，1954年に日本図書館協会によって採択された「**図書館の自由に関する宣言**」である。小説家・有川浩の『図書館戦争』シリーズのモチーフになっていると説明すると，小説に加えて漫画・アニメ・映画等で作品を知っている人にはわかりやすいかもしれない。

●宣言の概要

図書館の自由に関する宣言は，戦後東西冷戦が激化し，日本国内でも破壊活動防止法などの治安立法が制定される中で，「市民の知る自由を守る」という図書館の立場を表明した宣言である。アメリカの図書館協会が1939年に採択した「図書館の権利宣言」の影響も見られる。その後1979年に改訂されて現在に至っている。

●宣言の内容

「図書館の自由に関する宣言」は，あくまで一民間団体の決議ではあるものの，非常に法的な思考に拠って作られた宣言だと言えよう。**日本国憲法**の国民主権の原理から始めて，**表現の自由**と，その表裏一体となる**知る自由**の保障が**基本的人権**の保障であること，それが不断の努力によって保持されなければならないことを確認して，資料収集と提供の自由，利用者の秘密保持，**検閲**反対を掲げている。

図書館が宣言を守り検閲に反対することが社会にとってどういう意味を持つかは，『図書館戦争』という作品でも描かれている。公序良俗に反するとされたメディアを広範に取り締まることを可能にする法の成立から30年後の日本で，唯一市民が自由に本を読める環境を提供する図書館が専守防衛のために武装したという設定は，

　図書館は，基本的人権のひとつとして知る自由をもつ国民に，資料と施設を提供することをもっとも重要な任務とする。

　日本国憲法は主権が国民に存するとの原理にもとづいており，この国民主権の原理を維持し発展させるためには，国民ひとりひとりが思想・意見を自由に発表し交換すること，すなわち表現の自由の保障が不可欠である

　知る自由は，表現の送り手に対して保障されるべき自由と表裏一体をなすものであり，知る自由の保障があってこそ表現の自由は成立する。

　知る自由は，また，思想・良心の自由をはじめとして，いっさいの基本的人権と密接にかかわり，それらの保障を実現するための基礎的な要件である。それは，憲法が示すように，国民の不断の努力によって保持されなければならない。

……

この任務を果たすため，図書館は次のことを確認し実践する。

第 1　図書館は資料収集の自由を有する……

第 2　図書館は資料提供の自由を有する……

第 3　図書館は利用者の秘密を守る……

第 4　図書館はすべての検閲に反対する……

図書館の自由が侵されるとき，われわれは団結して，あくまで自由を守る。

……

出典：日本図書館協会（1954 採択，1979 改訂）「図書館の自由に関する宣言」，〈http://www.jla.or.jp/library/gudeline/tabid/232/Default.aspx〉（参照 2021-3-9）

　作者もあとがきで書いているように「この設定を笑い飛ばせる世の中でこそ」気楽に読めるのである。[2)]

Ⅳ　社会教育と文化政策

▶1.　戦前の社会教育と文化政策

　社会教育法の成立は戦後の 1949 年だが，「社会教育」という言葉の用例は明治の頃にも見受けられ，一般に用いられるようになったのは大正中期以降のことである。その出自においても社会教育は，近代学校制度との対比で捉えられていた。第一次世界大戦後に世界

各国で展開した社会教育の思想は，①学校教育の補足，②学校教育の拡張，③学校教育以外の教育的要求などの文脈で捉えることができる。警察国家にとどまらない**福祉国家**が求められていく過程の中で，政策領域が国民の精神面に拡大したことが背景にある。

その点は，文化政策の歴史的背景とも共通する。その後 1930 年代後半から 1940 年代初頭にかけて，教育・科学・宗教・文芸などの思想に関わる分野が総動員体制に向けて再編されていく中で，**ナチス・ドイツ**の影響も受けた，複数の行政機構をまたぐ総合政策としての「文化政策」が日本でも提唱され，社会教育行政も「文化政策」に組み込まれていった。1929 年に設置された文部省社会教育局は，1942 年 11 月に宗教局と合併して教化局になった。1943 年 11 月には教化局は図書局とともに教学局に併合され，社会教育政策は文化政策として再編され，その名称も消滅した。

▼2. 戦後の社会教育と文化政策

戦後になった 1945 年 10 月，文部省に社会教育局が復活し，戦後体制に再編されていった。1947 年に教育基本法が制定され，教育基本法体系に位置づけられる形で 1949 年に社会教育法が成立した。

このように社会教育と文化政策は，相互に重なり合いながら展開してきた歴史的経緯がある。その関係にまた変化が生じたのが，1970 年代以降である。すでに 1950 年代から各自治体で教育委員会とは別に文化課を設置する動きは始まっていた。1970 年代に**梅棹忠夫**によって展開された「教育はチャージ（充電），文化はディスチャージ（放電）」という「**チャージ・ディスチャージ論**」，そして 1980 年代に**松下圭一**が主張した「**社会教育の終焉**」論は，社会教育

と文化政策の関係を語るうえでの大きな転換点となった。これら2つの理論は，文化行政が社会教育を離れて独自の展開を見せていく論理的基盤となった。

▆3. 社会教育と生涯学習

1965年に**ユネスコ**で提唱された「生涯教育」の理念が，日本でも1980年代以降に「**生涯学習**」として普及し，従来の「社会教育」の概念との異同が問題視されるようになった。社会教育・生涯学習と文化の関係は曖昧になっていった。

教育改革の流れの中で，文部省が社会教育局を廃止して生涯学習局を創設する機構改革を行ったのは1988年のことである。これ以降，地方自治体でも社会教育課・社会教育係の名称を，生涯学習課・生涯学習係へと変更する事例が増えた。

そして1990年に成立した「生涯学習の振興のための施策の推進体制の整備に関する法律」（**生涯学習振興法**）は，社会教育法を中心とした社会教育法制に位置づけられる法律とは異なる特徴を持っていた。まず生涯学習振興法には，教育基本法や社会教育法との位置関係が明記されていない。さらに生涯学習振興法は，都道府県の教育委員会に対して生涯学習の振興に資する事業を実施する努力義務を求めつつ（3条），都道府県に対して生涯学習に係る機会の総合的な提供を地域生涯学習振興基本構想に基づいて計画的に行う努力義務も定めている（8条）。社会教育法と生涯学習振興法という2つの法体系に基づく施策のずれや矛盾の中で，社会教育の実務の現場は仕事を進めなければならなかった。2006年の教育基本法改正によってようやく3条に「生涯学習の理念」が新設された。それを受けた2008年の社会教育法の改正で，国および地方公共団体の任務

として「生涯学習の振興に寄与する」（3条2項）という努力義務が
追加された。

▼4. 社会教育を取り巻く最近の変化

2017年8月には文科省社会教育課および生涯学習政策局（2001
年に生涯学習局から再編）の廃止を含む「機構改革のための概算要求
事項」が公表され，地域学習推進課および総合教育政策局へと再編
された。

さらに2018年の文部科学省設置法改正で，社会教育施設である
博物館行政の管轄が文科省からその外局である文化庁に移管される
ことになった。そして2019年の**第9次地方分権一括法**成立によっ
て，自治体の判断で，公民館，図書館，博物館等の社会教育施設の
所管を教育委員会から首長部局に移管することが可能になった。

かつては社会教育の名のもとに行われていた活動が，その体系か
ら離れていく傾向にあると言える。

V 社会教育「法」以外の社会教育の可能性

▼1. 社会教育「法」の再考

戦後日本において社会教育は，社会教育法を基本とする社会教育
法体制に支えられた強固なシステムを形成しつつ出発した。文化政
策とは対照的に大変整えられた制度の根幹となったのが，社会教育
法だった。それが1970年代以降の社会教育をめぐる様々な変化を
経て現在に至り，今も議論が続いている。

文化政策から社会教育を見ると，しっかり整った制度に守られるのが羨ましく思える反面，逆に硬直化して不自由になっていないかと思える面もある。社会教育という思想自体は，社会教育法に先駆けて提唱されていた。社会教育の理論と実践は，「社会教育に関する国及び地方公共団体の任務を明らかにすることを目的」（1条）とした社会教育「法」に独占されるものではない。

▼2.　民間の社会教育の事例──日野社会教育センター

　実際に，公立ではなく民間の社会教育施設で積極的な活動を行っている例もある。

　東京都日野市において公益財団法人社会教育協会が運営する「日野社会教育センター」は，日野市と同協会が協定書を締結して，1969年に開設した民間の社会教育施設である。年間利用市民は約12万人，「市民による，市民のための，市民の」施設として，文化・スポーツ・福祉・国際交流など，乳幼児から高齢者までが参加する，生きがいづくりの拠点になっている。同センターの立地する日野市は，移動図書館の活動で知られる日野市立図書館を有し，公民館活動も盛んだという。日野市自体が社会教育行政の活発な自治体だが，民間の社会教育活動も50年あまりの実績を持っている。

　当初財団法人だった社会教育協会は，関東大震災から2年後の1925年に官民協力して設立された。大震災からの復興を果たすため，人心作興，青少年育成を目的としていた。戦前，戦中も青少年育成，なかでも女子教育に注力したが，戦災で都内の施設をすべて焼失した。戦後施設の再建を進めようとしていた社会教育協会に，社会教育は上からの官製のものであってはならない，市民の自発的活動による自己形成によって新しい社会が形成されていく，という

信念を有していた当時の有山 崧 日野市長が賛同し，議会の了承を得て，市と協会が協定を結び，日野社会教育センターが設立されたという[3]。

　少なくとも日野社会教育センターの活動に関しては，梅棹忠夫の「教育はチャージ」にとどまらないディスチャージ的な要素も持っているように思えるし，松下圭一が市民に対する上からの教育・指導を批判した「社会教育の終焉」論も当たらないように思う。文化政策研究を専門とする筆者から見れば十分に文化施設と呼ぶにふさわしい活動をしているように見えるが，重要なのは，当の施設が「社会教育」という理念を大切にして活動を続けてきた歴史と自負を持っていることであろう。日野社会教育センターの事例は，「社会教育」の可能性は決して「社会教育法」の範疇だけにとどまらないことを教えてくれる。

---

1)　文部科学省「社会教育主事養成の見直しについて」，〈https://www.mext.go.jp/a_menu/shougai/gakugei/1399077.htm〉（参照 2021-6-23）。
2)　有川浩（2011）『図書館戦争』角川書店，370 頁。
3)　公益財団法人社会教育協会日野社会教育センター編著（2014）『人がつながる居場所のつくり方——日野社会教育センターが実践したコミュニティデザインの成功』WAVE 出版。

次のステップ

- 　身近な社会教育施設を取り巻く法・制度について説明してみよう。
- 　社会教育と文化政策の共通点と相違点を挙げてみよう。

参考文献

新藤浩伸（2018）「社会教育」小林真理編『文化政策の現在 1　文化政策の思想』東京大学出版会，181-196 頁
柳与志夫・田村俊作編（2018）『公共図書館の冒険——未来につながるヒストリー』みすず書房

I 博物館法の歴史

　博物館法は，1951 年 12 月に公布された。先に制定された**社会教育法**（☞第 9 講参照）において，博物館は図書館とともに**社会教育施設**として位置づけられる。ただし**文部科学省設置法**4 条 1 項 81 号が所掌事務として「劇場，音楽堂，美術館その他の文化施設に関すること」と定めているため，ミュージアムの中で少なくとも美術館については法的にも「**文化施設**」と称する明文の根拠が存在する。

●2021 年現在の博物館法の内容

　2021 年 3 月現在での博物館法の目次は図表 10.1 のとおりである。章立てからはわかりにくいが，現行の博物館法の 2 つの柱は，博物館の**登録制度**と**学芸員**制度である。博物館法では，第 1 章の総則と第 2 章において規定される。

　第 1 章総則は，いわゆる総論部分である。博物館法 1 条では社会教育法の精神に基づき，「博物館の設置及び運営に関して必要な事項を定め，その健全な発達を図り，もって国民の教育，学術及び文化の発展に寄与することを目的とする」と明記され，社会教育法体系であること，個人の教育と社会における学術・文化の発展への寄与が目的であることが確認できる。社会教育法（☞第 9 講）でも

図表 10.1　博物館法の目次

第 1 章	総則（第 1 条―第 9 条の 2）
第 2 章	登録（第 10 条―第 17 条）
第 3 章	公立博物館（第 18 条―第 26 条）
第 4 章	私立博物館（第 27 条・第 28 条）
第 5 章	雑則（第 29 条）
附則	

確認したように，まずは個人の尊厳を重んじるところから始めて最終的に文化の創造を目指すという教育基本法の前文と同様の捉え方がここでも窺える。

2 条は定義規定で，博物館法における「博物館」「公立博物館」「私立博物館」「博物館資料」の定義が書かれる。3 条では法の想定する「博物館の事業」が列挙され，4 条から 7 条までは，館長・学芸員・学芸員補などの職員とりわけ学芸員についての規定が続く。8 条では文部科学大臣が博物館の設置および運営上望ましい基準を設定し公表することを明記し，9 条と 9 条の 2 は博物館の運営についての評価と情報提供について定めている。

博物館法の改正

博物館法はたびたび改正されてきたが，抜本的な改正は少ない。これまでの主な法的な変化は図表 10.2 のようにまとめられる。そして 2021 年現在，博物館法の改正に向けた議論が文化庁で進められている。

図表 10.2　博物館をめぐる主要な法的変化

年	出来事	変化の概要
1951	博物館法公布	保護・助成に値する博物館を登録博物館として選別
1955 (7月)	博物館法改正 *第1次改正	博物館相当施設の規定を追加 自然系・人文系学芸員の区分を一本化して文部大臣が資格を認定する制度に改定
1955 (10月)	博物館法施行規則改正	学芸員資格に関する規定を全面改正
2001	独立行政法人化	独立行政法人国立博物館他発足
2003	地方自治法改正	指定管理者制度の導入（☞第8講）
2008 (6月)	社会教育法等の一部を改正する法成立（博物館法の一部改正）*新設の条文もあったが，期待された抜本的改正には至らず	主な変更点 ①博物館が行う事業に学習の成果を活用して行う教育活動の機会を提供する事業を追加 ②運営状況に関する評価および改善ならびに地域住民等に対する情報提供（努力義務） ③文部科学大臣および都道府県教育委員会による学芸員等の研修を行う（努力義務） ④社会教育施設等における一定の職に3年以上あったことを，社会教育主事，司書および学芸員の資格を得るために必要な実務経験として評価できるようにする
2008 (12月)	公益法人制度改革	（☞第7講参照）
2018	文部科学省設置法改正	博物館に関する事務を文部科学省から文化庁に移管
2019	第9次地方分権一括法成立	公立博物館の設置・運営等に関する所管を地方公共団体の長とすることが可能になる
2020	文化観光推進法公布	（☞第11講参照）
2021	博物館法改正に向けた議論が進行中	実現すれば，第1次改正以来の大きな改正になる見込み

文化庁ウェブサイト〈https://www.bunka.go.jp/seisaku/bunkashingikai/hakubutsukan/hakubutsukan01/05/pdf/92826001_01.pdf〉（参照 2021-6-23）ほかから作成

II 博物館法における「博物館」

▐1. 法における博物館の定義

博物館法で注意すべきは，2条の定義規定である。ここで規定されるのは，あくまで「この法律において」の「博物館」の定義，つまり博物館法の適用を受ける博物館の定義である。図表10.3では，2条の定義を内容面と制度面の2方向から確認したい。

●「博物館」の活動内容

まず内容面では，博物館法の想定する分野は，①「歴史，芸術，民俗，産業，自然科学等」多岐にわたる。また②「資料を収集し，保管（育成を含む。以下同じ。）」という文言からは，動物園，植物園，水族館も含むことが示唆される。その「収集」「保管（育成）」に加えて，「展示」をはじめとする一般公衆の「教養，調査研究，レクリエーション等に資するために必要な事業」および「これらの資料に関する調査研究」を行うことが，博物館には求められる。

博物館法以外の博物館の活動内容に関わる定義として，よく引用されるのは ICOM（国際博物館会議）の定義とユネスコの定義である。ユネスコの「ミュージアムとコレクションの保存活用，その多様性と社会における役割に関する勧告」（2015年勧告）では，ミュージアムの定義にあたって「社会とその発展に奉仕する非営利の恒久的な施設で，公衆に開かれており，教育と研究と娯楽を目的として人類と環境に関する有形無形の遺産を収集し，保存し，調査し，伝達し，展示するもの」という ICOM の定義を引用したうえで，「ミュージアムは人類の自然的・文化的な多様性を表象することを目的と

図表 10.3　博物館法 2 条の定義規定

内容面	制度面
第 2 条　この法律において「博物館」とは，①歴史，芸術，民俗，産業，自然科学等に関する②資料を収集し，保管（育成を含む。以下同じ。）し，展示して教育的配慮の下に一般公衆の利用に供し，その教養，調査研究，レクリエーション等に資するために必要な事業を行い，あわせてこれらの資料に関する調査研究をすることを目的とする機関（社会教育法による公民館及び図書館法（昭和 25 年法律第 118 号）による図書館を除く。）のうち，地方公共団体，一般社団法人若しくは一般財団法人，宗教法人又は政令で定めるその他の法人（独立行政法人（独立行政法人通則法（平成 11 年法律第 103 号）第 2 条第 1 項に規定する独立行政法人をいう。第 29 条において同じ。）を除く。）が設置するもので次章の規定による登録を受けたものをいう。	第 2 条　この法律において「博物館」とは，歴史，芸術，民俗，産業，自然科学等に関する資料を収集し，保管（育成を含む。以下同じ。）し，展示して教育的配慮の下に一般公衆の利用に供し，その教養，調査研究，レクリエーション等に資するために必要な事業を行い，あわせてこれらの資料に関する調査研究をすることを目的とする機関（③社会教育法による公民館及び図書館法（昭和 25 年法律第 118 号）による図書館を除く。）のうち，④地方公共団体，一般社団法人若しくは一般財団法人，宗教法人又は政令で定めるその他の法人（⑤独立行政法人（独立行政法人通則法（平成 11 年法律第 103 号）第 2 条第 1 項に規定する独立行政法人をいう。第 29 条において同じ。）を除く。）が設置するもので⑥次章の規定による登録を受けたものをいう。

（①〜⑥は筆者挿入）

し，遺産の保護や保存そして伝達においてきわめて重要な役割を果たす機関である」と定めている[1]。日本の博物館法と重なる部分も少なくないが，「**非営利**」と明記されているのが特徴である。

●「博物館」の制度的定義

　博物館法の制度面では，前述の活動内容に取り組む施設から，③公民館と図書館を除外して定義するとされている。そして，設置主体が④「地方公共団体，一般社団法人若しくは一般財団法人，宗教法人又は政令で定めるその他の法人」であると定められる。地方公共団体設置であれば博物館法第 3 章で定める公立博物館，一般社

団法人・一般財団法人・宗教法人・政令で定めるその他の法人の設置であれば同法第4章の定める私立博物館となる。ただしここから，⑤独立行政法人設置の施設は除外されることも明記される。

　制度面の定義としては③④⑤を満たしたうえで，かつ⑥「次章の規定による登録を受けたもの」が博物館法における「博物館」とされる。博物館法では第1章に続く第2章で「登録」についての詳細が定められているが，この「登録」を受けなければ，博物館法における「博物館」にはあたらない，つまり実質的に博物館の活動をしている施設であっても博物館法の適用を受けないことになる。

▼2.　定義規定による機能不全

　もともと博物館法制定の背景には，敗戦直後の混乱する日本社会で多くの博物館とりわけ私立博物館が置かれた経済的な苦況に対して，保護・助成に値する博物館を登録博物館として選別して救済する意図があった。登録制度によって，私立つまり民間の団体であっても公共的役割を担うことが明確化され，国家による財政支援を受けることが可能になった。博物館を存続させ，貴重なコレクションの売却・散逸を防ぐため，当時は求められた法的枠組みだった。

　しかし時代が変化した今日では，博物館的な活動をしている施設でも登録がなければ博物館法の適用を受けないという法的な構造によって，博物館法の機能不全とも呼ばれる問題が生じている。

III 博物館法の現状と課題

▮1. 登録制度の現状と課題

◗日本国内の博物館

　文化庁[2)]によれば，博物館は，歴史や科学博物館をはじめ，美術館，動物園，水族館などを含む多種多様な施設であると説明される。そのような博物館について，2018年10月現在，**登録博物館**が914館，**博物館相当施設**が372館，博物館と類似の事業を行う施設（以下，**博物館類似施設**）が4452館，合計5738館が日本国内に設置されていることが，社会教育調査に基づいて明らかにされている。

　ここでいう登録博物館とは，博物館法10条の定めに則って，都道府県あるいは政令指定都市の教育委員会に備える博物館登録原簿に登録を受けた博物館のことである。博物館相当施設とは，博物館法29条に定められた「博物館の事業に類する事業を行う施設」である。国または独立行政法人が設置する施設では文部科学大臣が，その他の施設では当該施設の所在する都道府県あるいは政令指定都市の教育委員会が，文部科学省令で定めるところにより博物館に相当する施設として指定した施設のことを指す。

　登録博物館と博物館相当施設は博物館法上の用語だが，そのどちらにもあてはまらないものの実態として博物館法上の博物館に類似する事業を行う施設は，社会教育調査上「博物館類似施設」と呼ばれる。当然ながら，社会教育調査において統計上存在が把握できていない博物館類似施設もありうる。以上の状況を，文化庁では図表10.4，図表10.5のようにまとめている。

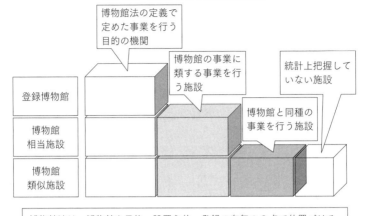

図表 10.4　文化庁による博物館の区分図

博物館法の定義で定めた事業を行う目的の機関

博物館の事業に類する事業を行う施設

統計上把握していない施設

博物館と同種の事業を行う施設

登録博物館

博物館相当施設

博物館類似施設

博物館法は，博物館を目的，設置主体，登録の有無の3点で位置づける。

図表 10.5　文化庁による博物館の種別表

種別	登録要件（設置主体）	設置要件	登録又は指定主体	館数
登録博物館	地方公共団体，一般社団法人，宗教法人　など	・館長，学芸員必置 ・年間150日以上開館　など	都道府県教育委員会，指定都市教育委員会	914
博物館相当施設	制限無し	・学芸員に相当する職員必置 ・年間100日以上開館　など	都道府県教育委員会，指定都市教育委員会 ※1	372
博物館類似施設	制限無し	制限無し　※2	なし	4,452

※1　博物館の設置主体が国・独立行政法人・国立大学法人の場合は国。
※2　「社会教育調査」上は博物館相当施設と同程度の規模を持つ施設。
（出典）社会教育調査

出典：図表 10.4, 10.5 とも，文化庁「博物館の概要」，〈https://www.bunka.go.jp/seisaku/bijutsukan_hakubutsukan/shinko/gaiyo/〉（参照 2021-3-5）

博物館法の適用を受ける博物館

　社会教育調査によれば，日本国内に設置されている合計 5738 館の博物館のうち，登録博物館あるいは博物館相当施設として博物館法の対象になっているのは計 1286 館に過ぎない。日本国内の博物

館の 22％しか博物館法で管轄できていないことになる。

　また，国立科学博物館，国立文化財機構および国立美術館機構に属する国立館が，全国の博物館行政を指導すべきナショナル・ミュージアムであるにもかかわらず，設置主体が独立行政法人であるため「博物館相当施設」に分類され，博物館法上の「博物館」に該当しないというのも，現行法の問題点としてしばしば指摘される。

●登録を受ける利点？

　博物館法制定当時は，登録を受けることによって，私立博物館の固定資産税の免除，かつての国鉄における博物館資料の輸送運賃および料金の優遇規定の適用，国の補助金の交付といった，財政的な利点があった。しかし国鉄が民営化し，国の補助も登録博物館に限定されなくなった今日，特に公立博物館においては登録の利点が限りなく乏しい。

　博物館相当施設の利点も少ない。博物館法 29 条は，博物館相当施設について，私立博物館に関する 27 条 2 項の規定を準用すると定めている。27 条 2 項は，都道府県あるいは政令指定都市の教育委員会が「私立博物館に対し，その求めに応じて，私立博物館の設置及び運営に関して，専門的，技術的の指導又は助言を与えることができる」と定めている。つまり博物館相当施設になることで得られる博物館法上に明記された利点は，教育委員会に「博物館の設置及び運営に関して，専門的，技術的の指導又は助言」を求めることができることのみだと言える。

●支援につながらない登録制度

　今日，特に政策的な支援を必要としているのは，地方の小規模博物館である。その点では博物館法制定当時の状況と類似する部分も

ある。しかし現状では，博物館法において登録博物館・博物館相当施設のどちらに該当しても，現代の地方の小規模博物館の抱える問題は解決できない。どちらにも該当しない博物館類似施設の場合は，そもそも博物館法が適用されない。博物館の現場の問題に既存の博物館法では対応できないことは，もはや明白である。

▼2. 学芸員制度の現状と課題

●専門的職員としての学芸員

博物館法4条3項は「博物館に，専門的職員として**学芸員を置く**」こと，同条4項は「学芸員は，博物館資料の収集，保管，展示及び調査研究その他これと関連する事業についての専門的事項をつかさどる」ことを明記している。なお博物館法には学芸員補の規定もあるが，大学進学率の低かった時代に想定された中卒・高卒者が博物館等で任用される際の職で，今日ではほぼ機能していない。

●資格取得者と就職者

日本の国家資格は，大きく3つに分類できる。①資格取得者だけが業務を行うことができる業務独占資格（医師，弁護士などいわゆる士業，理美容師など），②資格がなくても業務を行えるが名乗ることができるのは資格取得者のみである名称独占資格（栄養士，中小企業診断士，介護福祉士など），そして③特定の職務に任用されるときに必要な資格（社会福祉主事，社会教育主事〔☞第9講参照〕など）である。

学芸員は，③**任用資格**に該当する。任用資格の場合，資格を取得しさえすれば職業として名乗れるというものではなく，資格取得後に職務に任用されて初めて効力を発揮する。つまり資格を取得すれ

ば学芸員を名乗って開業できるわけではなく，博物館等で学芸員として採用されることで専門性を発揮する資格である。

　それにもかかわらず，学芸員資格取得者に対し，実際の就職者が不釣り合いに少ないことは，長年課題として指摘されてきた。学芸員養成課程を開講している大学は，2021 年 4 月 1 日現在，日本全国で 301 大学である。もちろん大学の規模は様々だが，大学ごとの学芸員資格取得者数平均値の推移を見ると，2015 年度の 24.1 人まで減少が続き，以降は 25 人前後で一応の安定状況を見せている。この数字を元に計算すると，実際の博物館等関連施設への就職者数は，平均して各大学 1 人に達しない。つまり全国 301 大学で学芸員養成課程の履修を無事修了した学生のうち，実際に学芸員になるのは各大学で年に 1 名いるかいないか，ということになる。[3]

　この点に関しては，学芸員養成課程の学びが博物館への理解者を増やすという指摘もある。しかし前述のように登録博物館・博物館相当施設・博物館類似施設を合わせた 5738 館に対し，全国 301 大学で年間 7500 人あまりの理解者を増やすという計算上の数字は，1 館あたり年間 1〜2 名のファンを増やすという結果にとどまり，目的に対して履修者数が少なすぎるおそれがある。

●現場での職員配置

　学芸員の専門性を活かせるような職員の配置が，実際の博物館の現場で行われていないという問題もある。とりわけ小規模博物館における学芸員の立場は極めて不安定である。学芸員が不在，学芸員が非常勤・非正規雇用・任期付きという雇用形態の博物館は，残念ながら少なくない。

　この背景にも博物館法があり，登録博物館と博物館相当施設では学芸員あるいは学芸員に相当する職員の設置が求められるのに対し，

博物館法の管轄外である博物館類似施設の学芸員に対しては法的には何も対応していない。博物館法によって博物館の質を担保していると言えるのか，疑問視されるのも無理はない状況である。

　さらに公立の博物館では，館長が公務員で学芸員資格を持たないという事例も多く，博物館の運営面における専門性の弱さも課題となっている。

●「雑芸員」の限界

　専門性を発揮できない職場環境を背景に，学芸員は現場の問題に対応する何でも屋にならざるをえない。海外のキュレーターと比較して，日本の学芸員が「雑芸員」と評される所以である。

　また，多岐にわたる学芸員の業務を遂行するにあたって，本来不可欠なのは学芸員の研究活動である。しかし，博物館法で研究業務の内容は限定され，研究機関指定を受けられないほとんどの博物館の学芸員には国の科学研究費助成事業の代表申請資格がないことも，問題として指摘されている。

IV　法改正に向けた動き

▼1.　文化庁の動き

　2018 年の文部科学省設置法改正によって，博物館に関する事務が文部科学省から**文化庁**の所管になった。それを受けて，文化庁文化審議会で博物館の総合的な検討を開始することになり，2019 年11 月，文化庁文化審議会第 1 期博物館部会第 1 回が開催された。博物館部会は第 1 期，第 2 期と議論を重ね，2019 年 9 月の ICOM

図表 10.6　日本学術会議の 2020 年提言の 5 項目

（1）登録博物館制度から認証博物館制度への転換
（2）認証博物館制度の認証基準策定，検証，評価等を担う第三者機関の設置
（3）学芸員制度の改正による学芸員の区分の設定
（4）学芸員による独創的な研究を可能とする新制度設計
（5）文化省（仮称）の創設による博物館の運営改善と機能強化の実現

出典：日本学術会議（2020）「提言 博物館法改正へ向けての更なる提言——2017 年提言を踏まえて」

京都大会での国際的な議論を反映しつつ，2008 年の博物館法改正後の課題を洗い出し，博物館法改正に向けた具体的な検討を進めている。

　文化庁としては，2021 年に議論を進め，2022 年初めの通常国会で改正法案の提出を考えているようである。

▼2.　日本学術会議の提言

　こうした動向を受けて，2020 年に日本学術会議が「提言 博物館法改正へ向けての更なる提言——2017 年提言を踏まえて」を公表した。2017 年にも日本学術会議は「提言 21 世紀の博物館・美術館のあるべき姿——博物館法の改正へ向けて」を発出したが，2020 年の提言は，2017 年の提言の内容である「（1）博物館法の改正による新たな登録制度への一本化」「（2）博物館の水準を向上させる新登録制度設計と研究機能の充実」をさらに進めたものだと言える。

　2020 年の日本学術会議の提言は，図表 10.6 の 5 つの項目で構成される。（1）と（2）は博物館の登録制度に関するもの，（3）と（4）は学芸員資格に関するもので，現行の博物館法の問題点に対応している。（5）はより大局的な文化政策における博物館のあり方についての提言である。

▼3. 現行博物館法の課題の検討

●登録から認証へ

　日本学術会議の提言に代表されるように，博物館法改正にあたり，既存の機能不全の登録制度に代わって，現在の登録博物館と博物館相当施設を一元化するような，新しい認証制度の導入が検討されている。実現すれば博物館法制定以来の抜本的な改革となる。

　ミュージアムの認証制度は，アメリカ，イギリス，フランス（名称付与制度）でも導入されている。日本ではイギリスが参考例として紹介されることが多い。

　イギリスでは，博物館の質保証の制度として，1988 年から文化・メディア・スポーツ省が全額運営費を補助する博物館・図書館・文書館委員会（Museums, Libraries and Archives Council）によって国家による博物館登録制度（Museum Registration Scheme）が導入されてきた。2004 年以降は，より目的に沿うように名称変更されて博物館美術館認定（認証）制度（Accreditation Scheme for Museums and Galleries in the United Kingdom）が運用されている。2012 年に廃止された博物館・図書館・文書館委員会に代わって，2011 年よりアーツ・カウンシル・イングランド（Arts Council England）が新たな認定基準に基づき認定制度を運用している。多様な博物館を共通の「最低基準」によって評価する認定制度により，下から 25% ほどの博物館の質の底上げに寄与したと評価されている。

　日本でも，どのような条件を満たしたミュージアムをどのように認証するか，その認証の実務を担うとともに責任を持つ機関はどこか，そしてミュージアムにとって認証を受けることでどのようなメリットを持たせるか，等の細かな検討が必要である。また公立のミュージアムの場合，指定管理者制度の指定期間と認証制度の整合性

も検討事項である。

　文化政策としては，政策的に支援すべきミュージアムが認証の申出によって顕在化するような制度を考えなければ意味がない。認証制度によってそうしたミュージアムが適切な支援を受けられるようになると同時に，公的支援を受けるに値するミュージアムであることを担保するような認証基準を設定することが求められる。

●学芸員制度の重層化

　学芸員制度についても，より専門性を強化する方向で改正が検討されている。たとえば日本学術会議の提言では，学部卒により取得できる「二種学芸員」と修士課程修了等を要件とする「一種学芸員」を分ける，リカレント教育等の学芸員のスキルアップを図る制度の拡充などが出されている。そのほかにも，学芸員が研究職でありミュージアムが研究機関であることを法的に担保するような仕組みや，学芸員を任用資格からせめて名称独占資格に変更すること，公文書館の認証アーキビスト制度等が参考になるのでは，など様々なアイディアが提案されている。また，館長の学芸員資格保有を義務づけることや，薬剤師を参考に有資格学芸員を少なくとも2名以上必置義務とすることなど，専門性を活かせるような職員配置についても，やはり様々な試案が出されている。

　こちらも実現すれば第1次改正以来の大きな変化である。専門性を担保し，かつ専門性を活かせる待遇の改善にいかにつなげるかが課題である。また仮に実現したとして，制度変更後の学芸員が博物館運営の主体になるのは10〜20年後である。それまでに既存の学芸員の専門性の底上げにどのように対応するかの検討も必要である。

▼4. 現行博物館法に書かれていない課題への対応

●文化財保護法との連携

　博物館法は，1952 年に社会教育法に準拠して施行され，長い間文部科学省の所管だった。一方，文化財保護法は 1950 年の施行で，文化庁の所管である。博物館は文化財も扱いうる施設であるにもかかわらず，施行年と所管省庁の相違により，両法間に十分な整合性がないまま現在に至る。たとえば文化財保護法上の**公開承認施設**は，博物館の登録制度とリンクしていない。よって，博物館の現場でも，文化財保護行政と連携が取れていないことが多かった。

　2018 年の文部科学省設置法改正によって，博物館に関する事務が文部科学省から文化庁に移管されたことは，文化財保護法との連携という点では好機でもある。先の日本学術会議の提言でも，海外では文化財保護法を柱として博物館に関する規定をそれに盛り込み，一元化した法律を制定している国が多いことから，将来的には，文化庁主導による，文化芸術基本法のもとで文化財保護法と博物館法を一元化した新法の制定が望ましいと提案されている。

　☞第 9 講で確認したように，現状では社会教育・生涯学習・文化財保護それぞれの法体系と文化芸術基本法との関係が今ひとつ不明瞭な状態である。今回の博物館法改正だけでは難しいだろうが，将来的には文化に関する法体系全体の検討も必要であろう。

●多様なミュージアムへの対応

　現行法でも動物園，水族館，植物園など多様なミュージアムが博物館法の対象たりうるが，この点については，文部科学省・教育委員会，日本博物館協会，日本動物園水族館協会で，微妙な認識の差異もある。実際に多様なミュージアムが存在している以上，それら

に対応できるような法が望まれる。

ミュージアムの国際的な動向の反映

　また 2019 年には日本で ICOM 京都大会も開催されたが，ユネスコの勧告や ICOM の議論など，ミュージアムをめぐる国際的な議論の動向を踏まえて，国内の政策に反映させることも必要である。

V　文化政策としての博物館法

　すでに具体的な法改正の動きが始まっていることもあり，昨今の博物館法をめぐる議論は，どうしても既存の博物館のマネジメントに関する論点が中心である。現場の声を法改正に適切に反映させることは重要であり，ここまで機会を逃してきた登録制度と学芸員制度の抜本的な改革に是非ともこのタイミングで取り組むべきだろう。

　とはいえ，博物館がどうあるべきかを考えるにあたり，既存の関係者の利害だけを見ていては，よりよい博物館に向けた議論にはならない。法改正に向けた議論において，鑑賞者やミュージアム**ボランティア**をはじめとする来館者の視点が乏しいのも懸念される。

　☞第 9 講とも関連して，博物館の機能はいわゆる社会教育法体系に収まりきらないのではないかという疑問も生じる。社会における博物館の役割，文化政策としての博物館のあり方についての議論も重要である。

---

1)　栗原祐司・林菜央・井上由佳・青木豊（2019）『ユネスコと博物館』雄山閣，209 頁より引用。

2)　文化庁「博物館の概要」，〈https://www.bunka.go.jp/seisaku/bijutsukan_hakubutsukan/shinko/gaiyo/〉（参照 2021-3-5）。

3) 文部科学省「新しい博物館登録制度に関する方向性と論点・課題」，〈https://www.mext.go.jp/kaigisiryo/content/000099486.pdf〉（参照 2021-3-5）。
4) 詳細は，瀧端真理子（2014）「日本の動物園・水族館は博物館ではないのか？──博物館法制定時までの議論を中心に」『追手門学院大学心理学部紀要』第 8 巻，追手門学院大学，33-51 頁。

次のステップ

🌱 行ったことのあるミュージアムの博物館法における位置づけを確認してみよう。

🌱 地域社会においてミュージアムが果たしうる役割にはどんな可能性があるか，アイディアを出してみよう。

参考文献

井上敏（2018）「『権利としての博物館』論序論──これまでの博物館法改正を通して考える」『桃山学院大学総合研究所紀要』第 43 巻第 3 号，桃山学院大学，33-43 頁

栗原祐司・林菜央・井上由佳・青木豊（2019）『ユネスコと博物館』雄山閣

小林真理（2008）「博物館法改正に関する一考察──誰のための博物館法か」『文化資源学』第 6 号，文化資源学会，3-14 頁

専門職とは何か

　専門家は，ある学問分野や事柄などを専門に研究・担当し，それに精通している人のことをいうが，専門「職」となると，ある特定の専門的技能を有している担当，とか職業を意味するのだろう。最近は，文部科学省が，2017年に学校教育法を改正して，専門職大学という職業大学のカテゴリーを作った。実習や実験等を重視し，即戦力となりうる人材の育成を目指す目的で設置されており，大学であるということが重要な要素のようだ。理工系の学部になると実習や実験が重視されるどころか，必須となっている領域であるから，これとは何が違うのだろうかと考える。また逆に，大学とは何を目的にしてきたのかということも問われているとも言える。かつて，高度職業人材ということが言われて，文部科学省が，大学院において社会人を受け入れる方向性を先導してきた時期があった。今は社会のニーズにあった，具体的に役に立つ学士を育てていく狙いがあるのだろう。

　文化施設系の専門職としてよく話題になるのが，**学芸員**である。学芸員は1951年に成立した博物館法4条3項「博物館に，専門的職員として学芸員を置く」で出現した。この資格は**任用資格**といわれるもので，大学等である一定の単位を修得した者が博物館に任用されて初めて効力を発揮するというものであり，免許とは異なる。運転免許や医師免許などの「免許」は，一般には許されない特定の行為（この場合は運転や医療行為）を特定の者が行えるようにすることを意味している。これに対して，任用資格は，国による資格制度の説明によれば，国が法令，告示，通達等に基づき，一定の業務に従事するうえで必要とされる専門的知識，技能等に関する基準を設け，国，地方公共団体等がその基準を満たしていると判定する者について，当該業務への従事，法令で定める管理監督者等への就任もしくは一定の称号の使用を認める制度または専門的知識，技能等を有する旨を「単に」証明する制度である。世の中には，良い病院，信頼できる弁護士など，様々な情報が提供されているところを見ると，資格を持っているから「良い」，「優れた」成果をサービスとして得られるかはわからない。

さて行政改革による公務員の定数制限がかかる中で，ジェネラリストの高度化は図られていくものの，スペシャリストは一般の公務員の人事制度から排除されてきている。たとえば東京都23区においては司書，学芸員について，採用することを前提に，任用することがなくなっている。司書や学芸員は，一般からは見えにくいところで，重要な仕事をしている。しかしながら，一般の公務員人事制度の異動等から外すために，嘱託的な扱い（会計年度任用職員）になっているものも多い。また指定管理者制度という期限が限定された管理運営方式が採られているところもあり，よほど団体が自律的にしっかりとしたガバナンスを行えていないと，職員の任用自体が結局自治体の指定管理料等で翻弄されてしまう。この問題を少しでも解決するために，自治体から独立して自律的に経営できる組織を選択することによって，スペシャリストの雇用を持続させる方法を採ることもある。もともとはその自治体の住民の福祉に資するために設置された施設なのに，考えてみると自治体から独立しなければ適切なサービスが提供できないというのもおかしな話だ。司書や学芸員によってどのような「良い」「優れた」仕事をしてもらえるのかというところが，実は行政一般にわからなくなっているということはないだろうか。文化施設の管理運営において，品質保証をしていくために専門性は不可欠である。そのことを行政一般の職員が知ってほしい。専門性のある分野の担当をする（統括する）行政職員に，資格をもってほしいとすら思う。となると，任用資格ではない，資格とすることもありうるのではないのか。図書館や博物館は，それでも専門職としての資格制度が存在しているだけまだよいかもしれない。劇場や音楽堂は，劇場法の制定により専門的なスキルが必要な施設と位置づけられた。劇場や音楽堂は多様なジャンルの実演芸術を扱うことから，それぞれのジャンルへの理解は不可欠だ。また，公立文化施設は，子どもが最初に文化体験をする場になってきている。さらに，複雑な機構を有している場合も多い。安全性も含めた専門的技術は必須だが，その考え方が十分に普及しているとはいえないのは残念なことだ。

公文書館

　公文書とは，国または地方公共団体の機関あるいは公務員がその職務上作成した文書のことである。**公文書館**とは，公文書を保存して一般国民の利用に供する施設である。**公文書館法**2条では，同法における「公文書等」を「国又は地方公共団体が保管する公文書その他の記録（現用のものを除く。）」と定義している。

　博物館（Museum），図書館（Library），文書館（Archives）の間で行われる種々の連携・協力活動は**MLA連携**と呼ばれるが，MとLに比べて，Aの公文書館は日本ではあまり知られていない施設だった。2016年に学校法人森友学園に国有地が不当に安く払い下げられた問題で財務省理財局による決裁文書改ざんが発覚した事例などで，「公文書改ざんは民主主義の根幹を揺るがす事態である」と指摘され，近年になって公文書および公文書館への注目が高まった。

　公文書等を歴史の証拠あるいは参考資料として保存すること自体の歴史は古い。特にヨーロッパ諸国では，18世紀以来，近代的な公文書館制度が発達し，公文書館は図書館，博物館とともに，文化施設として三本の柱の1つとなっている。たとえば東京にある国立公文書館のように，所蔵資料を用いた展示会を実施している公文書館もある。一方で，公文書を扱う専門職である**アーキビスト**は，学芸員や司書と比べて知名度が低い。諸外国と比べて，現状の日本の国立公文書館の職員数が少ないことも課題として指摘されている。

　日本では明治以来，各省の公文書はそれぞれの機関ごとに保存する方法を採ってきた。戦後になって，公文書の散逸防止と公開のための施設の必要性についての認識が急速に高まり，1971年に総理府（現内閣府）所管で**国立公文書館**が設置された。

　1987年には参議院議員の岩上二郎を中心とする**議員立法**で**公文書館法**が成立した。全7条の非常に短い法律だが，国や地方公共団体の責務を明記し，歴史資料として重要な公文書等についての調査研究を行う専門職員

その他必要な職員の配置を定めている。

　そして公文書館法の精神に則り，やはり議員立法で**国立公文書館法**が制定されたのは，1999年のことである。その後国立公文書館は，2001年に行政改革の一環として**独立行政法人**となり，現在に至っている。

　諸外国では，業務上使用している「現用」文書を含めて，公文書等の記録物の管理，保存，利用等のライフサイクル全般を規制する一般的な法律（文書管理法）が整備されていることが多い。それに対し日本では当初，現用文書と非現用文書を，それぞれ「行政機関の保有する情報の公開に関する法律」（情報公開法，1999年制定）と国立公文書館法（1999年制定）という異なる法律によって管理していた。その後2009年になってようやく「公文書等の管理に関する法律」（**公文書管理法**）が制定され，文書の作成，保管から，公文書館等への移管，廃棄，公文書館等での管理までが同一の法律で管理されることとなった。

　地方自治体が条例で設置する公文書館では，地域の記録の保存が重要な役割である。たとえば静岡県磐田市の磐田市歴史文書館は，5市町村の合併に伴う公文書などの散逸防止を目的として設置され，旧市町村役場文書のほかに，地域の様々な記録も保存し公開する施設として，古文書などの資料収集を行っている。合併に際し，旧市町村公文書保存の問題を自覚的に議論し，文書館設立方針を確定したという点は評価できる。基礎自治体においても，地域の歴史を残し伝えていくにあたって公文書館が果たせる役割は大きい。

参考文献

国立公文書館「国立公文書館概要」，〈http://www.archives.go.jp/about/outline/〉
　（参照 2021-3-9）

美術品公開促進法・海外美術品公開促進法・美術品損害補償法・文化観光推進法

I　はじめに

　本講では，一見して何を目的にしているのかわかりにくい法律を取りあげてみたい。その中でも，最初の3つは，共通して美術品という文言が入っている。

　日本には美術館を特定して一般的に規定する法律はなく，美術館に一定の規制をかけているのは博物館法である。博物館法の規定によると，美術館は，美術資料を扱う博物館という位置づけである。美術館という名称が付いた法律は1つ存在し，それは独立行政法人国立美術館法である。それによると美術館の定義はないが，㈳国立美術館は，美術館を設置し，美術（映画を含む）に関する作品その他の資料を収集し，保管して公衆の観覧に供するとともに，これに関連する調査および研究ならびに教育および普及の事業等を行うことにより，芸術その他の文化の振興を図ることが目的だと規定している。ここには美術品という文言は出てこないが，この法律の「美術……に関する作品その他の資料」が美術品の一部であることは間違いないだろう。

　多くの美術品（あるいは文化財）は世の中に1点しかないというところに特徴があるので，そこには賃貸借契約が交わされることになるが，このような物品を扱うことゆえの特性がある。

II 美術品公開促進法

●名称だけでは何を解決するのかわからない法律

　戦後の日本において「美術」という名称が付いた日本の最初の法律が，「美術品の美術館における公開の促進に関する法律」（以下，美術品公開促進法）である。美術品公開促進法は1998年に制定された法律であり，法律名だけだと何を言いたい法律なのかわかりにくい。実は，この講で扱っている法律すべてがそのようなタイプのものであるといってよい。

　美術品公開促進法の目的は「美術品について登録制度を実施し，登録美術品の美術館における公開を促進することによって，国民の美術品を鑑賞する機会の拡大を図り，もって文化の発展に寄与すること」（1条）となっている。この場合の美術品は，美術館に収蔵されているというものではなく，個人あるいは団体所有のものについて登録制度を設け，美術館で公開を促進していく。さらに租税特別措置法の一部を改正して，登録美術品については物納をしやすくすることを目的としている。**登録**とは，一定の法律事実や法律関係を行政庁などに備えられている帳簿に記載することをいう。登録されているという事実や関係を公に示したり，証明したりすることを通じて，特定の法律効果が与えられるというものである。登録することによって，一般の美術館や博物館等で公開されるとともに，何らかの折に税金を支払わなければならなくなったときに，物納（税金を支払う代わりにその物自体を国に収めること）をしやすくするというメリットが付与されるものだ。現在の登録美術品の登録状況は，文化庁のウェブサイトで確認できる。

●商品としての美術品・文化財としての美術品

　美術品公開促進法が成立した背景には，バブル期に盛んに購入された優れた美術品を，海外に流出させないための仕組みが必要だったことがある。バブル期，日本においては多数の美術品が購入された。財務省の貿易統計によれば，1990 年には美術品の輸入額は6000 億円に達していた。当時は，高額な美術品取引が新聞で報道されることもあり，1990 年 5 月にゴッホの「医師ガシェの肖像」が約 125 億円で日本人によって落札され，その 2 日後には同じ人物によりルノアールの絵画が約 119 億円で落札されたことは大変注目された（実はその後の本人の発言も大変顰蹙を買った）。個人においても美術品を購入することがブームであったといえる。これらの美術品がすべて国公私立の美術館に収まったとは考えにくい。美術品は投機目的に購入されることもあり，経済状況が悪化すると，海外に簡単に流出してしまう。美術品公開促進法には，そういったことを防止したいという目論見があったと考えられる。

　さらに，美術品が高額になることによって，著名な美術家の相続者が，相続税を支払うのに苦労し，作家の素描を燃やさざるを得なかった事情などが書物で明らかにされたりした。

　また，別の考えられる背景として，1980 年代以降地方自治体で公立美術館を建設したものの，収蔵品の購入のための予算を確保できない台所事情があったことも間違いない。いかにして，優れた美術品を「購入」せずに，日本国内にとどめるかという策ともいえる。かつて，戦前に制定された「重要美術品等ノ保存ニ関スル法律」（1933 年）も海外流出を懸念して制定された法律であった。

●重要美術品

　ところで，美術品はどのようなものであれば，「流出」と表現さ

れずに流通するのが適切であり，国内にとどめ保存されることにメリットがあるのだろうか。この問題は実は重要な展開を含む問題である。このことを正面から議論したのが，戦前の**「重要美術品等ノ保存ニ関スル法律」**であった。この議論は美術品の性格を考えるうえで大変興味深いので少しだけ注目してみたい。

法案提出の国務大臣鳩山一郎は，この法律の目的を以下のように述べている（第64回帝国議会衆議院本会議第27号昭和8年3月16日，なお，片仮名は平仮名に，旧仮名遣いは現行に，漢字の一部を平仮名に変更している）。「歴史上また美術上とくに重要の価値ある物件を国内に存置することは，学術研究の立場からみましても，また国民精神作興もしくは美的情操涵養の上から考えましても，洵に肝要な事柄と申さなくてはならないのであります」。ところが，この法律制定前に成立していた国宝保存法によって国宝指定された美術品は問題ないが，「国宝たるの資格を有ち〔ママ〕ながら，未だその指定手続の済んでおらぬ貴重な物件が，自由に海外に持ち運びの出来る状態に在」り，「為替安その他の事情によりまして，これらの貴重なる美術品等にて，海外に流出せんとする危険に曝されているものが，少なくないのであります」と述べている。それに対して，栗原彦三郎議員が「輸出せらるる品物に依りましては，国家に非常なる利益を与え，または精神的にも国家に非常な利益を与ふる場合がありまするのと，之に反しまして，〔中略〕，国家のために非常な不利益を招き，また精神的に国家が非常に迷惑をしなければならないという場合がある」として，「洵に『デリケート』な問題」としている。そもそもこの1933年に日本は国際連盟を脱退し，「国際関係が『デリケート』になる」時期で，優れた芸術作品（ここで具体的に挙げられているのは柿右衛門の陶芸作品）が輸出されるのは「欧米人に対する感化力は，愈愈働きを大にする」から利益があるものとして取

りあげられている。

　この議論においても，美術品を国内にとどめるのがよいのか，あるいは海外に流通させるのが適切なのかについて，明確な答えが出ているわけではない。国際関係は当時とは異なるものの，美術品の海外において果たす意義はさらに高まっているとも言える。

　この法律における重要美術品は，戦前の国宝保存法においては国宝，そして現行**文化財保護法**においては**重要文化財**と位置づけられることになった。

III 　海外美術品公開促進法

●制度の概要

　「**海外の美術品等の我が国における公開の促進に関する法律**」（以下，**海外美術品公開促進法**）と，Ⅳ で説明する「美術品損害補償法」は2011 年の 3 月に制定された。海外美術品公開促進法は，6 つの条文から成る法律である。展覧会で展示するために，海外から美術品や文化財等（以下，美術品等）を借り受けた日本の美術館や博物館が，第三者から差押え等の強制執行や仮処分等の保全処分がなされることを防ぐための法律である。20 世紀末に，ロシア，台湾，東欧諸国，中国などが，他国で行われる展覧会に所蔵している美術品を貸し出すために国外に持ち出したところ，その美術品の所有権を主張する第三者によって差し押さえられるという事件が多発した。そのことにより所有権を主張する第三者からの差押えのおそれがある作品を，海外に貸し出さなくなることが起きるようになった。その数，裁判で解決したもの，そうでないものも含めて数百件にも及び，美術品の返還請求問題としてクローズアップされるようになった。美

術品等はそれぞれ世界に1点しかないものであり，実物の鑑賞機会を提供しようとすれば，所有している国から借りなければならない。日本でもこれまで多くの海外の美術館等から借り受けて常設展とは異なる特別の展覧会が開催されてきた。これらの展覧会は，他国と日本の国際文化交流を促していくうえで重要な役割を担い，鑑賞者は美術品等を通じて相手方の文化や芸術を理解するきっかけを得ることになる。

　海外美術品公開促進法の制定により，第三者が所有権を主張して強制執行等を請求したとしても，美術品を文部科学大臣が指定することによって強制執行等ができないことになった。このことによって，所有する美術館等は安心して日本での展覧会に美術品等を貸し出すことができる。

●手続

　対象となる美術品等は，海外にある「絵画」「彫刻」「工芸品」等の美術品，「化石」や「希少な岩石」「鉱物」「標本」等の学術上優れた価値を有する物である（海外美術品公開促進法2条，同法施行令1条）。展覧会等を開催しようとする主催者は，文部科学大臣に，美術品等の詳細（タイトル，作者，サイズ，種類），展示の詳細（展示会場，展示期間），貸借契約書，展覧会の開催概要，美術品等の輸送計画を記した申請書を提出する（同法施行規則1条，文化庁ウェブサイト掲載の申請様式）。文部科学省（文化庁）が，申請内容を確認し，外務大臣と協議したうえで指定を行う（同法3条3項）。その内容を公示し，最高裁判所に通知するという流れになる（23庁房第246号，平成23年9月15日）。

✒背景

　世界的な美術品の市場が拡大していくのが1980年代のことであり，美術品の経済的価値が広く認識されるようになった。また美術品の盗難事件なども知られるようになり，1990年には国際的な紛失美術品の登録制度（The Art Loss Register）が民間主体でロンドンに立ち上げられ，インターネット上で，紛失，盗難，略奪された美術品についてのデータベースが整っている。この制度においては，美術品を探索し，優れた美術品を登録し，紛失した美術品については回復することも含めて支援をするようになっている。国際的な支部も置かれている。このようなデータベース機能を有した支援制度は，インターネット環境が整うことによって展開し，広く紛失美術品を探索したいと考える元所有者を触発した。

　略奪や紛失は，内乱や戦争状態において頻繁に起きる。とりわけ，ナチス・ドイツは，ドイツ国内および占領下におけるユダヤ人の迫害と財産没収等により，大量の美術品を略奪していた。それらがナチスやナチスの高官によって隠し持たれていたこと，またそれらが戦後，戦勝国に渡っていったことなどがある。直接の被害者としてのユダヤ人たちから世代を経るにつれて，略奪された美術品を探索し，返還を求める動きが出るようになってきた。このような状況下で，美術館や博物館は，美術品等の収集において倫理的な観点から違法取引による美術品取得を禁じ，被害者に対して作品の返還を積極的に行うようになった。1990年代に入ると，国際的にも美術品等の盗難・略奪の予防的措置を講じるとともに，盗難，略奪された美術品等を返還する動きが加速化する。ナチスの美術品略奪については研究も含め，それらを取り戻すこと自体がドキュメンタリー映画にもなった大事件だった（「ミケランジェロ・プロジェクト」，「黄金のアデーレ 名画の帰還」等）。

●国際的な動向

　このような盗難，略奪された美術品等については，1970年11月にユネスコが「文化財の不法な輸入，輸出及び所有権移転を禁止し及び防止する手段に関する条約」を発出しており，1972年4月から発効していた。この条約において，①文化財が文明および国の文化の基本的要素の1つである，②文化財の真価はその起源，歴史および伝統についてのできる限り十分な情報に基づいてのみ評価することができる，③自国の領域内に存在する文化財を盗難，盗掘および不法な輸出の危険から保護することが各国の義務である，④これらの危険を回避するため，各国が自国および他のすべての国の文化遺産を尊重する道義的責任を一層認識することが重要である，⑤文化施設としての博物館，図書館および公文書館が世界的に認められた道義上の原則に従って収集を行うことを確保すべきである，という方向性を掲げた。

　そのうえで，文化財の不法な輸出入，所有権移転が，文化財の原産国の文化遺産を貧困化させる主要な原因の1つであり，国際協力がこれらの不法な行為によって生ずるあらゆる危険から各国の文化財を保護するための最も効果的な手段の1つであることを認める。そして，締約国は，これを実現していくために自国のとりうる手段，特に，不法な輸入，輸出および所有権移転の原因を除去し，現在行われている行為を停止させならびに必要な回復を行うために援助することにより，不法な輸入，輸出および所有権移転を阻止することを約束するとした。

　しかしながら，各国において積極的な取り組みが見られるようになるのは，1990年代に入ってからのことである。2000年代に入って，イギリスにおいてこれらの状況に対応する積極的な取り組みが見られるようになる。

図表 11.1　文化財の輸出入に関する国際的動向

1970 年 11 月 （1972 年 4 月発効）	（ユネスコ）文化財の不法な輸出，輸入及び所有権譲渡の禁止及び防止に関する条約（1983 年アメリカ批准，1997 年フランス批准，2002 年にイギリス，日本が批准）
1993 年 3 月 EU 指令	EU 加盟国が，他の加盟国内から違法に持ち出された美術品等について返還請求があった場合に応ずるべきという指令。イギリス，フランス等が国内法を整備。
1998 年 12 月	世界 44 カ国の代表と非政府機関によるホロコースト時代の資産に関するワシントン会議，ナチスに没収された財産はできるだけ所有者や遺族に返還すべきというワシントン原則の採択。
2002 年	アメリカ国外で違法に入手された文化財を国内に持ち込んだ場合に，国家盗品法で処罰されるという判例法が確定。
2003 年	イギリスにおいて，国内外での違法な文化財取引を処罰する特別法を制定。
2003 年	フセイン政権崩壊によるイラクの文化財流出に関して取引を禁ずる国連安保理決議を採択。イギリスでは，このような取引を行った者に厳格に刑事責任を課す特別法を制定。
2005 年	イギリスにおいて美術館・博物館における取引のガイドラインを公表。
2009 年	イギリスにおいてホロコースト時代の文化財返還に関する特別法の制定。

島田真琴（2011）「海外から借り入れた美術品等の差押え等を禁止する法律（海外美術品公開促進法）について」『慶應法学』第 20 号，慶應義塾大学，192-194 頁より作成

文化財不法輸出入等規制法

　日本では 2002 年に「文化財の不法な輸出入等の規制等に関する法律」（以下，**文化財不法輸出入等規制法**）が成立するとともに，関連して**文化財保護法**が一部改正された。文化財不法輸出入等規制法は，1970 年のユネスコ条約を根拠に，締約国において美術館から盗まれた文化財を，日本に輸入することを禁ずるとともに，善意で入手したとしても返還請求がなされることを定めた。互恵的に，日本の博物館から盗まれた国内文化財についても，同様の扱いを受けることができるようになった。関連して文化財保護法では，もともと重要文化財と国宝については輸出が原則禁じられており，また史跡名

勝天然記念物の現状変更等については許可制が取られてきた。両者ともに，違反者には刑罰が科せられることになっている。2002年の改正では，これに加えて，重要有形民俗文化財の輸出も許可制の対象となった。

●展覧会の開催に伴う出品作品に対する民事裁判権免除について

2009年に「外国等に対する我が国の民事裁判権に関する法律」が制定された。この法律は，外国が保有する文化遺産，科学的，歴史的，文化的意義を有する展示物について，日本での裁判権から免除されるというものである。この法律によって，特段の措置がなくても，法律に基づいて差押え等の措置ができない旨を説明すればよいということになった。美術品の所有者が外国の国および政府機関，連邦制国家の州の場合は，この法律が適用されることになった。美術品の所有者が，私立美術館，その他国以外の地域等の機関の場合は，海外美術品公開促進法が適用される。

IV 美術品損害補償法

●背景

海外美術品公開促進法と同時に成立したのが，「展覧会における美術品損害の補償に関する法律」（以下，美術品損害補償法）である。この法律は，国際マーケットにおける美術品評価額の高騰，テロ，自然災害等のリスクにより，展覧会に向けて借り受ける美術品の保険料が高額になってきたことが背景にある。日本に限らずのことであるが，美術館所蔵のコレクションが十分ではないことから，美術館や展示施設が，他国から美術品を借り受けて展覧会等を開催する

図表 11.2　美術品の補償の範囲

オール・リスク	地震等・テロによる損害を含むすべての偶然の事故により生じた物理的損害を補償
ウォール・トゥ・ウォール	壁から外したときから，壁に掛け戻すまで補償
請求権不行使	主催者，所有者，輸送業者に対し請求権を行使しない　※これらの者による故意または重大な過失により損害が生じた場合を除く。

のは一般的になっている。保険料の高騰は，展覧会の開催に二の足を踏ませることにもなりかねず，広く国民に優れた美術作品を鑑賞してもらう機会を提供していくうえでは，マイナスとなる。この法律は，展覧会で美術品に対して損害が生じた場合に，政府が損害を補償することを約束することによって，展覧会の開催を促すことが目的となっている。

●補償の内容

　この制度を利用できるのは，博物館法における登録博物館，博物館相当施設，そして�国立美術館が設置する美術館，および�国立文化財機構が設置する博物館で，開催される展覧会である。補償を受ける展覧会では，展覧会開催の文化的意義や，国民への利益の還元が重視される。また当然のことながら，何よりも美術品の安全を確保する主催者側の対応が強く求められる。

　通常の損害の場合は補償対象美術品の評価額 1000 億円まで補償をすることとし（うち 50 億円が自己負担），地震やテロ等による特定損害の場合は，951 億円まで補償（うち 1 億円を自己負担）する。つまり，展覧会主催者側は，美術品の借り受けに対して保険を掛けており，万が一事故が発生したときは，民間から支払われる保険金とこの補償金で全体をカバーすることになる。この政府補償が後ろ盾になることにより，主催者側の保険料負担が軽減され，展覧会全体

の経費が抑えられることによって，展覧会開催を促すことが期待されている。

●文化審議会美術品補償制度部会での議論

　文化審議会美術品補償制度部会は法律施行後3年を経て，この制度の運用状況についての検討結果を公表している。それによれば，2011年から2014年までの間にこの制度を利用した件数は18件であり，開催された展覧会38件のうち16件が東京都である。制度が適用された展覧会において，政府が補償金を支払った事例はなかった。この検討結果において，補償対象評価額が50億円を超える展覧会であったとしても，申請を見送る状況を報告されている。

V　文化観光推進法

　最後に，2020年に制定された「**文化観光拠点施設を中核とした地域における文化観光の推進に関する法律**」（以下，文化観光推進法）について書きたい。この法律は，文化の振興を，観光の振興と地域の活性化につなげ，これによる経済効果が文化の振興に再投資される好循環を創出することを目的とするものである。

　文化の振興は，個々人に影響を与えるだけでなく，地域社会に対して正の効果を与えることがあり，結果として地域振興につながる。観光の活性化は，とりわけ2020年に開催予定だったオリンピック，パラリンピック東京大会にあわせて来日する訪日外国人を対象として，喫緊の課題ともなっていたことがある。とはいえオリンピック，パラリンピックは単なる契機ともいえ，地方創生は2014年以降この国の重要な課題として捉えられている。このような観点から，観

光に資する可能性が高い文化施設の機能を2つの事業を通じて強化する目的がある。

●制度の概要

文化観光とは，文化資源の観覧や体験活動等を通じて文化についての理解を深める目的で行われるものをいう。そして**文化資源**は，有形・無形の文化的所産等を総称している。**文化観光拠点施設**とは，文化資源の保存・活用を行う施設であって（文化資源保存活用施設），国内外の観光客が文化を理解するために文化資源の解説・紹介が行われている施設である。文化資源という概念は，文化財保護法で規定されている文化財よりも広い概念である（文化財保護法においては未指定のもの，あるいは文化財の概念に含められないものを含めている）。たとえば将来的に文化財の対象となる可能性があるが，まだ歴史的，あるいは学術的な評価が定まっていないものを対象として扱っている文化施設もある。さらに無形のものも含めていることから，一般的な博物館・美術館に限らず，劇場・音楽堂等も文化資源を扱う施設に含まれる。

これらの文化施設で観光客に関心を持ってもらえる可能性が高い施設を，地域における文化観光を推進する事業者（**文化観光推進事業者**）と連携することによって機能を強化していくことが目指されている。この文化観光推進事業者とは，具体的には観光地域づくり法人（Destination Management/Marketing Organization，DMO と略），観光協会，旅行会社などが想定される。観光地域づくり法人とは，観光庁の説明をそのまま引用すると，地域の「稼ぐ力」を引き出すとともに地域への誇りと愛着を醸成する「観光地経営」の視点に立った観光地域づくりの舵取り役として，多様な関係者と協同しながら，明確なコンセプトに基づいた観光地域づくりを実現するための戦略

図表 11.3 文化観光推進法のスキーム

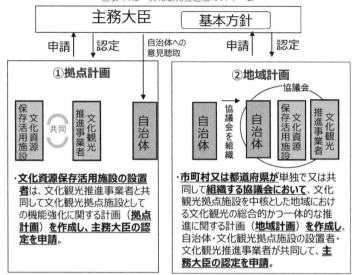

出典：文化庁参事官（文化観光担当）付「文化観光拠点施設を中核とした地域における文化観光の推進に関する法律（文化観光推進法）について」，〈https://www.bunka.go.jp/seisaku/bunka_gyosei/bunkakanko/pdf/92199401_06.pdf〉5 頁

を策定するとともに，戦略を着実に実施するための調整機能を備えた法人，である。この法人は条件を満たすと観光庁で登録される。

　この法律の事業として，（1）**文化観光拠点施設機能強化事業**と，（2）**地域文化観光推進事業**が用意されている。具体的な支援の内容は，図表 11.4 を参照してほしい。

🖋**文化施設支援の新たな仕組み**

　日本の博物館は社会教育施設として位置づけられていることから，外国人も含めた観光客を対象としているとはいえない。それぞれの施設が対象としている展示物への一定程度のリテラシーを前提としている。たとえば，歴史系の博物館であれば，日本の歴史の概要や，各時代の文物への学校教育レベルでの知識といったものである。日

図表 11.4　文化観光推進法の事業内容

（1）文化観光拠点施設機能強化事業	（2）地域文化観光推進事業	国からの支援
・文化資源保存活用施設の文化観光拠点施設としての機能の強化 ・文化資源保存活用施設における文化資源の魅力の増進 ・情報通信技術を活用した展示，外国語による情報の提供，国内外からの観光旅客が文化についての理解を深めることに資する措置 ・来訪する観光旅客の移動の利便の増進 ・文化資源に関する工芸品，食品その他の物品の販売または提供 ・国内外における文化資源保存活用施設の宣伝 ・必要な施設または設備の整備 ・その他必要な施設または設備の整備	・文化観光拠点施設を中核とした地域における文化観光の総合的かつ一体的な推進 ・文化資源の総合的な魅力の増進 ・来訪する観光旅客の移動の利便の増進 ・文化観光拠点施設とその他観光旅客の利便に資する施設との連携の促進 ・国内外における地域の宣伝 ・必要な施設または設備の整備 ・その他文化観光拠点施設を中核とした地域における文化観光の総合的かつ一体的な推進	法律上の特例措置 ・共通乗車船券，道路運送法，海上運送法に関する特例措置 ・文化財の登録提案に関する特例措置 ・国・地方公共団体・㈱国立博物館等による助言 ・㈱国際観光振興機構による海外宣伝 ・国等所有の文化資源の文化観光拠点施設での公開への協力等 予算上の措置 ・博物館等を中核とした文化クラスター推進事業 ・補助率：予算の範囲内で補助対象経費の3分の2 ・国の認定を受けた事業に係る地方負担分は特別交付税措置

本人が日本刀を見れば，日本固有の方法で鍛えられた刀であり，武士によって武具として帯刀されていたことを知っている。もし，博物館の日本刀展示に「剣」としか表示されていなかったら，外国人は日本人と同じように理解できるだろうか。このリテラシーは義務教育を受けてきた日本人であれば得られているものかもしれないが，外国人の場合は背景の文脈がわからないと，展示されている文物への理解が形態や装飾にだけ注目することになり，内容や意味を深く理解することはできない。結果として，文化への理解には繋がらないことになる。また地域独自のものであれば，地域の特性を理解す

るための様々な背景等への理解が必要である。それぞれの地域には独自の文物や文化が存在しており，それらを理解してもらうためには，背景や文脈も含めた丁寧な説明が必要となる。実はこれは本来外国人向けに限らない問題ではある。しかしながら，多くの社会教育施設は，ある種の暗黙の理解を前提としているところが多い。

訪日外国人は，これからも増え続けるかもしれない。さらに意識する必要があるのは，日本が日本で義務教育を受けていない人たちも含めた共生社会になってきているということである。そのことを念頭に入れたときに，稼ぐとか，観光で誘客といった，文化領域ではあまりなじみのない説明や想定される単純な数値評価に違和感を覚える者も多そうだ。しかしながら，新たな鑑賞者の開発や観光事業者とのネットワークづくりは，文化資源保存活用施設の価値を上げていくことになるだろう。

次のステップ

- 広く流通することが望ましい美術品と，国や地域に保存していくことが望ましい美術品を区分できる基準は何かを考えてみましょう。
- 観光に活かすことができる文化と，観光ではない領域に活かす文化とはどのような違いがあるでしょうか。観光ではない領域で活かす文化の事例を考えてみましょう。

参考文献

美術品公開促進法研究会編著（1999）『美術品公開促進法 Q&A』ぎょうせい

美術品損害補償法研究会編著（2011）『逐条解説美術品損害補償法――政府の美術品補償制度の解説』ぎょうせい

文化財返還

これまで世界各地では，植民地支配や戦争下において文化財の違法な略奪や盗難が発生してきた。第二次世界大戦中，欧州最大の美術館建設を重要目標の1つに定めていたナチス・ドイツは，各地で美術品を略奪した。同様にナチス・ドイツに美術品を奪われたソ連も大規模な略奪行為を行った。1998年には，ソ連の権益を引き継いだロシアは，対ドイツの「戦利品返還法」を制定して略奪品を国有化し，新たな問題を生み出した。

　2010年には，古代遺跡から不正に持ち出されたとされる文化財の返還を求める国際会議がカイロで開催され，エジプトやギリシャ，イタリア，中国などの21か国の文化財担当者が出席した。エジプトはこれまでロンドンの大英博物館にある「ロゼッタ・ストーン」や，ベルリンの新博物館にあるネフェルティティの胸像などの返還を要求してきたが，英独とも返還を拒否している。こうした状況から，同様の問題を抱えている当事国同士が協力し合う体制が模索されている。

　文化財返還問題は，日本と韓国の間でも取り沙汰されてきた。日韓の文化財引渡し問題は，1951年から1965年にかけて行われた関係正常化交渉において，韓国側から請求権問題の一環として取り上げられた。韓国側は，1905年に韓国統監府が設置されて以降に日本にもたらされた韓国文化財は，不当な手段によって持ち出されたものとして返還を要求した。これに対して日本側は，日本にもたらされた文化財は，いずれも正当な手続で購入したか，あるいは寄贈を受けたものであり，返還すべき国際法上の義務はないと主張した。

　その後も韓国側から日本側への文化財引渡しを求める動きは継続された。韓国の民間人を中心とする団体は，当時日本の宮内庁書陵部が所蔵していた朝鮮王朝儀軌をめぐって引渡しを要望し，韓国国会においても2006年と2010年の2回にわたって返還を求める決議案が可決された。日韓併合から100年となる2010年にあたり，当時の菅内閣は朝鮮王朝儀軌等の文化財返還に応じた。文化財返還をめぐる諸問題は，今なお国家間の政治課

題の 1 つとして取り上げられる。

1970 年代に入ると，このような戦争などに乗じた文化財や美術品の略奪や不法な輸出を国際世論は問題視するようになった。1970 年 11 月に第 16 回ユネスコ総会で採択され，1972 年 4 月に効力が発生した「**文化財の不法な輸出，輸入及び所有権譲渡の禁止及び防止に関する条約**」では，「文化財の不法な輸出，輸入及び所有権譲渡」を禁止している。

日本においては，2002 年 12 月に条約が発効された。これに伴い，「**文化財の不法な輸出入等の規制等に関する法律**」および「文化財保護法の一部を改正する法律」が施行された。文化財の不法な輸出入等の規制等に関する法律は，外国の博物館等から盗取された文化財を「**特定外国文化財**」として，外務大臣の通知を受けて文部科学大臣が指定する（3 条）。また，特定外国文化財の輸入は，「外国為替及び外国貿易法」による輸入承認事項とし，日本国内への流入を防止することが定められている（同法 4 条）。

また，回復措置として，特定外国文化財の盗難の被害者については，現行民法で認められている善意取得者に対する回復請求期間を 2 年間から特例として 10 年間に延長している。ただし，この場合は代価弁償を必要とすると定められている（文化財の不法な輸出入等の規制等に関する法律 6 条）。このほかに，文化財保護法に基づく亡失・盗難文化財の届出があったときは，文化庁長官はその旨を官報で公示するとともに，外務大臣はその内容を外国に通知する（同法 5 条）ことや，教育活動ないし広報活動を通じて文化財の不法な輸出入等の防止に関し国民の理解を深める等のための措置を講ずる国の努力義務（同法 7 条）が定められている。

劇場，音楽堂等の活性化に関する法律

（劇場法）

Lecture
12

I 劇場を支えるもの

●興行・公演・組織

　一般的に本書の読者が訪れる**劇場**といえば，明治以降に発展してきた近代的な劇場だと思う。その劇場を訪れたのは何かの公演あるいは演目を見に行ったのだろう。生身の人間が演じたり，演奏したり，踊ったり，様々なパフォーマンスが行われているところである。クラシックな趣味を持つ人なら，近代的劇場とは異なる花道という，客席の間を突っ切り本舞台とつながる道がついた舞台があり，客席内で飲み食いをしてよい歌舞伎公演を行う劇場に足を運んだことがあるかもしれない。しかしながら，いわゆる一般的な劇場内での飲食は禁じられており，休憩時間等にホワイエや劇場併設の食堂などでいただくことになっている。現代においては，客席内は舞台を見ることに専念するようになっているが，劇場は観劇に加えて食事をしたり飲んだりしながら交流する場として発展してきた歴史があり，それらを演出してきた人たちがいる。

> 「演劇は『興行』なくして成り立たない。それは近代化の問題と結びついている。自明のように受けいれている，開演期間，開演時間，切符制度等々，いずれも近代化のなかで作られた制度であり，概念である。それは，『演劇』がともかく成立し，『専門化』していく過

程で忘れられ，不思議に軽視されていく。

　もちろん，興行制度は近代以前からあり，その時代の社会的・経済的制度と切り離せない。演劇に伴う様々な幸福感や快楽は，芝居の興行制度と分かちがたく結びついている。近代以前の興行の美質でもあり，愚劣でもあった幸福な芝居体験を，いかにして捨て去り，その習慣から脱却し，代償として何を得たのか。[1]」

　明治以前の日本において芝居といえば歌舞伎を意味した。幕末から明治の 10 年代前半までは，「興行師は金主から資金を集め，出演者と年間契約を行い，演目を決めるが，劇場運営面での予約，見物の対処は芝居茶屋が行う分業体制[2]」であり，芝居を見るために払わなければならない芝居茶屋にかかる手数料があった。ここでは詳しく述べられないが，演劇が行われる劇場の周辺には，特権階級における所有物であったり，興行資本によって支えられたりという文化があったことから，現代では受け入れがたいと考えられる習慣（まさに文化）も存在していた。ある意味でそのような習慣や文化を切り離す形で，新劇というジャンルが生まれてくるし，その公演を支えたのは勤労者演劇協会（労演）であった。また女子（おんなこ）どもが誰でも気軽に見られるような舞台を目指して小林一三は宝塚歌劇を始めた。女子どもという言い方は，現代においては差別的に聞こえるが，裏返せば演劇は内容的にも，資金的にも，環境的にも，当時の女・子どもが安心して見られるものではなかったのだろう。それを誰もが，公演や演目だけを気軽に見られるようにしてきたのが明治に始まる演劇改良運動と連動した近代化の歩みと言えるのかもしれない。

　そもそも日本において興行あるいは興行師という言葉にあまり良いイメージがあるとは言えない。興行は当たるも八卦当たらぬも八卦の水物と同様と考えられていたことから，興業師は「賭博師に通じるものがあった」とも表現されることもある。日本ではあまり聞

かない話だが，作品が当たってロングランで20年以上公演が続き各国の都市で公演されれば，最初の投資家は莫大な利益を得られることになるが，数日で閉演してしまうこともあり初期投資のリスクが大きい。これは今も昔も変わらない。したがって，公演を継続的にさせようと思うと，誰がリスクをとるのかという問題が生じることから，公営化するという選択がとられることもある。たとえばクラシック音楽はヨーロッパ発祥の伝統的な音楽であるが，これらを演奏するオーケストラやオペラは公営化されているところがある。また伝統的な演劇を行う国立劇場という制度を持つ国もある。

とはいえ，いずれにしてもここで扱う劇場や音楽堂というところは，何らかの公演や演目が行われる場所であり，一般的には施設や建築物を見に行くという人はいない。公演や演目がなければ，ただの空虚な空間である。劇場やそこで行われる公演の作られ方，それを支える制度や経営は国によって異なっている。劇場は単なるハードとしての施設・建築物ではない。そのことを明らかにしたのが，本講の**「劇場，音楽堂等の活性化に関する法律」**（以下，**劇場法**）である。

●興行場法・消防法

本題に入る前に，最初に1948年に制定された**興行場法**を見ておく。興行場は，「映画，演劇，音楽，スポーツ，演芸又は観せ物を，公衆に見せ，又は聞かせる施設」と定義され，同法は「業として興行場を経営する者」を対象としている。1948年の第2回国会において厚生委員会に付託されていることからも明らかなとおり，不特定多数の人たちが集まる「場」での公衆衛生関係項目（換気，照明，防湿および清潔その他入場者の衛生）について規定されている。この照明は舞台上の演出効果としての照明ではなく，劇場内・客席の明

るさ（暗さ）であり，風俗営業とそうでないものを分ける基準となっている。

「業として」とは，法律用語的には一定の目的をもって同種の行為を反復継続して行う意味であり，そこに営利・非営利の区別はない。実際には，興行場営業許可申請書を提出して，都道府県知事に許可を得る必要がある。たとえば，東京都世田谷区で興行場として認められているものには大手民間企業の管理する映画館，世田谷区が設置した区民センター，民間事業者による演劇場（種別名），そして駒沢オリンピック公園などがある。

また，防災上の観点から消防関連法においても規定がある。不特定多数の人が集まる「場」は事故が起きると重大な事件に発展する。特に火事の問題は，劇場界では世界的な問題となっていた。かつてはろうそくやガス灯を使用しており，その火が引火して劇場が焼失するという事件は18〜19世紀に世界的にたびたび起こった。電気が使用されるようになっても，漏電等によって火災が起こることもよくあった。舞台上で本物の火を使う場合などは，各自治体の火災予防条例により，劇場を所管する地域の消防署に届出をし，火の使用の許可を必要としている。現代においては，本物らしく見える火や映像技術の発展で実際に火を使うことは減ってきているかと思うが，注意しなければならない点である。

II　劇場法の内容

🍃この法律の目的

この法律は，**文化芸術基本法**の基本理念に則りながら，劇場，音楽堂等の活性化を図ることによって，実演芸術の水準の向上と振興

図表12.1 劇場別設置者と運営者の分類

	設置者	運営者
国立劇場（国立劇場・国立演芸場・新国立劇場・国立文楽劇場・国立能楽堂・国立劇場おきなわ）	国	独立行政法人日本芸術文化振興会・公益財団法人新国立劇場運営財団・公益財団法人国立劇場おきなわ運営財団
公立の劇場・音楽堂等	地方自治体	自治体直営，自治体設置の財団法人，NPO，株式会社
民間の劇場・音楽堂	民間企業財団	株式会社，民間企業出資の財団法人，NPO

を図ることを目的としている。**実演芸術**とは先に書いた生身の人間が直接舞台に出て行うライブ・パフォーマンスのことである。パフォーマンスには演芸，音楽，演劇，舞踊等様々なジャンルが含まれている。もちろん伝統芸能も含まれる。

　劇場，音楽堂等はそれらを行うためにある施設であり，そこにおいて行われる事業や，関係者，国，地方公共団体の役割が示されている。

●劇場，音楽堂等の定義と事業

　劇場法２条において，この法律における**劇場，音楽堂等**が定義されている。それによれば，文化芸術に関する活動を行うための施設，それに加えて，その施設の運営に係る人的体制によって構成されるものである。そして，その人的体制が，有する創意と知見をもって実演芸術の公演を企画し，行うこと等により，これを一般公衆に鑑賞させることを目的とするものとされている。この法律の制定の経緯と関係が深いところであるが，施設が公演を企画・実施する「**施設の運営に係る人的体制**」を備えているところが重要である。その人的体制は，実演芸術の企画に対する専門的知識を有し，その専門性を活かすことが求められている。劇場，音楽堂は施設のみのことを言うのではなく，劇場で公演を行うための人的体制まで含まれて

いる。

　この人的体制を整えた施設が行う事業が3条に規定されている。

> 1　実演芸術の公演を企画し，又は行うこと。
> 2　実演芸術の公演又は発表を行う者の利用に供すること。
> 3　実演芸術に関する普及啓発を行うこと。
> 4　他の劇場，音楽堂等その他の関係機関等と連携した取組を行うこと。
> 5　実演芸術に係る国際的な交流を行うこと。
> 6　実演芸術に関する調査研究，資料の収集及び情報の提供を行うこと。
> 7　前各号に掲げる事業の実施に必要な人材の養成を行うこと。
> 8　前各号に掲げるもののほか，地域社会の絆の維持及び強化を図るとともに，共生社会の実現に資するための事業を行うこと。

●劇場・音楽堂の多様さ

　音楽堂は，いわゆるコンサートホールである。コンサートホールはクラシック音楽の公演を行うことを主目的として，ホール内での音響は，マイクやアンプ等の電気的音声拡張機材を使用せずに楽器や肉声による歌声そのものの音を直接響かせるのに最適となっている。それに対して，この法律に音楽堂「等」と書かれている場合は，電気的音声拡張機材を使用するパフォーマンスに向いている，いわゆるライブハウス的仕様になっている会場も含まれる。客席が常設のものもあれば，仮設のものもあり，様々である。音楽堂という名称が使われていない場合も含まれる。音楽堂という名称を使っているのは，日本初の公立音楽堂といわれる神奈川県立音楽堂が，音楽堂という名称の先駆けであり，石川県立音楽堂，福井県立音楽堂があるが，音楽堂という名称を使っていない施設としては，すみだトリフォニーホール（墨田区），ミューザ川崎シンフォニーホール（川崎市）等様々である。

　劇場も，特定の実演芸術に特化した機能を持たせているものがあ

図表 12.2　札幌コンサートホール

図表 12.3　足立区シアター 1010

図表 12.4　台東区立浅草公会堂

出典：浅草公会堂「施設紹介　ホール」,
〈https://asakusa-koukaidou.net/home/facilities_
hall.html〉（参照 2021-8-4）

図表 12.5　米沢市の置賜文化ホール

出典：伝 国 の 杜「置 賜 文 化 ホ ー ル の 概 要」,
〈https://www.denkoku-no-mori.yonezawa.ya
magata.jp/hall_setsubi.htm〉（参照 2021-8-4）

る。たとえば，地方自治体が設置した劇場の中にも，台東区の浅草公会堂などは，花道が設営され，歌舞伎公演に向いているものもあれば，横浜能楽堂は横浜市が設営した能楽公演のための劇場である。静岡舞台芸術センターのように，演劇の創造活動と公演を行っている劇場もあれば，富士見市文化会館，文化の家（長久手市）などのように演劇活動を重視している劇場もある。さらに，図表 12.5 は，米沢市にある置賜文化ホールで，同じホールの内部写真である。上はコンサートホール仕様で，下は能楽公演仕様になっており，施設

の設備は専門的に高度化している。

　劇場や音楽堂は，国や地方公共団体以外にも，民間企業が設置運営を行っているものもある。むしろ民間企業は，劇場に人的体制を整えて公演を業として行っている。たとえば，映画や演劇の製作や興行を主たる事業内容の1つに位置づけている東宝株式会社や松竹株式会社もそれぞれに劇場を有しているし，まちづくりの一環としてエンターテイメントを位置づける株式会社東急文化村のBunkamuraなどもある。さらに劇団四季を母体とした四季株式会社も専用劇場を有して事業を行っている。

　本業はパフォーマンスの製作や興行ではないが，コンサートホールや劇場を設置・運営しているところがある。たとえば，日生劇場があるし，コンサートホールで有名なサントリーホールや紀尾井ホール，住友生命いずみホール，オペラシティコンサートホール，第一生命ホールなどがある。民間企業が運営しているからといって，営利目的のために運営されているとは限らない。むしろ，民間企業が財団等を設立して，芸術文化振興を支援する社会貢献的な活動として位置づけているところがほとんどである。

●設置者・運営者の役割

　劇場，音楽堂等を設置し，運営する者は，劇場，音楽堂等の事業を，それぞれその実情を踏まえつつ，自主的かつ主体的に行うことを通じて，実演芸術の水準の向上等に積極的な役割を果たすよう努めるものとするとなっている（4条）。また国がこの法律の目的を達成するために必要な劇場，音楽堂等の環境整備や施策の総合化を図ることを規定するとともに（同法6条），地方公共団体は，自主的かつ主体的に，その地域の特性に応じた施策を策定し，および当該地方公共団体の区域内の劇場，音楽堂等を積極的に活用しつつ実施す

る役割を果たすよう努めるものとする（同法7条）。

「それぞれの実情を踏まえ」や，「自主的かつ主体的」というところが心許なく感じられるところであるが，実演芸術の受容や需要は，地域によって異なることからそれらを考慮する必要があることが規定されている。また，本書の☞第1講にも記したように，地方自治体に対して，義務的な事務は押しつけることはできない原則になっている事情がある。

図表12.1にも示したとおり，設置者，運営者は実に様々であるが，特にこの法律の中で主たるターゲットになっているのが，地方自治体設置の公立劇場・音楽堂である。日本において，実演芸術向けのホールが民間企業や地方自治体によって整備され始めるのが1980年代である。地方自治体が設置する集会型の施設といえば，公会堂，市民会館，市民センター，文化センター等があるが，1980年代に入ると単に舞台と客席があるだけではなく，実演芸術向けの照明，音響，舞台装置の設営等を顧慮した施設ができてきた。そもそも興行が本業の劇場は，当該ジャンル（演劇・歌舞伎・ミュージカル・小劇場等）の発展に邁進している。本業が興行ではない民間企業によって設置された劇場・音楽堂等は，その施設での製作・公演を通じてメセナ（芸術文化支援）活動以外にも，本業の宣伝・イメージアップ，社会貢献活動を行ってきた。それに対して，地方自治体は劇場・音楽堂等を整備してきたにもかかわらず，施設を貸し出すだけに終始してきており，十分に使いこなせていないと考えられてきた。さらには，全国的に満遍なく施設整備を終えたにもかかわらず，実演芸術公演のほとんどが東京に集中しており，相当に水をあけられる形で大阪府，愛知県が続くという状況が起きていた。

●自治体文化施設の状況

　社会教育調査は，劇場・音楽堂については 1987 年から統計を取り始めた。2008 年の調査をピークに数を減らしてきているが，図表 12.6 によれば劇場・音楽堂施設は 2018 年 10 月 1 日現在，全国に 1827 館存在していることになる。

　社会教育調査は，文部科学省が 3 年に 1 回行っているものであり，この数字の中には民間の劇場・音楽堂等が含まれている。総務省関連の団体，一般財団法人地域創造が行っている調査もある。（一財）地域創造は，文化・芸術の振興による創造性豊かな地域づくりを支援することを目的に，地方公共団体の出捐によって 1994 年に設立された。この団体による「地域の公立文化施設実態調査」では，地方自治体が設置した公立文化施設のうち，専用ホールとその他のホールと区分している。前者は，コンサートホール，劇場，多目的文化ホール，能楽堂，オペラハウス，映像ホールなど，舞台芸術の公演等主用途とする施設であり，後者は，舞台芸術以外の利用を主用途とする施設（アリーナ，体育館，メッセ，国際会議場，公民館等）で，舞台および客席（可動式を含む）や舞台設備等を有し，現に舞台芸術の公演を行っている施設である。たとえば，公民館や体育館であっても，舞台設備等を有して舞台芸術公演が行われていれば「その他ホール」として調査対象に含めた，とある。専用ホールとその他のホールをあわせると 2019 年 9 月 1 日現在，2846 ものホールが存在しているのが日本の現状である。このうちの専用ホールが，社会教育調査と重なる数字になるかと思うが，社会教育調査のほうには民間の劇場や音楽堂が含まれていることから，全国の公立の劇場音楽堂等の数は，地域創造の調査による 1483 という数字になることになろう。圧倒的に公立の施設が多いということである。劇場法が対象としているのは，この圧倒的な数の**公立文化施設**であ

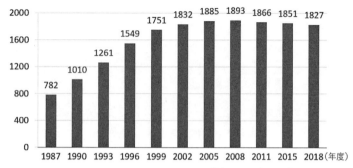

図表 12.6　劇場・音楽堂等施設数の推移

（注）1987 年度は民間施設を含まない。
文部科学省「社会教育調査」から作成

図表 12.7　公立文化施設の分類と数

	対象施設全体	単独施設	複合施設	不明
館数	3442	1851	1585	6
構成比	100%	53.8%	46.0%	0.2%

	延べ施設数	専用ホール	その他ホール	ホール合計	美術館	練習場・創作工房
館数	3671	1483	1363	2846	648	177
構成比	100%	40.4%	37.1%	77.5%	17.7%	4.8%

一般財団法人地域創造（2020）「『2019 年度地域の公立文化施設実態調査』報告書」5 頁から作成

ることは間違いない。

III　公立文化施設の問題

実演芸術公演の現況

　劇場法が制定される前年の 2011 年 3 月に発表された調査によると，劇場・音楽堂等の機能を有する施設について，本来舞台芸術等の芸術活動が行われることを想定しているにもかかわらず，多目的

的に使用されている状態であった。また芸術文化活動も，劇場自ら
が企画・主催するのではなく，貸し館が中心であるということが明
らかになった。実演芸術の創造活動や鑑賞機会の提供といった劇
場・音楽堂本来の機能が十分に活かされていないことは別の調査で
も明らかであり，たとえば，クラシック音楽の演奏家で構成される
日本演奏連盟による統計によると，2019年に行われた公演数（邦
人演奏家と来日演奏家）は合計1万2733回であり，そのうち東京都
が4822回，続いて神奈川県が911回，大阪府が853回，愛知県が
842回，兵庫県が546回，京都府が473回，その後に福岡県（292），
広島県（241）と続き，実演演奏の地域偏在状況が明らかである。
施設は全国に普及したものの，実演芸術活動の展開に地理的偏在が
明らかであることを示している。その他の実演芸術でも同じような
状況にある。

●劇場の姿

　企画・主催・制作とは何か。これが最初に述べた興行とも関わる。
興行は入場料をとることを前提としているので，収益を上げること
を前提としているように見える。収益を目的に，企画・主催・制
作・上演を行っていくことを興行と言ってよいだろう。

　日本の民間の劇場の場合，たとえば宝塚歌劇団は株式会社阪急電
鉄のエンターテイメント事業の1つである。劇場という施設を有
し，劇団員を音楽学校で育成することから始まり，5つのチーム
（組）に分かれた劇団を有し，それぞれの組で上演する演目を制作
する脚本家，演出家，振付家といった制作スタッフ，連続公演に対
応する実演オーケストラを有している。公演によっては適宜外部の
振付家に依頼することがある。これは大陸系ヨーロッパの公共劇場
の伝統的な構成である。現在，劇場自らが学校を有しているので有

名なのが，パリ・オペラ座のバレエ学校などであるが，今では，欧米においては一般的に，芸術大学・専門学校等で，俳優，歌手等の実演芸術を担う人材が育成され，公共劇場に雇用されたり，あるいは出演する機会を得たりして，自分のキャリアを形成していく。劇場は，施設としての劇場であり，また劇団でもある。したがって，どの実演芸術ジャンルであっても，公演をつくりあげて，観客に見せるのが使命といえる。

　ちなみに歌舞伎などの伝統芸能の場合は，いわゆる家系によって人材が養成されているように見えるが，それに加えて国立劇場で歌舞伎俳優，歌舞伎音楽等の人材養成が行われている。公演の企画や上演は自らの劇場の制作スタッフを使って，松竹株式会社や国立劇場が行っている。新国立劇場でも，演劇，オペラ，バレエの研修制度をおいている。つまり一定程度，実演者養成が行われてきている中で，その人材を活かすのは誰なのかという問題が残っている。

●実演芸術に携わる職能と人的組織概念

　企画を行ったり，制作を行ったりしていくうえでは，それを支えていく技術スタッフ人材が必要である。日本においては，音楽家や美術家を育てる高等教育は数多く存在してきたが，演劇人（俳優以外のスタッフも含む）を育成するプログラムを持っているところは多くない。脚本家・演出家・俳優の養成は，学生時代から演劇を始め，その延長線上で劇団を結成して活動を始めるというあり方が，日本の演劇界を支えてきた。そのため，劇団が劇場を借りて，公演を行うというスタイルになっている。まさに，オン・ザ・ジョブ方式で，人材が育成されてきた。しかしながら，最近では，劇場法による支援事業が後押しとなり，劇場が主催をして制作を行うスタイルも出てきたことから，どのような人的体制を整えるかということが組織

図表 12.8　ドイツ公共劇場の職種

実演芸術関係	歌手（ソリスト契約，合唱契約），オーケストラ奏者，俳優，ダンサー
制作系マネジメント・スタッフ	総監督，マネージング・ディレクター，部局長，シナリオ・エディター，音楽監督，芸術管理者，技術監督，衣装監督
実演をしない芸術関係スタッフ	ドラマトゥルク，ステージ・マネージャー，プロンプター，制作助手，芸術家管理，コレペティトール，運営常務理事，広報担当，舞台技術（裏方，技術，照明操作，音響操作，小道具，火気／メディア技術，オーケストラ・マネージャー，ライブラリアン等），舞台工房（舞台セット大工，金属加工，図案，舞台美術装飾，左官等），舞台メイク，舞台衣装（仕立て，着付け，靴職人等）

なお分類は，ドイツ劇場協会の分類をそのまま踏襲

の方向性を決めていくうえで重要になっている。

　最初に書いた興行と同じことになるが，ただ企画を立てることができるだけでは公演の制作はできない。人的体制の整え方もいろいろとありうるだろう。

　たとえば，実演の公演制作という面だけに限定して考えた場合，劇場・音楽堂関係の人材として想定できる職能は，どのようなものなのだろうか。ドイツの公共劇場の職能分類を見ると図表 12.8 のようになっている。ドイツの場合，公演数が多いので，むしろ常勤でスタッフを雇用したほうが，すべてを出演契約にするよりも，効率的なのだろう。新型コロナウイルス感染症の蔓延によって，日本において劇場関係の職業のフリーランス状況が明らかになっているので，どのような職種があるのかというところを見ておきたい。

　ドイツの公共劇場は，運営団体の法人格に違いはあるものの，公的資金で運営されていることから，統計情報も毎年詳細に公開されている。公共劇場においては，公演を制作するスタッフの雇用関係がすべて明確であるうえ，それぞれの職能別に組合が整備されてい

る。これらのスタッフを雇用する劇場管理側の統括団体と，職能別組合側とのいわゆる労働協約は毎年のように更新されていくことによって，標準賃金や労働時間等が厳しく定められている。この組合関係については，労働条件に直結し融通が利かない部分もあることから，このような方法に対して批判的に見る考え方もあるようだ。たとえば，オーケストラの練習などで，指揮者が芸術性の追求から練習を延長したいと考えたとしても，1分たりとも練習時間を延長することはできない，といった例を出しながら，組合が強いと芸術性を追求していくときに足かせになるといったことが言われることがある。また，長時間のオペラ公演だと，同じ演目でも1幕と2幕とでは，楽器によっては演奏者が交代していることなどもある（これは契約の問題もあるだろうが，芸術性の追求部分にも関係してくるだろう）。なお常勤スタッフの契約も，組合賃金契約の場合と個別契約の場合があるが，一人一人が個人の芸術家として，雇用されている。

　しかしながら，日本の場合，先にも述べたとおり，民間の劇団と劇場が別に存在してきた状況で，劇場は実演芸術家を常勤的扱いで雇用することをしてこなかった。人を雇用することは，義務的経費が恒常的にかかることを意味するので，よほど公演数を増やすなどのために対応が必要であるのならともかく，なるべく避けたいという意識が働いてきたはずである。またプロデュースする側も，公演ごとに人を集めた方が新規性を打ち出せると考える部分もあるだろう。たとえば，日本の国立劇場の場合も，実演芸術家の賃金については，公演制作費として計上されていることから，そこに実際には人件費が含まれているが，それは公演制作ごとの出演契約になっているはずである。したがって，海外のような劇場付きの劇団という展開はこれまで日本では，尼崎青少年創造劇場のピッコロシアター，

静岡県舞台芸術センター，新潟市芸術文化会館の舞踊団 Noism など ごく少数の事例に限られてきた。さらに欧米の劇場のように，芸術監督を適宜変更させながら，劇団を活性化させているのが前者の2施設である。劇団やオーケストラは常設的に機能させながら，停滞しないために芸術監督を変更していく方法は欧米では当たり前である。日本は，芸術監督は，名誉職的な意味合いが強く，公演企画やキャスティング等にも口を出せないような例もあるようだ。また，芸術監督をおいたら，変えない（変えたらいけない）と考えている節があるが，芸術監督として実績を積み上げていくのは重要な芸術家のキャリア形成である。決してゴールでもなければ，名誉職でもない。むしろ芸術的成果（あるいは住民からの支持）が見られなければ，期限とともに変えるのは当然と欧米では考えられている。とはいえ，たとえば，アメリカの政治制度のようなやり方もありうる。つまり，大統領が代わったら，大統領府のスタッフがすべて入れ替わるという方法であり，一定の期限を決めて，芸術的成果を判断して，レジデントを変更していくというあり方もあるだろう。

　日本の場合は，これらのなかの何を選びながら制作をしていくかということを考える必要があるのだと思う。実演家と関係を取り結ぶ方法もあれば，地域の地場産業と結びついた形の展開が可能な部分がある。たとえばある劇場においては，舞台装置の技術者が結集しており，舞台装置の作成を手がけ，舞台装置等をアーカイブして，貸し出すということでもいいかもしれない。いまや，リサイクルや持続可能性を重要視する今日では，そういう選択もあるだろう。

IV 劇場法を根拠とする支援

●劇場法関係予算の推移

さて，劇場法が制定されて，「劇場，音楽堂等の事業の活性化のための取組に関する指針」が 2013 年に出された。この指針に基づいて，事業が展開された。劇場法が制定されて以降，文化庁は劇場音楽堂等への支援を毎年予算化してきた。法律が制定された次の年度の 2013 年次からが予算ベースで 30 億 300 万円で，劇場・音楽堂等活性化事業として 5 年間継続された後，2018 年度からは劇場・音楽堂等機能強化推進事業となり，助成審査等についても日本芸術文化振興会が行うことになった。予算は減少に転じている。このことをどのように考えればよいか。すでに政策目的の一部は達成された，助成等の必要のない完全自立化に転ずるなどのことができたのか，あるいは撤退して，今後必要ないということなのだろうか。

●支援事業

法制定の翌年に立ち上げられた劇場・音楽堂等活性化事業のうち(1) 特別支援事業は，日本の実演芸術の水準を国際レベルまで展開できる力を持つ劇場を支援するもので，5 年の支援を受けられるものとして整備された。初年度に採択されたのは，15 件である。また，活動別支援事業 89 件であった。

2019 年度以降は劇場・音楽堂等機能強化推進事業として，新たに事業支援に再構成された部分があるが，5 年間支援の (1) 劇場・音楽堂等機能強化総合支援事業はやはり 15 件である。この劇場においてその評判の定着や成果が見えてくるのは，少なくとも 10 年くらいかかることを考えると，この枠組みは重要である。日

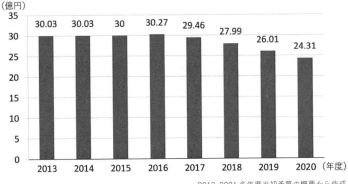

図表 12.9　文化庁劇場関係予算の推移

（億円）

2013-2021 各年度当初予算の概要から作成

本全国の劇場数を考えれば，創造的な活動を行える劇場が身近にあることの意味を捉え直して，もう少し枠を増やしてもよいように思うし，新しく参入してくるところが今後増えてくることを期待したい。その新たな参入の候補者となるのが，（2）地域の中核劇場・音楽堂等活性化事業に応募してくる劇場であるが，採択数が極端に減少している。2019 年は 102 件であったものが，2020 年は 85 件，2021 年は 67 件である。2021 年度分については，新型コロナウイルス感染症の影響だとは思うが，2020 年度採択分は，まだ影響が出ていない頃なので，このような状況も調査したうえで，全国的に劇場が活性化していく事業のあり方や手続を考えていく必要もあるだろう。さらには，劇場を運営していく母体が，指定管理者という制度に支配されてよいかという問題も残っている。

---

1) 神山彰（2018）「『夜』の演劇史——興行とパトロンの世界」同編『興行とパトロン』森話社，8 頁。
2) 同上，14-15 頁。

図表 12.10　劇場・音楽堂等活性化関連事業の内容

劇場・音楽堂等活性化事業（2013〜2018）	説明
（1）特別支援事業	わが国の実演芸術の水準を向上させる牽引力のあるトップレベルの劇場・音楽堂等が行う国際的水準の実演芸術の創造発信や，専門的人材の養成事業，普及啓発事業等を総合的に支援。
（2）共同制作支援事業	実演芸術の創造発信力を高めることを目的として，複数の劇場・音楽堂等が複数または単一の芸術団体と共同して行う実演芸術の新たな創造活動（新作，新演出，新振付，翻訳初演等）を支援。
（3）活動別支援事業	地域の実演芸術の振興を牽引する劇場・音楽堂等が中心となり，地域住民や芸術関係者等とともに取り組む。実演芸術の創造活動や人材養成事業，普及啓発事業を活動単位で支援。
（4）劇場・音楽堂等ネットワーク構築支援事業	劇場・音楽堂等相互の連携・協力を促進し，国民がその居住する地域にかかわらず等しく実演芸術を鑑賞できるよう劇場・音楽堂等または芸術団体が企画制作する実演芸術の巡回公演に対し支援。
（5）劇場・音楽堂等基盤整備事業	劇場・音楽堂等において自主的・主体的な実演芸術活動が行われる環境を醸成するため，各種情報提供，調査研究および研修会を文化庁が実施。
劇場・音楽堂等機能強化推進事業（2018〜）	
（1）劇場・音楽堂等機能強化総合支援事業	わが国のトップレベルの劇場・音楽堂等が自らの強み・特色を活かし，わが国の実演芸術の水準向上，ならびに地域コミュニティの創造および再生をはじめとする様々な社会的課題の解決を目指す戦略的な事業計画（5年間）に対して支援。
（2）地域の中核劇場・音楽堂等活性化事業	地域の中核的役割を担う劇場・音楽堂等が，地域の特性・ニーズを踏まえ，地域の文化拠点としての機能を最大限発揮する取組（公演事業，人材養成事業，普及啓発事業）に対して活動別に支援。
（3）共同制作支援事業	実演芸術の創造発信力を高めることを目的として，複数の劇場・音楽堂等が複数または単一の実演芸術団体等と共同して行う実演芸術の新たな創造活動（新作，新演出，新振付，翻訳初演等の公演事業）に対して支援。

| （4）劇場・音楽堂等間ネットワーク強化事業 | 劇場・音楽堂等相互の連携・協力の促進とともに，国民および外国人がその居住する地域等にかかわらず等しく実演芸術を鑑賞できるよう，劇場・音楽堂等または実演芸術団体が企画制作する実演芸術の巡回公演に対して支援。 |

次のステップ

🔖 地域の公立文化施設が活きるとは，どのような状態になることかについて考えてみましょう。

🔖 創造的な劇場は，全国にどのくらいの数が展開していればよいと考えますか。

参考文献

根木昭・佐藤良子（2013）『公共ホールと劇場・音楽堂法』水曜社

日本演奏連盟（2021）『演奏年鑑 2021 音楽資料』芸術現代社

いわゆる「ダンス規制」と風営法

　古今東西において，**ダンス**（舞踊）は文化の重要な一部を成してきた。パフォーミング・アーツ全般に言えることであるが，ダンスは鑑賞という形の享受にとどまらず，享受者たちが自ら踊ることによって享受することも珍しくない。

　そのような活動の一部はダンスホールやナイトクラブ等の場で行われ，これらの営業は経済活動の一環をなすとともに，都市の活力の源泉の一部となってきた。近時では，「ナイトメイヤー」を選出する都市（たとえば，アムステルダム）など，**「ナイトタイムエコノミー」**を積極的に推進する動きも見られる。しかし，「夜の街」は，犯罪や麻薬等の反社会的活動の温床となる可能性，騒音などによって近隣住民と軋轢を生む可能性なども有しているため，適切な規制の舵取りは難しい。

　日本では，客にダンスをさせる営業については，**「風俗営業等の規制及び業務の適正化等に関する法律（風営法）」**の規制が広範に及んできた。もっとも，客にダンスをさせる営業にも，①客にダンスをさせ，かつ，客の接待をして客に飲食をさせる営業（キャバレー等），②客にダンスをさせ，かつ，客に飲食をさせる営業（クラブ，踊れるレストラン等），③客にダンスをさせる営業（ダンスホール等）と種々の形態がある。2015 年改正前の風営法は，上記①～③のすべてを「風俗営業」として規制の対象に含めており，このうち上記②は，風営法 2 条 1 項 3 号において「ナイトクラブその他設備を設けて客にダンスをさせ，かつ，客に飲食をさせる営業」（いわゆる「3 号営業」）として規制されていた。

　2012 年に，3 号営業の許可を受けていなかった大阪のダンスクラブの経営者が，風営法違反の罪で逮捕・起訴される刑事事件が発生し，本件は最高裁まで争われて広く社会の耳目を集めた。

　本件では，大阪地裁，大阪高裁および最高裁において被告人は一貫して無罪とされた。ここでは大阪高裁判決（大阪高判平成 27 年 1 月 21 日〔平成 26 年（う）第 705 号〕）において示された 3 号営業に対する規制の趣旨

と，本件被告人の行為が3号営業に反する無許可営業であったか否かという2点について簡潔に紹介する。

　大阪高裁判決は，「3号営業に対する規制の主な目的は，男女間の享楽的雰囲気が過度に醸成されることを防止することにより，健全な性風俗秩序を維持し，併せて，成長途上にある少年の立入りを規制することで，その健全な成長に悪影響を及ぼす事態を防止することにあると解するのが相当である」と述べ，「設備を設けて客にダンスと飲食をさせる営業であれば，男女間の享楽的雰囲気を過度に醸成するおそれがあるか否かを問わず一律に3号営業として規制の対象とすることは，……3号営業に対する規制目的に照らして必要のない範囲にまで規制を広げることになり，妥当ではない」として，「風営法2条1項3号にいう『ダンス』とは，男女が組になり，かつ，身体を接触して踊るのが通常の形態とされているダンスを指し，風営法が3号営業として規制する営業は，設備を設け，このようなダンスを客にさせ，かつ，客に飲食をさせる営業であると解するのが相当である」とその範囲を限定した。そして，本件被告人が上記の定義に当たる「ダンス」を客にさせる営業を行っていた事実を認定することはできないとして，被告人は無罪であると結論づけた。この大阪高裁判決を最高裁が支持し（最決平成28年6月7日〔平成27年（あ）第235号〕），本件被告人の無罪が確定した。

　本件をきっかけに，ダンスクラブの3号営業該当性の合理性を問う声が社会で広く湧き上がった。2013年には，超党派の国会議員約60名が参加する「ダンス文化推進議員連盟（ダンス議連）」が発足し，2014年6月には，内閣府の規制改革会議から3号営業の営業時間の規制の緩和を求める答申がなされるなど，ダンスを取り巻く環境にも変化が生じていた。

　2015年の風営法改正で，客にダンスをさせる営業の一部を風俗営業から除外すること，深夜において客にダンスを含む遊興をさせ，かつ，客に酒類の提供を伴う飲食をさせる営業を「特定遊興飲食店営業」として新たに許可制度を設けるといったことが決まった。この法改正は，ダンス業界と幅広い支援者がダンス議連等とも連携した成果であり，文化芸術に関す

るルール形成のあり方に一石を投じるものとして注目される。

齋藤貴弘（2019）『ルールメイキング──ナイトタイムエコノミーで実践した
　社会を変える方法論』学芸出版社

チケット不正転売禁止法

　ライブで「一期一会」の実演に触れるのは，パフォーミング・アーツ（再現芸術）を享受する醍醐味である。お気に入りのアーティストのライブに足を運ぶため，苦労してチケットを入手した経験を有する読者も少なくないだろう。録音や録画等の形で記録された実演は，CDやインターネット配信等を介し，極めて多くの享受者に送り届けることができる。しかし，ライブは，アーティストのスケジュールや移動，会場の収容人数などにより開催日時が限られることが一般的であり，そのような物理的制約ゆえに，限られた享受者しかチケットを入手できないことも珍しくない。

　当該ライブのチケットを入手したければ，当該ライブに行けなくなった者からチケットを譲り受けることが考えられる。このようなチケットの授受が額面かそれに近い価格でなされることもあるだろう。また，市場経済では，ある商品の潜在的な価値を見出した者が，当該商品の価値を事後により高く評価する者に対して当該商品を販売する（いわゆる転売する）ことは，正常な取引行為として一般的に許容されている。そうであれば，ライブに足を運ぶつもりがない者がチケットを購入し，それを第三者に額面よりも高額で転売することは許容されるべきなのだろうか。

　非常に人気のあるアーティストの場合には，需要が供給を大幅に上回ることが確実視されるため，あるライブに足を運ぶつもりがないにもかかわらず，インターネット上でチケットを大量に購入できる「ボット（bot）」などを用いて大量にチケットを購入し，それをインターネット上の転売サイトなどを通じて高額で転売しようとする者（いわゆる「転売ヤー」）が現れる。市場に出回る商品の場合には，「限定品」が追加供給されるなどして値崩れが起きる形で「転売ヤー」を駆逐することも可能かもしれないが，生身の人間が提供するライブでは，アーティストのスケジュールと公演場所を確保する必要性から，追加公演を開催することは容易ではない。したがって，人気公演のチケットの価格は高止まりする可能性が高い。

　このような組織的あるいは大規模なチケットの高額転売によって「転売

ヤー」が利益を得ても，アーティストには何らの経済的な見返りはない。また，高額転売されるチケットは，とりわけ若年層などのチケット購入に予算制約があるファンがライブに足を運ぶことをためらわせ，結果としてアーティストが幅広い層のファンを獲得することを妨げてしまうかもしれない。

　古物営業法，刑法上の詐欺条項，物価統制令，都道府県が「ダフ屋」を取り締まる迷惑防止条例などではチケットの高額転売を十分に規制できないという問題意識から，悪質なチケット転売に関する新規立法を求める機運がアーティストからも高まり，2018年に「**特定興行入場券の不正転売の禁止等による興行入場券の適正な流通の確保に関する法律（チケット不正転売禁止法）**」が議員立法の形で成立した。

　チケット不正転売禁止法は，不特定多数に販売されているチケットのうち，①販売時に有償譲渡を禁止する旨がチケットの券面等に明示的に表示され，②興行が行われる特定の日時および場所ならびに入場資格者または座席が指定され，③興行主等が，販売時に，入場資格者または購入者の氏名および連絡先を確認する措置を講じ，かつ，その旨を当該入場券の券面等に表示しているものを「特定興行入場券」（2条3項），そして，興行主の事前の同意を得ない特定興行入場券の業として行う有償譲渡であって，興行主等の当該特定興行入場券の販売価格を超える価格をその販売価格とするものを「不正転売」と定義している（2条4項）。そして，特定興行入場券の不正転売，および，不正転売を目的とした特定興行入場券の譲受を禁止し（同法3条，4条），これらに違反した者は1年以下の懲役または100万円以下の罰金に処せられる（同法9条）。

第3部

社会の多様性と
向き合う法

I 障害者文化芸術活動推進法とは

▶1. 法の概要

　障害者福祉の基本となる考え方を定めたのは**障害者基本法**，文化政策の基本となる考え方を定めたのは**文化芸術基本法**，その両方の理念を踏まえて**議員立法**で成立したのが，2018 年に公布・施行された**障害者による文化芸術活動の推進に関する法律**（障害者文化芸術活動推進法）である。

　障害者とは，障害者文化芸術活動推進法 2 条が引用する障害者基本法 2 条 1 号の定義により，「身体障害，知的障害，精神障害（発達障害を含む。）その他の心身の機能の障害（以下「障害」と総称する。）がある者であつて，障害及び社会的障壁により継続的に日常生活又は社会生活に相当な制限を受ける状態にあるもの」のことを指す。

　障害者文化芸術活動推進法 1 条では，この法が文化芸術活動を通じた障害者の個性と能力の発揮および社会参加の促進を図ることを目的とすることが確認されている。2 条で障害者の定義を確認し，3 条で基本理念，4 条で国の責務，5 条で地方公共団体の責務，6条で財政上の措置等について述べた後に，第 2 章（7 条，8 条）で基

本計画の策定について定め，第 3 章で基本的施策を列挙し，第 4 章（20 条）で障害者文化芸術活動推進会議について説明している。

▼2.　基本理念と基本施策

　基本理念と基本施策の内容は，法案提出時から示されている概要のイメージ図に要点がまとめられている（図表 13.2）。3 条の基本理念を見ると，障害の有無にかかわらず文化芸術を創造・享受できること，障害者による芸術上価値が高い作品等の創造支援を強化すること，地域で障害者の文化芸術活動を促進することで障害者だけでなく住民全体が心豊かに暮らせる地域社会を実現すること，という 3 つの方向性を目指していることがわかる。つまり障害者個人の文化芸術活動の保障，障害者による芸術作品の価値を認めて広めること，障害者の文化芸術活動をきっかけにした地域社会全体の心の豊かさの実現が目指されている。

　そして障害者の支援にあたっては，3 条 2 項でも述べられているように，障害者の文化芸術活動への特別な措置と，一般的な文化芸術振興における障害者への特別な配慮，その両方が求められている。

　基本的施策としては，9 条から 19 条にかけて，文化芸術の鑑賞の機会の拡大，文化芸術の創造の機会の拡大，文化芸術の作品等の発表の機会の確保，芸術上価値が高い作品等の評価等，権利保護の

図表 13.2　障害者文化芸術活動推進法のイメージ

法案の背景・目的（1条）

文化芸術は、これを創造・享受する者の障害の有無にかかわらず、心の豊かさや相互理解をもたらす

文化芸術基本法・障害者基本法の基本的な理念

障害者による文化芸術活動の推進に関する施策を総合的かつ計画的に推進
→　障害者の個性と能力の発揮及び社会参加を促進

基本理念（3条）

○ 障害の有無にかかわらず、文化芸術を鑑賞・参加・創造することができるよう、障害者による文化芸術活動を幅広く促進

○ 専門的な教育に基づかずに人々が本来有する創造性が発揮された作品が高い評価を受け、その中心が障害者の作品であること等を踏まえ、障害者による芸術上価値が高い作品等の創造への支援を強化

○ 障害者による文化芸術活動に係る地域での作品等の発表、交流等を促進し、心豊かで住みよい地域社会の実現に寄与

○ 障害者による文化芸術活動の推進に関する施策については、次のことが行われなければならない
・障害者による文化芸術活動に特化した措置を実施
・文化芸術の振興に関する一般的な措置の実施における特別の配慮

基本的施策

① **文化芸術の鑑賞の機会の拡大（9条）**
・字幕、音声ガイド、手話等での説明の提供促進
・施設のバリアフリー化等の障害の特性に応じた鑑賞しやすい環境の整備促進　など

② **文化芸術の創造の機会の拡大（10条）**
・社会福祉施設、学校等で必要な支援を受けつつ文化芸術を創造することができる環境整備　など

③ **文化芸術の作品等の発表の機会の確保（11条）**
・公共施設における発表のための催しの開催推進
・芸術上価値が高い作品等の海外発信　など

④ **芸術上価値が高い作品等の評価等（12条）**
・作品等の発掘・専門的な評価を行う環境の整備
・保存場所の確保　など

⑤ **権利保護の推進（13条）**
・著作権等の制度に関する普及啓発
・著作権保護等に関するガイドラインの公表
・契約締結時の障害者への支援の充実　など

⑥ **芸術上価値が高い作品等の販売等に係る支援（14条）**
・企画、対面・対面の授受等に関する事業者との連絡調整を支援する体制の整備　など

⑦ **文化芸術活動を通じた交流の促進（15条）**
・小学校等を訪問して行う障害者の文化芸術活動の支援
・特別支援学校と他学校の相互交流の場の提供
・国際的な催しへの参加促進　など

⑧ **相談体制の整備等（16条）**
・文化芸術活動について障害者、その家族等からの相談に応じる地域ごとの身近な体制の整備　など

⑨ **人材の育成等（17条）**
・①の説明・環境整備、②の支援、④の評価、⑧の相談等に関わる人材の育成・確保のための研修、大学等における当該育成に資する教育の推進　など

⑩ **情報の収集等（18条）**
・国内外の取組に関する情報収集・整理・提供　など

⑪ **関係者（国・地方公共団体、関係団体、大学、産業界等）の連携協力（19条）**

※ ⑩を除き、地方公共団体も国と同様に施策を講ずる。

文部科学大臣・厚生労働大臣が定める基本計画で具体化（7条）、地方公共団体は計画策定の努力義務（8条）

【推進体制】（20条）	文化庁、厚生労働省、経済産業省等の関係行政機関の職員による「障害者文化芸術活動推進会議」を設置　→　連絡調整に際して意見を聴く学識経験者の会議を設置
【財政措置等】（6条）	政府に対し、施策を実施するため必要な財政上の措置その他の措置の実施を義務付け

出典：文化庁「障害者による文化芸術活動の推進に関する法律イメージ」、〈https://www.bunka.go.jp/seisaku/bunka_gyosei/shokan_horei/geijutsu_bunka/shogaisha_bunkageijutsu/pdf/r1406260_01.pdf〉（参照 2021-6-24）

推進，芸術上価値が高い作品等の販売等に係る支援，文化芸術活動を通じた交流の促進，相談体制の整備等，人材の育成等，情報の収集等，関係者の連携協力が挙げられている。

　このように障害者文化芸術活動推進法は，障害者の文化芸術活動推進のための政策を立案実施していくために必要な事項をまとめたものである。文化芸術基本法に対し，障害者の文化芸術活動に関する政策を推進していくための**個別法**と位置づけることができる。

II　法成立の経緯

▶1.　アール・ブリュット・ジャポネ展

　法制定のきっかけは，2010年3月24日から翌年1月2日にかけて，フランスのパリ市立アル・サン・ピエール美術館で開催された**アール・ブリュット・ジャポネ展**である。同美術館と滋賀県社会福祉事業団[1]の運営する「ボーダレス・アートミュージアム NO-MA」が共同で企画し，63名の作家が参加した。事業目的として，「この展覧会を通じて精神科病院や知的障害者施設等を利用する障害者の制作する作品が，美術的な価値を認められることによる，芸術を通じた障害者のエンパワメントを目指しています。／また，この展覧会を多くの方にご理解いただくことにより『障害』という言葉そのものが，社会に肯定的な意味として認知され，障害者が地域で自立した生活が出来る社会の実現に大きく寄与することも目的としています」[2]と謳われ，理念的かつ現実生活における障害者のエンパワメントを目指した文化事業だったと言える。パリでの総観覧者数は約12万人，日本でも同じ作品で凱旋展と巡回展が行われた。滋賀県

で開催された凱旋展には，6日間で約3500人が訪れた。

▼2. 議員連盟の働きかけ

　障害者文化芸術活動推進法制定の中心になったのは，2013年2月に発足した超党派の「2020年東京オリンピック・パラリンピックに向けた障害者の芸術文化振興議員連盟」だった。オリンピック・パラリンピックと障害者の芸術文化といえば，2012年のロンドン大会の文化プログラムとして実施されて高評価を受けた障害のあるアーティスト支援プログラム「**アンリミテッド**」が連想されるが，法制定に向けた議論のきっかけとしては，アンリミテッドよりもさらに前に開催されたアール・ブリュット・ジャポネ展の影響が大きい。同展の成功を踏まえて議員連盟が2013年に厚労省・文科省に障害者の文化芸術活動に関する予算を要求したことが，2014〜2016年度の障害者の芸術活動支援モデル事業などの成果につながった。

　そして議員連盟の内部では，障害者の社会参加を促すために，文化芸術振興基本法（当時），障害者基本法の個別法としての法案の整備が必要ではないかという問題意識が生まれ，2016年から勉強会や団体等へのヒアリングを実施しつつ，法案骨子を完成させた。その後政局の影響も受けて時期は遅れたものの，2018年に障害者文化芸術活動推進法は全会一致で可決，成立した。

Ⅲ 法成立の背景

▶1. アール・ブリュット

　法制定のきっかけになった「**アール・ブリュット**」とは何か。

　芸術の用語としてのアール・ブリュット（Art Brut）は，既存の芸術システムの「外部（アウトサイド）」に位置づけられた人々の手からなり，また，そう認識するに足る独創性を持つと判断された作品あるいは作品群のことである。1945年にフランスの画家ジャン・デュビュッフェが，精神疾患患者など美術の正規教育を受けていない人々が他者を意識せずに創作した芸術をアール・ブリュット（生〔き，なま〕の芸術），すなわち「直接的・無垢・生硬な芸術」と呼んで高く評価したことに端を発する。1948年にアール・ブリュット協会が設立され，1972年にイギリスの美術史家ロジャー・カーディナルは「アール・ブリュット」を英訳して「**アウトサイダー・アート**」と称した。1976年には，スイスのローザンヌに，デュビュッフェのコレクションを元にした美術館「アール・ブリュット・コレクション」が開設されている。

　当初のアール・ブリュットの特徴は「沈黙，秘密，孤独」であり，福祉が目指す「ユニバーサル」というベクトルとはある意味正反対の方向性を持っていた。デュビュッフェとその影響を受けたシュルレアリスト達は，アール・ブリュットを，その時代に評価を得ていた芸術よりも先鋭で反体制的なもの，多くの人に受け入れられる普遍的なものというよりも人々にとって未知の前衛的なものと捉えていた。収集した作品をアール・ブリュットと名づけて1947年からパリで一般公開を始めたデュビュッフェだが，その直後の1948

年には，アール・ブリュットが個人的で秘密めいた性質を保持することを望むとも語っている。

▼2. 障害者の芸術活動

●障害者運動における芸術活動

障害者の文化芸術活動を論じる際，アール・ブリュットは頻出のキーワードである。とはいえ，言葉本来の意味として必ずしも障害者の芸術作品に限定されるわけではない。そして，アール・ブリュットだけで障害者の芸術活動のすべてを説明できるわけでもない。

1970〜1980年代にかけて障害者の権利擁護の機運が世界的に盛り上がっていったことが，世界各地における障害者のためのアトリエやギャラリーの設立につながった。1971年に国連で「**知的障害者の権利宣言**」が採択され，1983年から1992年にかけて国連の「**障害者の十年**」の取り組みが行われた。その流れの中で，障害者の社会参加の方法の1つとして芸術活動が認識され，それまで相対的に閉ざされていた障害者の作品への関心が高まっていった。

●日本の場合——山下清ブームの影響

日本における障害者の芸術活動の歴史を紐解くと，昭和10年代には心理学を専門とする戸川行男が，後に知的障害のある貼絵画家として有名になる山下清のほか千葉県にある八幡学園の利用者の作品を紹介していた。戸川は，1938年11月に早稲田大学大隈小講堂で開催されて反響も大きかった「特異児童労作展覧会」をはじめとする数々の展示と画集『特異児童作品集』の出版によって，山下清の貼絵をはじめとする「特異児童作品」を世に知らしめることに尽力した。

この山下清を戦後になってから喧伝し，1950年代半ばからの山下清ブームの立役者となったのが，精神科医でありながらゴッホの研究も行っていた式場隆三郎である。加えて，1958年に公開された映画『裸の大将』は，フィクションも交えつつ，障害を持つ放浪の天才画家という山下のイメージを広めた。山下は1971年に他界したが，その後も1980年からテレビドラマ『裸の大将放浪記』が制作され，1981年には映画『裸の大将放浪記〜山下清物語〜』が公開された。21世紀に入ってからも，テレビドラマや舞台で『裸の大将』をモチーフにした作品が制作されている。

　山下清ブームは，放浪する天才画家として山下を持ち上げ知的障害のある人の作品を無批判に称賛するマスメディアへの反感を持った美術界が，障害のある人の作品に対して過剰なほどの警戒感を抱くことにつながった。その後の日本では，福祉施設の創作的活動が美術の世界とは無縁のものとして展開する流れになっていった。

▼3. 「障害者アート」の展開

●日本独自の「障害者アート」

　障害者の創作活動に詳しい服部正[3)]は，こうした日本独自の発展について，「美術」よりも「アート」という言葉が多用される傾向に象徴的に示されると分析している。服部は，山下清ブームへの敬遠から福祉界におけるいわば「美術の不在」ともいう状況が生まれたことによって，陶芸や絵画だけでなく「さをり織」やデザインなどまで含めたすべてを「アート」と呼ぶことができたのは，日本の「障害者アート」の独自の発展であると位置づける。

　そこで念頭に置かれていたのは障害者のエンパワメントだった。社会運動の手段として，障害のある人が生み出す「アート」が力を

持つことはもはや前提で，「アート」は自明のものとしてそこにあった。その過程においては，福祉施設の一角に自前の展示スペースを持つこと，現代美術やパフォーミング・アーツへの接近など，「美術の不在」によって，美術の定義から自由だったからこそ実現した成果もある。一方で，美術とは何かを問い続ける近代美術の文脈において美術の価値を転覆させるものとして注目されたアール・ブリュットあるいはアウトサイダー・アートとは，決定的に異なる内容も含んでいた。

●1990 年代以降の展開

　1950 年代後半以降の福祉における「美術の不在」という状況にあって，少数とはいえ積極的に福祉施設や障害者の芸術表現に関わろうとした美術関係者が存在したことが，1990 年代以降の日本における障害者の文化芸術活動の発展につながった。

　1994 年には日本障害者芸術文化協会が設立され，2000 年にエイブル・アート・ジャパンに改称された。「**エイブル・アート**（可能性の芸術）」は，1995 年に財団法人たんぽぽの家理事長の播磨靖夫によって「エイブル・アート・ムーブメント」として提唱された。根底には，「アートには人を幸福にし，人が生きるのを助ける力がある」という考え方がある。1996 年から 2003 年にかけて開催された「トヨタ・エイブルアート・フォーラム」は，日本における障害者アート関連活動を大きく後押しした。アール・ブリュット・ジャポネ展を共催した「ボーダレス・アートミュージアム NO-MA」が，「ボーダレス・アートギャラリー NO-MA」という名称で，障害者の作品の常設展示活動を開始したのは 2004 年のことである。

▼4. 日本の文化政策における障害者の位置づけ

●文化芸術振興基本法での位置づけ

2001年に制定された文化芸術振興基本法においては，22条で「国は，高齢者，障害者等が行う文化芸術活動の充実を図るため，これらの者の文化芸術活動が活発に行われるような環境の整備その他の必要な施策を講ずるものとする」とされていた。法に基づいて4度出された文化芸術の振興に関する基本的な方針（以下，基本方針）においても，障害者に関する施策は言及され，徐々に内容が具体化し，位置づけも重視されていった。

特に劇場法制定につながった**第3次基本方針**で「**社会包摂**」が明記された影響は大きい。2020年に開催予定だった東京オリンピック・パラリンピック競技大会を見据えて，ロードマップとして2014年に文部科学大臣が出した「文化芸術立国中期プラン」においても，障害者の優れた芸術作品の展示などについて言及された。

●文化芸術基本法での位置づけ

2017年に改正された文化芸術基本法では，2条3項で「文化芸術に関する施策の推進に当たっては，文化芸術を創造し，享受することが人々の生まれながらの権利であることに鑑み，国民がその年齢，障害の有無，経済的な状況又は居住する地域にかかわらず等しく，文化芸術を鑑賞し，これに参加し，又はこれを創造することができるような環境の整備が図られなければならない」（下線筆者）とされ，障害について基本理念でも言及されるようになった。同法22条は，「国は，高齢者，障害者等が行う文化芸術活動の充実を図るため，これらの者の行う創造的活動，公演等への支援，これらの者の文化芸術活動が活発に行われるような環境の整備その他の必要

な施策を講ずるものとする」とされ，改正前よりも，文化芸術の創造に関する施策の実施がより具体的に書き込まれた。文化芸術基本法の制定を受けて 2018 年に定められた文化芸術推進基本計画（第 1 期）でも，障害者の参加を促す施策について，多方面から言及された。

▼5. 障害者政策における文化芸術活動支援

●20 世紀後半の障害者政策の進展

厚生労働省から見れば，障害者基本法の個別法として，障害者福祉における文化芸術活動支援政策の体系化・立法化として，障害者文化芸術活動推進法は位置づけられる。

日本の障害者政策は，国際連合が定めた**国際障害者年**（1981 年）を契機に，大きく推進され始めたといわれている。1995 年には，内閣総理大臣を本部長とする政府の障害者対策推進本部において，具体的な数値目標を盛り込んだ「**障害者プラン（ノーマライゼーション 7 か年戦略）**」が策定されている。「障害者プラン」においては，障害者の生活の質の向上を目指し，芸術・文化活動の振興も掲げられた。その後の「障害者基本計画」においても文化芸術活動の振興が施策の 1 つとして位置づけられてきた。

●社会保障における障害者と文化

今日の日本の社会保障制度は，1995 年に出された社会保障制度審議会「**社会保障体制の再構築に関する勧告**」の枠組みを前提としている。同勧告では，「今日の社会保障体制は，すべての人々の生活に多面的にかかわり，その給付はもはや生活の最低限度ではなく，その時々の文化的・社会的水準を基準と考えるものとなっている」

と指摘され，文化政策では見かけることの少ない「生活」「最低限度」「文化的」という日本国憲法 25 条の文言が明確に用いられた。

　同勧告の本文中で「文化」が明示されていたのが，障害者に関する部分だった。具体的には「障害者自身の自立を確保しつつ，物理的・制度的な障壁を始め，文化・情報面，意識上の障壁を除去し，障害者が社会活動に自由に参加できる社会づくりを目指さなければならない」として，障害を持つ人々の社会参加を考えるにあたって「文化」における障壁の除去も必要であるという認識が示されていた。

●21 世紀の障害者福祉における文化

　社会保障の諸分野の中でも，いわば厚生労働省の文化政策とも呼べるような施策が実施されているのは社会福祉だと考えられる。なかでも障害者福祉は，児童福祉や高齢者福祉と比べて文化に関する政策立案が充実している。

　2001 年には国連の「障害者の十年」(1983〜1992 年) を記念し，国連の精神である障害者の完全参加と平等の実現を図り，障害者の国際交流や芸術・文化活動の場，また，広く国民の参加する交流の場として，**国際障害者交流センター（ビッグ・アイ）**が大阪府に設置され，同センターを会場として第 1 回全国障害者芸術・文化祭が開催された。その後，厚生労働省は 2012 年度に，全国障害者芸術・文化祭を，原則として国民文化祭と同一都道府県で開催することと定め，2017 年度の奈良大会からは，両文化祭の会期も同一となり一体的に開催されてきた。

　2008 年度には厚生労働省と文部科学省の共同で「障害者アート推進のための懇談会」が開催された。「2020 年東京オリンピック・パラリンピックに向けた障害者の芸術文化振興議員連盟」が厚労

省・文科省に障害者の文化芸術活動に関する予算を要求した2013年度には，一層の支援推進を検討するため厚生労働省と文化庁の共同で「障害者の芸術活動への支援を推進するための懇談会」が開催され，中間とりまとめが公表された。その中間とりまとめを踏まえて，先に見た「**障害者の芸術活動支援モデル事業**」が実施された。これは芸術活動を行う障害者，その家族，福祉事業所等で障害者の芸術活動の支援を行う者を支援する内容だった。

🍃障害者芸術文化活動普及支援事業

2017年度からは，「障害者の芸術活動支援モデル事業」の成果を全国に展開する「**障害者芸術文化活動普及支援事業**」が，厚生労働省によって実施されている。地域における障害者の自立と社会参加の促進を図るため，全国に障害者の芸術文化活動に関わる支援センター等の設置を行い，支援の枠組みを整備することにより，障害者の芸術文化活動（美術，演劇，音楽等）を推進している（図表13.3）。

🍃2020 東京オリンピック・パラリンピックに向けて

2015～2017年度にかけては「2020東京オリンピック・パラリンピック競技大会に向けた障害者の芸術文化振興に関する懇談会」も，厚生労働省と文化庁の連携によって開催された。2017～2020年度にかけては厚生労働省による「障害者芸術・文化祭のサテライト開催事業」が，2020年東京オリンピック・パラリンピック競技大会における文化プログラム等の推進に資するよう，全国の都道府県で実施されている。

図表 13.3　障害者芸術文化活動普及支援事業（概要）

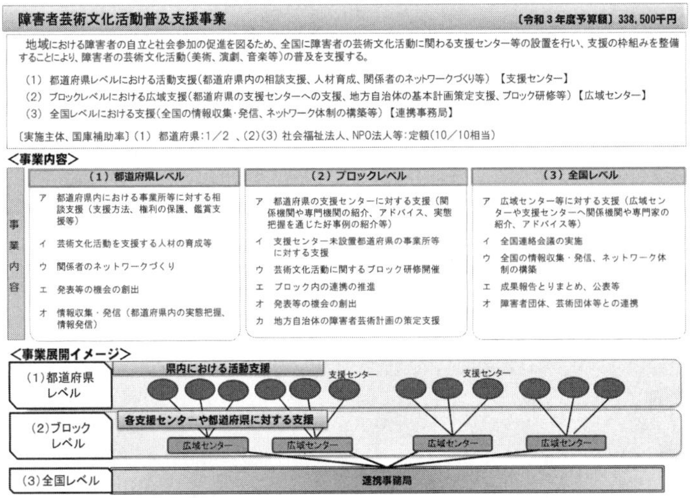

出典：厚生労働省「障害者芸術文化活動普及支援事業」,〈https://www.mhlw.go.jp/content/12200000/000783758.pdf〉（参照 2021-3-10）

Ⅳ　障害者文化芸術活動推進法の今後

1. 障害者文化芸術活動推進基本計画の策定

障害者文化芸術活動推進法制定の翌 2019 年には，同法 7 条の規定に基づき具体的な施策の詳細を定めた「**障害者による文化芸術活動の推進に関する基本的な計画**」（**障害者文化芸術活動推進基本計画**）が厚生労働省と文化庁によって策定された。基本計画は，同法 20 条 1 項で定められた文化庁，厚生労働省，経済産業省その他の関係行政機関の職員をもって構成する**障害者文化芸術活動推進会議**での議論，同条 2 項で定められた障害者による文化芸術活動の推進に関し学識経験を有する者によって構成される障害者文化芸術活動推進

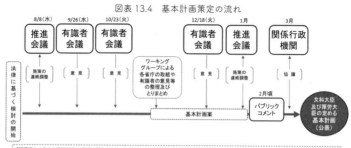

図表 13.4　基本計画策定の流れ

出典：文化庁「障害者文化芸術活動推進基本計画」，〈https://www.bunka.go.jp/seisaku/bunkashingikai/seisaku/16/03/pdf/r1413386_03.pdf〉（参照 2021-3-10）

有識者会議の議論も踏まえて，策定されたものである（図表 13.4 参照）。対象期間は 2019〜2022 年度の 4 年間となっている。

　基本計画には「障害者による文化芸術活動を推進することは，ともすれば『障害者の文化芸術』という分類・枠組みがあるという印象を強め，その他の文化芸術活動との分断を生じさせるのではないかとの懸念があることにも留意する必要がある」という記述もある。障害者文化芸術活動推進法の制定の議論が表面化したとき，あえて法律を作ることが逆に分断を生むのではないかと危惧する声もあった。心配されていたのは，障害者とそれ以外の文化芸術活動の分断だけでなく，障害者の文化芸術活動の中でも法の枠組みに乗りやすいものとそうではないものとの分断も含まれていた。

▼2. 文化庁事業の開始

　障害者文化芸術活動推進法の基本的施策を実現させるべく，文化

図表 13.5　障害者文化芸術推進基本計画の概要

本計画の位置付け

- 「障害者による文化芸術活動の推進に関する法律（平成30年法律第47号）」（以下「障害者文化芸術推進法」という。）第7条に基づき、障害者基本法及び文化芸術基本法の理念や方針を踏まえ策定
- 障害者による文化芸術活動の推進に関する施策の総合的かつ計画的な推進を図るものとする

障害者による文化芸術活動推進に当たっての意義と課題

障害者による文化芸術活動の推進は、現在生じている文化芸術活動への参加や創造における物理的・心理的障壁を取り除き、誰もが多様な選択肢を持ち得る社会を構築するためのものであり、文化芸術活動全般の推進や向上に貢献し、我が国に新しい価値の提案をもたらすと同時に、共生社会の実現に寄与する

基本的な方針

○ 障害者文化芸術推進法の定める3つの基本理念を基本的な視点とし、具体的な施策に取り組む

視点1）　障害者による文化芸術活動の幅広い促進

芸術家を目指す人から日常の楽しみとして行う人まで、いかなる障害者でも、地域の様々な場で幼少期から生涯にわたり、多様な文化芸術活動に全国津々浦々で参加できることが重要

視点2）　障害者による芸術上価値が高い作品等の創造に対する支援の強化

新たな価値観や文化創造に寄与する作品・活動も多く生まれており、文化芸術が有する多様な価値を幅広く考慮し、その評価のあり方を固定せずに議論を続けていくことが重要

視点3）　地域における、障害者の作品等の発表、交流の促進による、心豊かに暮らすことのできる住みよい地域社会の実現

地域の様々な領域で、多様な主体が円滑に活動できる環境や関係者の連携体制を整備し、地域に新たな活力を生み出し、障害への理解を深め、誰もがお互いを尊重し合う豊かな地域社会を構築することが重要

施策の方向性

○ 障害者基本計画及び文化芸術推進基本計画の計画期間を踏まえ、平成31〜34年度を対象期間とする

（1）鑑賞の機会の拡大
- 障害特性に応じた利用しやすい環境整備の推進
- 適切な対応ができる人材の育成
- 地域における鑑賞機会の創出　等

（2）創造の機会の拡大
- 創造活動の場の創出・確保
- 多様な創造活動の場における環境・内容の充実
- 創造活動の場と障害者をつなぐ人材の育成　等

（3）作品等の発表の機会の確保
- 発表の場の創出・充実
- 海外への発信　等

（4）芸術上価値が高い作品等の評価等
- 作品や活動等の情報収集・発信と環境整備
- 作品や活動に対する保存等の取組　等

（5）権利保護の推進
- 作品等に関わる様々な諸権利の普及啓発
- 自らの意思表示に困難を伴う障害者への配慮
- 研修、相談などの環境整備等　等

（6）芸術上価値が高い作品等の販売等に係る支援
- 企業等における環境整備や販路開拓の促進
- 地域における相談支援体制の促進　等

（7）文化芸術活動を通じた交流の促進
- 地域、国内外など幅広い交流の促進
- 文化、福祉、教育等の各分野の連携・交流　等

（8）相談体制の整備等
- 地域における相談や支援体制の全国的な整備　等

（9）人材の育成等
- 障害者による文化活動を理解し支援等を行うための人材の育成・教育　等

（10）情報の収集等
- 障害者による文化芸術活動の調査研究
- 国内外における情報収集・発信の促進　等

（11）関係者の連携協力
- 身近な地域におけるネットワークの整備
- 各地域を結んだ広域的な連携の推進　等

出典：厚生労働省『『障害者文化芸術活動推進基本計画』の概要」、〈https://www.mhlw.go.jp/content/000496310.pdf〉（参照 2021-3-10）

庁は，鑑賞の機会の拡大・創造の機会の拡大・作品等の発表の機会の確保など，障害者による文化芸術活動の推進に関する施策を推進する事業に取り組み始めた。

2019 年度から「障害者による文化芸術活動推進事業」の公募，2020 年度から都道府県および政令指定都市対象の文化芸術振興費補助金（障害者等による文化芸術活動推進事業）の募集が始まっている。補助金の対象事業は，障害者文化芸術活動推進法の規定により策定した地方公共団体の計画に基づき，障害者等による文化芸術活動の推進を図るための事業である。つまり，同法 8 条が努力義務として求めている基本計画を実際に策定した自治体が，その計画に基づいて実施する障害者等による文化芸術活動の推進を図るための事業に対する補助金である。地方自治体にとっては，計画を策定することのメリットの 1 つになる。厚生労働省によれば，2020 年 7 月時点で計画を策定しているのは，埼玉，福井，京都，鳥取，岩手，滋賀，奈良，愛媛，大分の 9 府県である[4]。

まだ計画策定に至らない自治体においても，たとえば山口県が法制定を受けて 2019 年度に「障害者文化芸術作品等調査・発掘事業」を実施して，県として初めて障害者芸術の把握と発信を目指したように，自治体に現状把握を促す効果も指摘できよう。

V 障害者と文化政策

▶1. 社会としての対応

かつては，障害は個人の心身機能の障害によるという「障害の医学モデル」が考えられていた。しかし今日では，2006 年の「障害

者の権利に関する条約」で示された「**障害の社会モデル**」という考え方が主流になっている。「障害の社会モデル」では，障害は社会と心身機能の障害があいまって作り出される，つまり「障害」は障害者個人ではなく社会の側にあると捉えられる。同条約は日本も2014年に批准している。社会として作り出してしまっていた障害に対応することが条約の締約国として求められている。

　文化政策における障害者への対応は，障害者文化芸術活動推進法の枠内だけにとどまらない。文化施設の**バリアフリー**というハード面から，実際に施設を訪れた障害者の芸術文化活動を支えるコミュニケーションというソフト面まで，障害者と文化政策の論点は多岐にわたる。2013年に制定され2016年に施行された**障害者差別解消法**が定める不当な差別的取扱いの禁止と合理的配慮の提供についても，特に公立の文化施設の場合，対応が求められる。

▼2. 一人一人の障害者個人の尊重

　障害者と一口で言っても，それぞれの抱えている障害の状態は多様である。重要なのは，具体的な場面で一人一人の障害者個人が尊重されているかどうかである。

　国連の「障害者の十年」の取り組みが始まって間もない1984年に，視覚障害者が彫刻に触って鑑賞できる私立の小さな美術館「ギャラリーTOM」が東京都渋谷区に開館した。設立者の村山亜土・治江夫妻が，一人息子で視覚障害者だった村山錬の「ぼくたち盲人もロダンをみる権利がある」という言葉に突き動かされて設立したという。[5] 2017年に筆者が鑑賞に訪れた際，スタッフの方が，障害者にアートを届けるのではなく，アートを必要としている人が障害を持っていたときにどうやってアートを届けられるかを考えている，

という趣旨の発言をされたことが大変印象に残っている。

　法制度を考えるにあたっては，どうしても「障害者」という一種のカテゴリを想定することになるが，その根本にある，文化芸術を必要とする人にどうやってアクセスできる環境を保障するかという問題意識を忘れてはならない。障害者文化芸術活動推進法は，そのために社会における障害を取り除くべく作られた。一人一人の障害者個人にそのような環境を保障できるか，今後の運用が重要である。

1)　滋賀県社会福祉事業団は「オープンスペース　れがーと」と合併し，2014年4月から「社会福祉法人グロー」として事業を展開している。
2)　アール・ブリュット・ジャポネ展「この展覧会について」，〈http://www.art-brut.jp/about.html〉（参照2021-1-8）。
3)　服部正（2009）「日本の福祉施設と芸術活動の現在」藤田治彦編『芸術と福祉──アーティストとしての人間』大阪大学出版会。
4)　厚生労働省「都道府県における障害者文化芸術活動推進計画の策定状況」，〈https://www.mhlw.go.jp/content/12200000/000681016.pdf〉（参照2021-3-10）。
5)　ギャラリーTOM「What is Tom gallery?」，〈https://www.gallerytom.co.jp〉（参照2021-1-8）。

次のステップ

　障害者に対する文化政策の具体例を挙げてみよう。

　障害者文化芸術活動推進法が，障害者，文化施設，現時点では障害者の定義に当てはまらない健常者，それぞれにとってどういう意味を持つか，考えてみよう。

参考文献

川井田祥子（2020）『障害者と表現活動──自己肯定と承認の場をはぐくむ』水曜社

鈴木京子（2015）『インクルーシブシアターを目指して──「障害者差別解消法」で劇場はどうかわるか』ビレッジプレス

服部正（2009）「日本の福祉施設と芸術活動の現在」藤田治彦編『芸術と福祉──アーティストとしての人間』大阪大学出版会

Column
10 オリンピック憲章

オリンピックはスポーツの祭典として知られているが，文化政策にも影響を与えている。

国際オリンピック委員会（IOC）は，自身の哲学であるオリンピズムの根本原則およびオリンピックに関する規則と付属細則を成文化した**オリンピック憲章**に基づいて活動している。憲章の「オリンピズムの根本原則」[1] 第1項では「オリンピズムはスポーツを文化，教育と融合させ，生き方の創造を探求するものである」と謳われ，スポーツだけでなく文化，教育にも関わることが明言されている。そして第5章規則39においては，開催地の大会組織委員会に対し，「OCOG〔オリンピック競技大会組織委員会〕は……文化イベントのプログラムを催すものとする」と定めている。オリンピック憲章によって，オリンピックの競技大会を開催するにあたっては，**文化プログラム**も実施しなければならない。

2016年ではなく2020年の開催を目指したことで，東京オリンピック・パラリンピックの文化プログラムは，ロンドンから学ぶ機会を得た。大会招致にあたって2013年1月にIOCに提出された東京都の立候補ファイルには，「2020年東京大会では，『アーツ・フォー・オリンピズム・ユース・クリエーション・プログラム』を実施し，若手芸術家を支援する東京都の取組をさらに確かなものにする。……参加する若手芸術家，高齢者，障害者等は，共に創作し，卓越，友情，尊敬というオリンピックの価値を普及し，2012年ロンドン大会の『アンリミテッド』プロジェクトの成功を継承する」と明記され，多様な主体の協働と交流が想定された。[2] 「アンリミテッド」は障がいのあるアーティストによる芸術の発展を目的に掲げた包括的な支援プログラムで，ロンドン大会の文化プログラムを象徴する活動だった。

ロンドン大会に倣って文化プログラムを東京だけでなく日本全国で展開することを念頭に，2020年の開催が決まった2013年9月以降の日本の国レベルの文化政策においても，大会を契機とした文化芸術立国の実現を目

指す様々な施策が進められてきた。2017 年の**文化芸術基本法**への改正をはじめ，関連法や制度の整備が，従来とは段違いのスピードで行われた。

　開催地の東京の場合はもっと早く，当初 2016 年開催を意図して招致活動を始めた 2005 年 9 月以降，2012 年の**アーツカウンシル東京**の設置をはじめとする都レベルの文化政策の充実に取り組んできた。**アーツカウンシル**は第二次世界大戦後のイギリスで設置された芸術支援組織で，今日では欧米諸国やシンガポール，韓国など，世界各国で設置されている。国ごとに違いはあるものの，芸術文化に対する助成を基軸に，政府と一定の距離を保ちつつ文化政策の執行を担う独立した専門機関が，アーツカウンシルだと言える。ロンドン大会の文化プログラムを成功に導いたのは，アーツカウンシルに代表されるイギリスの文化政策による下支えだった。日本でも東京 2020 大会をきっかけとして，国の助成機関である**独立行政法人日本芸術文化振興会**（英文名称 Japan Arts Council）の機能拡充や，東京だけでなく全国各地で地域の文化芸術振興を担うアーツカウンシルを立ち上げる動きが進んでいる。

　こうした流れを振り返ると，オリンピックを契機に十数年かけて，東京都だけでなく日本全体で，文化政策の様々な環境整備が進んできたことは間違いない。オリンピック憲章が文化政策に与える影響は大きい。

---

1) 　公益財団法人日本オリンピック委員会「オリンピック憲章〔2020 年 7 月 17 日から有効〕」，〈https://www.joc.or.jp/olympism/charter/〉（参照 2020-9-18）。
2) 　東京 2020 オリンピック・パラリンピック招致委員会（2013）「東京 2020 オリンピック・パラリンピック立候補ファイル　第 1 巻」，〈https://www.2020games. metro.tokyo.lg.jp/candidate-entire-1-JP_1.pdf〉，15-16 頁。

参考文献

吉本光宏（2014）「2020 年オリンピック・パラリンピックに文化の祭典を～新たな成熟先進国のモデルを世界に提示するために」ネット TAM 講座「特別編（第 1 回）」，〈https://www.nettam.jp/course/tokyo2020/1/〉（参照 2021-3-9）

アイヌ施策推進法

I はじめに

　「アイヌの人々の誇りが尊重される社会を実現するための施策の推進に関する法律」（以下，**アイヌ施策推進法**）は，2019 年 5 月に施行された。これに伴って，1997 年に施行された「アイヌ文化の振興並びにアイヌの伝統等に関する知識の普及及び啓発に関する法律」（**アイヌ文化振興法**）は廃止された。アイヌ施策推進法は基本理念として，「アイヌの人々の民族としての誇りが尊重されるよう，アイヌの人々の誇りの源泉であるアイヌの伝統等並びに我が国を含む国際社会において重要な課題である多様な民族の共生及び多様な文化の発展についての国民の理解を深める」（同法 3 条）ことを掲げている。

　この理念を具現化する方策として①国や地方公共団体の責務，②アイヌ施策を総合的かつ継続的に実施するための支援措置，③民族共生象徴空間の管理に関する措置，④内閣におけるアイヌ政策推進本部の設置，といった規定が設けられている。後述するように，これらの法律の規定は，先住民族の文化や生活に対する配慮を求める国内外の要請に基づいているものである。これまでのアイヌ文化振興法のような固有の文化の振興のみを対象とする文化政策や生活保護制度のような福祉政策は，先住民族としての権利や誇りの尊重に

図表 14.1　ウポポイ

国立アイヌ民族博物館	国立民族共生公園	慰霊施設

出典：ウポポイ（民族共生象徴空間）ウェブサイト「施設情報」，〈https://ainu-upopoy.jp/facility/upopoy/〉（参照 2021-9-28）

あまり寄与してこなかった。このため，これまでの文化振興政策や福祉政策を見直すとともに，産業振興政策などの新たな政策的枠組みを追加した総合的な文化政策の推進を担保する法制度として，アイヌ施策推進法が制定されている。

　アイヌ施策推進法の特徴の１つは，国レベルでの文化政策を具現化する事業の推進と密接に関係していることにある。2020 年に北海道白老郡白老町に開設された**ウポポイ（民族共生象徴空間）**は，国立民族共生公園，国立アイヌ民族博物館，慰霊施設の３つで構成され，アイヌ施策推進法の中でその管理が規定されている。

　このうち国立アイヌ民族博物館は，一般財団法人アイヌ民族博物館を前身としている。アイヌ民族博物館は，1984 年に開館し，アイヌの人々自身の手で自らの文化を紹介し，それを発展させていくことを目的としていた。このように他者の視線による文化の展示ではなく，自文化としての展示に特色があったアイヌ民族博物館の活動は，国立の施設として再編された時に，どのような意味を持って引き継がれるのかがポイントとなっている。

　また，慰霊施設の設置は，人類学の研究目的で戦前期などにアイヌ民族の墓地から掘り出された遺骨の慰霊を目的としている。文部科学省による調査の結果，北海道大学や東京大学などの旧帝国大学を中心に 1600（のちに 1800）体以上の遺骨が保管されていることが明らかとなった。このうち出土地不明など身元が明らかとなってい

ない遺骨が，ウポポイの慰霊施設へ集約されることとなった。

　アイヌ施策推進法に象徴されるような，アイヌの人々の権利や誇りを尊重する社会の形成を目指そうとする社会的な潮流は，近代以降の日本政府における先住民政策への問い直しでもある。このことは，翻って日本を含めた国際社会が，少数派の人々の権利や誇りの尊重，固有の歴史や文化の保護といった課題との向き合い方を改めて議論する段階に入っていることを意味している。互いの文化的多様性を認め合い，誰もが誇りをもって社会生活を営むことができる環境づくりについて，アイヌ施策推進法の分析から考えていくことにしよう。

II　アイヌ施策推進法の概要

　アイヌ施策推進法は，「北海道の先住民族であるアイヌの人々の誇りの源泉であるアイヌの伝統及びアイヌ文化」が置かれている状況や近年の先住民族をめぐる国際情勢を踏まえ，施策推進のための基本理念を掲げている。そのうえで先述したように，①国や地方公共団体の責務，②アイヌ施策を総合的かつ継続的に実施するための支援措置，③民族共生象徴空間の管理に関する措置，④内閣におけるアイヌ政策推進本部の設置などについて定めている。これらの施策の先に，アイヌの人々が民族としての誇りをもって生活できる社会の実現があり，そのことをもって国民が相互の人格や個性を尊重する社会を目指す（同法1条）。

　この法律の目的の中にすでに，これまでのアイヌの人々に対する政策的な歴史が集約されている。まず，「北海道の先住民族であるアイヌの人々」という文言が明記されたことは，少なくとも 1993

年の国連における「世界先住民国際年」の宣言から約30年の年月をかけた議論や運動の結果であった。これまでの開発主義，植民地主義の中で失われてきた先住民としての権利や誇りを回復しようとする世界的な潮流は，北極圏のイヌイット，オーストラリアのアボリジニなど，70か国以上にわたって存在する先住民族を対象とするものである。もちろん，ここにアイヌの人々も含まれるものの，実際に日本社会の中でアイヌの人々が先住民族として法的に認知されるまでには，多くの時間を要することとなった。詳細は後述するが，アイヌ施策推進法の中でアイヌの人々を「北海道の先住民族」と明確に位置づけたことは，文言としては短いものであっても，その意義は極めて重要である。

また，①国等の責務を明記したこと（5条）は，国として，これまでのアイヌの人々に対する政策を問い直し，国家政策としての多文化共生社会の模索を示すものと言えよう。

②アイヌ施策を総合的かつ継続的に実施するための支援措置については，(a) 政府によるアイヌ施策の総合的かつ効果的な推進を図るための基本方針の策定（7条），(b) 市町村による基本方針に基づくアイヌ施策推進地域計画の作成，同計画の内閣総理大臣による認定の申請（10条以下），(c) 認定を受けたアイヌ施策推進地域計画に基づく事業に関する交付金の交付などの特別措置（15条以下）について定めている。

アイヌ施策推進地域計画において対象となる事業は，アイヌ文化の保存，継承に資する事業，アイヌ伝統などに関する理解促進事業，観光振興などの産業振興に資する事業，地域内もしくは地域間の交流，国際交流の促進に資する事業などである（10条2項2号）。計画が認定されると，国は認定市町村に対して交付金を交付することができる。交付金の交付対象は，従来の文化振興や福祉施策だけでな

く，地域振興や産業振興，観光振興など，幅広い分野が含まれている。

　2019 年 9 月 30 日に，政府はアイヌ施策推進法に基づく自治体への初めての交付金として，北海道 12 市町と，三重県松阪市に計約 6 億 6000 万円を交付することを決定した。交付対象事業としては，北海道釧路市のアイヌ文化体験やアイヌアート展示のためのオンネチセ（家屋）改修の基本設計や，阿寒湖アイヌコタンなどのプロモーション，平取町のアイヌ文様をラッピングしたバスの運行や慰霊塔の整備などがある。

　③民族共生象徴空間の管理に関する措置については，国土交通大臣および文部科学大臣が指定する法人に対して，民族共生象徴空間を構成する施設の管理を委託することが規定されている（21 条以下）。2017 年には，公益財団法人アイヌ民族文化財団が民族共生象徴空間の運営者として指定された。

III　アイヌ施策推進法の背景

1.　近代におけるアイヌ政策

　1869 年，開拓使が設置され，蝦夷地は北海道と改称された。明治政府の植民政策により，本州などから多くの人々が移住していった。政府はアイヌの人々が利用してきた土地を国有財産としたうえで，民間に売り払うこととした。また，政府はアイヌ民族の戸籍を作成して日本国民としたうえで，民族的な儀礼や伝統的な風習の禁止，日本語の使用を強制するなどの同化政策を進めていった。アイヌ民族を「旧土人」と呼び，和人とは差別した。伝統的な生活を支

えてきたサケ漁やシカ猟も禁止された。

　このような政策の結果，アイヌの人々の生活が困窮するようになると，1899 年，**北海道旧土人保護法**が制定された。この法律により，もともとアイヌの人々は交易や狩猟採集を営んでいたにもかかわらず，土地を付与されて農業が奨励された。しかし，実際には初めから農業に向かない土地を与えられ，その土地も和人のものに比べて狭小であるケースが多かった。

　ほかにも旭川市内では，北海道旧土人保護法の規定によりアイヌの人々に付与される土地が設定されていたにもかかわらず，1899年に決定した陸軍第七師団の設置用地と近接していたことから利権の対象とされ，土地の付与が保留され続けた。これに対するアイヌの人々の抵抗と運動により，1934 年に**旭川市旧土人保護地処分法**が制定され，わずかな土地がアイヌの人々に付与された。

　他方で，近代以後，自然人類学などの調査目的でアイヌの人々の墓地から遺骨が盗掘されるケースが後を絶たなかった。これらの調査目的で収集された遺骨は，北海道帝国大学や東京帝国大学などにおさめられ，戦後にアイヌの人々からの返還運動が展開されることとなった。

▼2. アイヌ文化振興法の制定

　戦後の日本国憲法下にあっても，北海道旧土人保護法，旭川市旧土人保護地処分法は法律として存続した。1984 年に北海道ウタリ協会は，基本的人権の回復，生活水準や教育の改善，アイヌ文化の伝承，民族自立化基金およびアイヌ民族政策の立案へのアイヌ民族の参加などをもとめたアイヌ民族に関する法律案を作成し，この法律の制定を北海道や政府・国家に働きかけた。

その一方で，1986 年に当時の首相であった中曽根康弘は，「私は，日本におきましては，日本の国籍を持っている方々でいわゆる差別を受けている少数民族というものはないだろうと思っております」と答弁したことが問題視された（第 107 回国会衆議院会議録第 7 号）。この一連の問題の中で，北海道旧土人保護法が見直される機運が生まれた。同年には国連人権センターが調査に乗り出すなど，国際的な人権問題として取り上げられる事態となり，日本政府が 1989 年にはアイヌ新法問題検討委員会を設置する運びとなった。

　先に述べたように，国連総会において，1993 年を「世界先住民国際年」とする総会決議が採択された。アイヌ民族を含めた世界の先住民族の権利保障に向けた国際協調路線が示されたことで，日本における先住民政策のあり方がより問われることとなった。

　こうした国内や国際舞台での議論を踏まえつつ，1997 年に**アイヌ文化の振興並びにアイヌの伝統等に関する知識の普及及び啓発に関する法律**（以下，**アイヌ文化振興法**）が成立した。この法律は，「アイヌの人々の民族としての誇りが尊重される社会の実現」を目的に，国と地方自治体にアイヌ文化の振興を義務づけた。これにより，人権上問題を抱えてきた北海道旧土人保護法，旭川市旧土人保護地処分法は廃止された。だが，アイヌ文化振興法は，アイヌの伝統文化の保護や発展に重点を置くものの，アイヌの人々の生活環境自体を考慮していない。また，継続的に議論されてきたアイヌ民族の先住性が明記されることはなかった。

　実際に同法施行から 3 年を経て，文化活動は充実したものの，差別は依然として残されていた。「新法ができても，差別を恐れて，自分がアイヌであることを隠して生活している人が多く，自らの文化を誇りに思う雰囲気がまだ浸透していない」[1]との声が存在したのは，現代社会を生きるアイヌの人々の生活実態そのものに変化はな

かったことを示していた。また，2000 年台に入っても，国会議員などから日本＝単一民族発言が相次ぎ，アイヌの人々が抗議するといったことが繰り返されていた。

▼3. アイヌ施策推進法の制定

2007 年 9 月，国連において「先住民族の権利に関する国連宣言」が採択され，先住民族の文化や教育，経済的な権利や土地・資源など幅広い範囲の権利が認められた。アイヌ文化振興法では，文化の保護や振興を対象とするものの，アイヌの人々の先住民としての権利は対象外となっていた。その理由は，自決権や自治権，資源・土地の所有権などをアイヌ民族の先住権として認めると，政府として新たな財政支出や複雑化した権利関係の解消といった関連する諸問題に取り組まざるをえなくなるからである。

国連宣言を受けて，2008 年に自民，民主，公明，共産，新党大地など北海道選出の国会議員らで作る「アイヌ民族の権利確立を考える議員の会」による，アイヌ民族を先住民と認定する国会決議案が提出され，決議された。この決議に基づき，「アイヌ政策のあり方に関する有識者懇談会」が設立され，①法的根拠に基づく国レベルの総合的アイヌ政策の確立，②政府内におけるアイヌ政策を統括する部署の新設を提案した。

一方で 2009 年に北海道は，高橋はるみ知事や有識者でつくる「アイヌ政策を考える懇談会」を開き，政府の「アイヌ政策のあり方に関する有識者懇談会」に対して，アイヌ政策推進に向けた意見書を提出した。この意見書の中で新法の制定や生活支援，共生の象徴となる施設の設置などを提言した。

この提言の背景には，アイヌの人々が置かれている現状があった。

北海道大学アイヌ・先住民研究センターが行ったアイヌ民族の生活実態調査によれば，2008年時点で，アイヌ民族の年収は，北海道の平均の3分の2，生活保護率は2倍超であることが明らかとなった。30歳未満の若い世代の大学進学率は約20％にとどまり，全国平均より20ポイント以上低く，所得の低さが進路にも影響を与えている可能性が指摘された。[2)]

　こうした調査結果は，「アイヌ政策のあり方に関する有識者懇談会」の議論にも影響を与えていくこととなった。素案の作成にあたっては，アイヌ民族について，「国の政策として近代化を進めた結果，アイヌの文化に深刻な打撃を与えた」とし，その復興に対して配慮し責任を負うのは国であり，「国が主体性を持って政策を立案し遂行することが求められる」とした。また，生活支援に関しても，「アイヌの人々が，居住地に左右されず，自律的に生を営み，文化振興や伝承等を担えるようにするための支援が必要」との見解を示した。こうした議論が，新法制定への足掛かりとなっていったのである。

　民主党政権へ移行後の2010年には，アイヌ政策推進会議が設置され，さらに「民族共生の象徴となる空間」，「北海道外アイヌの生活実態調査」の2つの作業部会が設けられた。この作業部会での議論を踏まえて，象徴空間の候補地として白老町が選定され，アイヌ文化の復興拠点施設の整備が計画された。この施設は，アイヌの文化や歴史を広く理解する場であるとともに，北海道大学などが所蔵するアイヌの人骨のうち遺族への返還の目途がたたないものについて，集約する機能が想定された。

　第2次安倍内閣成立後の2013年9月，「民族共生の象徴となる空間」が，2020年開催決定となった東京オリンピック・パラリンピックに合わせて開設されることとなった。2014年には「民族共

生の象徴となる空間（象徴空間）」の整備や管理運営手法を定めた基本方針について，政府は閣議決定した。国際的なスポーツイベントの開催によって日本が世界から注目を浴びる中で，同時期に象徴空間を設置することは，日本政府が先住民族の権利や文化の保護に積極的に取り組む姿勢を対外的に示す絶好の機会となる。

こうした中で，2014年8月，自民党市民会議所属の札幌市議がツイッター上で「アイヌ民族なんて，いまはもういない」と書き込んだことが物議を醸した。アイヌ民族をめぐる新たな法整備や施設建設が議論されている中で，反アイヌ民族の立場をとる人々は少なからず存在する。これまでの少数民族保護政策は，既得権益保護や逆差別としてしばしば批判の対象となってきた。異なる意見や立場をどのように調整し，社会の中で合意形成を図っていくべきかは，今後の課題として残されている。

その後の議論を経て，2019年に**アイヌ施策推進法**が成立し，施行された。国立アイヌ民族博物館は，オリンピックイヤーであった2020年4月に開館予定であったが，新型コロナウイルス感染拡大を受けて2度延期され，同年7月に正式にオープンした。

IV 新法制定後のこれから

▼1. アイヌ施策の全体像

従来のアイヌ政策は，アイヌの人々の生活向上をめざす福祉政策とアイヌ文化振興法に見られるような文化保護政策の2つの柱で展開されてきた。このことが結果的に，差別の助長や凍結的な文化保護に繋がっていた面は否めない。福祉政策と文化政策のそれぞれ

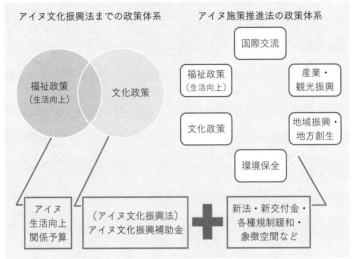

図表 14.2　アイヌ文化振興法からアイヌ施策推進法への移行

アイヌ文化振興法までの政策体系

福祉政策（生活向上）　文化政策

アイヌ生活向上関係予算　（アイヌ文化振興法）アイヌ文化振興補助金

アイヌ施策推進法の政策体系

国際交流

福祉政策（生活向上）　産業・観光振興

文化政策　地域振興・地方創生

環境保全

＋　新法・新交付金・各種規制緩和・象徴空間など

の中で事業が展開されるという縦割り行政を要因として，過去の文化ではなく，今を生きる文化をいかに振興し，差別のない社会を築いていくかという現在的課題に必ずしも対応できていなかった。

　アイヌ文化振興法制定から約 10 年を経た 2008 年ごろから現在までの議論では，法整備と民族共生象徴空間の設置を基軸として，①アイヌ文化の幅広い理解促進，②アイヌ文化の観光資源化，③研究目的で収集された身元不明の遺骨の慰霊，④アイヌの人々の生活支援といった諸課題が浮き彫りになった。このような課題を解決するためには，個々の問題を切り分けて各課題に焦点を絞った政策を個別に設けるのではなく，一体的な政策が必要である（図表 14.2）。

　たとえば，アイヌ文化は決して不変的なものではなく，時間を重ねるごとに変化し，現在のアイヌの人々の生活を形作っている。現代のアイヌの人々は，伝統的な狩猟や漁労などの生業を営んでいるわけではなく，シェフや家具職人，俳優などの多様な職種に就いて

いる。

また，観光の問題も同様である。2020年の東京オリンピック・パラリンピックに合わせて民族共生象徴空間を整備する以前から，アイヌの人々は自らの文化を観光資源に変えてきた。舞踊を人々の前で披露することは，本来の舞踊が持つ文化的役割とは異なってくる。しかしそれは，文化の変容という側面だけでなく，社会に適合した生業の創出（それがアイヌの人々にとって本意であるかどうかは別として）を意味するのであり，明快に文化と観光とを分割して捉えることはできない。

つまりこれまでのアイヌ文化と現在のアイヌの人々の生活は，形を変えながらつながっており，単純に切り離して問題を捉えることはできないのである。アイヌの人々をめぐって差別や偏見が繰り返されてきた背景の1つは，こうした問題群の全体像を捉えることなく，個別的な問題として過小評価してきたことにある。たとえば，「アイヌの人々に対する福祉政策は，利権になっている」といった批判は，問題の矮小化と密接に関わっている。アイヌ施策推進法の制定や民族共生象徴空間の創出は，問題群を総体的に捉えようとする今日の文化政策上の議論を体現しているといえる。

▼2. 残された課題

法制度や施設の整備は，それだけですべての問題を解決しうるものではない。たとえば，アイヌの血が少しでも入っていれば本人の意思にかかわらずアイヌらしさを期待される社会に息苦しさを感じる人も存在する。一般的なアイヌ民族のイメージの強要が，アイヌの人々の生きづらさにつながっているのである。このために，アイヌ民族であることを名乗らない「サイレント・アイヌ」と呼ばれる

人々は，推計で 10 万人以上いるとされている。[4] アイヌ民族の存在自体を否定するような，公の場における差別が問題視される一方，アイヌの人々に対して，イメージ化されたアイヌ民族としての振る舞いを強要するといった潜在的課題は残されたままである。

　また，河川でのサケ捕獲は先住民族が持つ権利「先住権」にあたるとして，2020 年 8 月，浦幌町のアイヌ団体「ラポロアイヌネイション」（旧浦幌アイヌ協会）が，国と道を相手どり，水産資源保護法などで規制されずに漁ができることの確認を求める訴訟を札幌地裁に起こした。法律や道規則では，アイヌの人々が伝統儀式のためにサケを捕獲する場合，許可制となっている。アイヌ施策推進法 17 条では，「さけ採捕事業が円滑に実施されるよう適切な配慮をするものとする」とされているが，依然として許可が必要であることに変わりはない。狩猟採集のような生業スタイルは，アイヌ文化を構成する重要な要素であるが，施策が実態に必ずしも即していない。

　このように今日における法制度や施設の整備は，アイヌの人々の今の生活実態にどれだけ寄り添うことができているかと問うならば，すべてが成功しているわけではないことがわかる。アイヌ施策推進法の制定は，先住民族としてのアイヌ民族の権利を保護するという理念を掲げた点で評価しうるものの，同法との間に齟齬を生み出している既存の関連法制度のあり方も今後問われていくだろう。

V　最後に

　1997 年の北海道旧土人保護法の廃止とアイヌ文化振興法の制定から 2019 年のアイヌ施策推進法の制定へという法整備の流れは，近代日本の先住民政策を問い直し，凍結的な過去の文化保護ではな

く，現在の生活までを施策の範疇に含めた文化政策の実現のプロセスでもある。地域文化を活力ある社会の創生に活用するという観点に立てば，たとえば，今日の文化財保護法に求められる役割とも共通する方向性である。文化財保護法がそうであるように，アイヌ施策推進法は，関連する法制度の再整備や新たな法の制定によって，より社会の実態に即した文化振興や保護を模索する手がかりとなるはずである。このようにアイヌ施策推進法を捉えるならば，先住民族を含めた多様な文化が共生する社会の実現にやっと踏み出したに過ぎないと言える。

1) 「『アイヌ新法』施行から 3 年　文化活動が充実　課題は差別解消」『読売新聞』2000 年 5 月 10 日。
2) 中村康利（2010）「社会保障の現実と課題」小内透編著『現代アイヌの生活と意識——2008 年北海道アイヌ民族生活実態調査報告書』北海道大学アイヌ・先住民研究センター，49-58 頁，野崎剛毅（2010）「教育不平等の実態と教育意識」同書 59-71 頁。
3) 「『アイヌの今』伝える　国立アイヌ民族博物館初代館長　佐々木史郎さん」『読売新聞』2020 年 7 月 15 日。
4) 「［共生への道］（下）多様な民族　尊重の心を」『読売新聞』2020 年 7 月 17 日。

次のステップ

🍃 2013年9月に北海道恵庭市の温泉施設で，ニュージーランドの先住民族マオリの女性が顔の入れ墨を理由に入浴を断られるなど，時として先住民族文化と観光政策が相いれない場合がある。先住民族文化と現代社会の関係について，考えてみよう。

🍃 オリンピック・パラリンピックや万国博覧会などの文化的イベントと先住民族文化とのこれまでの関係を整理してみよう。

🍃 アイヌの人々の先住権を日本社会が容認するうえで，漁業権や土地所有権といった既存の権利との調整が必要となる。このために必要な法改正はどのようなものが想定されるか，整理してみよう。

参考文献

植木哲也（2017）『新版 学問の暴力』春風社

テッサ・モーリス＝スズキ・市川守弘（2020）『アイヌの権利とは何か』かもがわ出版

竹内渉（2020）『戦後アイヌ民族活動史』解放出版社

　タトゥーは古今東西で広く見られる身体的な装飾であり，わが国では，入れ墨，刺青，イレズミなどと表現されてきた（以下では「入れ墨」の表記を用いる）。

　わが国では，入れ墨が「反社会性」と結びつけられることが珍しくなかったため，威圧感や不快感を覚える人が少なくないという社会調査の結果も存在する。もっとも，日本に居住したり，「インバウンド」の形で日本を訪れたりする外国人が増える中で，タトゥーを施した外国人への対応のあり方を契機として，日本社会としてタトゥーに対してどのように向き合うべきなのかということが問われている。

　最初に確認したいのは，わが国における入れ墨についても，そのすべてを「反社会性」と結びつけるのは適切ではないということである。アイヌ民族では，女性が唇や手に「シヌイェ」という入れ墨を施すことが伝統的な習俗であった。しかし，明治政府が明治初期に禁止したことでこの習俗は廃れていったと言われる。また，ユネスコの世界記憶遺産に登録された山本作兵衛（1892〜1984年)の炭鉱記録画には，入れ墨を施した坑夫が記録されている。炭鉱の労働環境は常に危険と隣り合わせであり，落盤，ガス爆発，炭塵爆発などの大規模災害は多くの坑夫の命を奪ってきた。坑夫が事故で落命した際に，入れ墨は坑夫を識別する標識としての機能を果たすことも期待されていたと言われる。入れ墨という表現の行われる社会的文脈を確認せずに，単純に「反社会性」と結びつけることは避けるべきであろう。

　近時，タトゥーや入れ墨を施した者が入浴施設を利用することを拒否できるかということが社会的な議論を呼んでいる。2013年9月には，ニュージーランドのマオリ族の女性が，訪問中の北海道で民間の温泉施設を利用しようとしたところ，顔にタトゥーを施していることを理由に施設の利用を拒否された。観光庁が2015年に全国の温泉施設を対象に行った調査では，タトゥーを施している者の入浴について，断るが56%，断らない

が31%，シール等で隠す等の条件付きで許可しているが13%という結果であった。観光庁は2016年3月に，「入れ墨（タトゥー）がある外国人旅行者の入浴に際し留意すべきポイントと対応事例」を公表し，入浴施設が対象者について，①シール等で入れ墨部分を覆うなど，一定の対応を求める方法，②入浴する時間帯を工夫する方法，③貸切風呂等を案内する方法などを講ずることにより，入浴施設における対応改善を促している。

　タトゥーや入れ墨については，入浴施設の利用に加えて，いくつかの裁判例が現れるなど，問題の広がりが見られる。たとえば，入れ墨が著作物として保護されるか否か，入れ墨を施した者が執筆した書籍に入れ墨の画像を掲載し，その際に色調を変えたことが彫り師の著作者人格権を侵害するか否かといった点が争われた事件がある（東京地判平成23年7月29日〔平成21年（ワ）第31755号〕，知財高判平成24年1月31日〔平成23年（ネ）第10052号〕）。

　また，タトゥーの施術では「針を取り付けた施術用具を用いて人の皮膚に色素を注入する行為」が行われるが，これが医師法17条の「医行為」に当たるとしてタトゥーの施術師が起訴された事件もある。第一審（大阪地判平成29年9月27日〔平成27年（わ）第4360号〕）はタトゥーの施術が医行為に当たると判断したが，控訴審（大阪高判平成30年11月14日〔平成29年（う）第1117号〕）および上告審（最決令和2年9月16日〔平成30年（あ）第1790号〕）は医行為に当たらないと結論づけた。

　タトゥーや入れ墨に関する議論の社会的広がりは，それらを画一的に「反社会性」に押し込めることが困難かつ不適当であるということを示している。まさに文化多様性に関する問題の1つとして，私たちの社会がどのようにタトゥーに関する問題について解決策を模索していくべきなのか問われている。

日本語教育推進法
日本語教育が創る多文化共生社会

I　はじめに

　超党派の「日本語教育推進議員連盟」が立案し，議員立法として2019 年 6 月に成立した「**日本語教育の推進に関する法律**」（**日本語教育推進法**）は，国や地方公共団体に日本語教育を進める責務があると明記し，外国人労働者の雇用先は学習機会の提供などの支援に努めることを定めている。同年 4 月の外国人労働者の受け入れ拡大を踏まえ，外国人が日本社会において安定的な生活を送れるようにすることが目的である。同法は外国人の労働者や留学生，児童・生徒らに対して，日本語教育を受ける機会を最大限確保することを基本理念に掲げている（13 条）。また，政府に基本方針を定めることを義務づけ（10 条），学校の教員に対する研修を充実させる（12 条）とともに，日本語教師の資格制度を整備する（21 条）ことなどを要請している。自治体には地域の実情に応じた施策を実施するよう努めることを求めている（11 条）。

　日本語教育推進法の狙いは，**日本語教育**の充実の先に，「多様な文化を尊重した活力ある共生社会の実現」に資するとともに，「諸外国との交流の促進並びに友好関係の維持及び発展に寄与する」（同法 1 条）ことにある。言語の習得という国語教育の枠組みにとどまらず，日本語習得を通じて，多文化共生型の社会を実現しようと

している点で，文化政策上の法制度として同法を捉えることができる。この背景にはもちろん，すでに幅広い文化的背景を持った人々が共に暮らしているという日本社会の現実がある。

文化芸術基本法19条には，「国は，外国人の我が国の文化芸術に関する理解に資するよう，外国人に対する日本語教育の充実を図るため，日本語教育に従事する者の養成及び研修体制の整備，日本語教育に関する教材の開発，日本語教育を行う機関における教育の水準の向上その他の必要な施策を講ずるものとする」と規定されている。日本語教育推進法は，単独で存在するものではなく，文化芸術基本法19条の規定を具現化するものであり，文化政策を構成する重要な要素の1つとして日本語教育は組み入れられている。

日本語教育の推進が，これから望ましい**多文化共生**の社会をどのように形成しうるのか，また私たちは同法を通じてこの問題とどのように向かい合うべきなのか，という点について本講で考えていくことにしたい。

II 日本語教育推進法の概要

すでに述べたとおり日本語教育推進法は，日本に居住する外国人が日常生活および社会生活を国民とともに円滑に営むことができる環境を整備し，その先に多様な文化を尊重した社会を形成することを目的として制定された。

同法の特色の1つは，法律の目的に沿って重要な役割を担っている国，地方公共団体，事業主の役割を明示した点にある。国は法律の基本理念に則り，日本語教育の推進に関する施策を総合的に策定し，実施する責務を負っており（4条），地方公共団体は国との適

切な役割分担を図り，地域の状況に応じた施策を策定，実施する責務を負っている（5条）。また，外国人を雇用する事業主には，国や地方公共団体が実施する日本語教育の推進に関する施策に協力するとともに，雇用する外国人やその家族に対する日本語の学習の機会を提供し，日本語学習の支援に努めることが求められている（16条）。

日本語教育を推進するために重要な役割を果たすべき三者を明示したうえで，同法は基本的な施策として，①国内における日本語教育の機会の拡充，②海外における日本語教育の機会の拡充，③日本語教育の水準の維持向上を掲げている。

①国内における日本語教育の機会拡充では，国の責務として，外国籍の幼児，児童，生徒等に対する生活に必要な日本語教育の充実を図るため，日本語教育のための教員の養成や配置を規定している（12条1項）。さらに，外国人留学生に対し，日本語能力を必要とする職業に就くための日本語教育の充実を図るための施策を国が講じることを定めている（13条）。事業主に対しても，その雇用する外国人に対して，日本語学習のための支援を国が行うこととされている（14条）。

②海外における日本語教育の機会の拡充については，海外で行われる日本語教育が，日本に対する理解や関心を深め，日本企業への就職を円滑にするといった側面から，海外における日本語教育者の養成，教材の開発・提供に関する施策を国が講ずるように規定している（18条）。あわせて，国は海外に在留する日本人の子ども，海外に移住した子孫などに対する日本語教育の充実を図ることとされている（19条）。南米など，特に海外に数多く移住した日本人の子孫が来日し，就業や就学に際して日本語の習得が不可欠になっていることを踏まえた内容となっている。

③日本語教育の水準の維持向上については，国が日本語教育を行う機関における，日本語教育の従事者に対する研修機会を確保することなどを定めている（20条）。これに加えて，国が日本語教育従事者の資格に関する仕組みを整備することを規定している（2条1項）。同様に，海外における日本語教育の水準の維持向上に関しても，日本語教育に携わる者の専門性を確保することが同法に明記されている（同条2項）。日本語教育の現状は，ボランティア活動などによるサポートが少なくない。法制度の整備によって，より安定的かつ高度な専門性に基づいた日本語教育制度の実現が期待される。

III 日本語教育のこれまで
日本語教育推進法の背景

1. 日本語教育を必要とする児童・生徒数の増大

1990年6月に「出入国管理及び難民認定法」が改正されたことに伴い，日系人を含む外国人の滞日が増加した。さらに，深刻な人手不足を背景として，2018年12月に同法が改正され，2019年4月から新たな在留資格「特定技能」が創設されたことで，在留外国人のさらなる増加が見込まれている。

今日，これらの外国人に同伴される子どもが増加している。2018年度時点で，全国の公立小中高校などで日本語指導が必要な児童・生徒は，約5.1万人となっている（図表15.1）。2008年の約3.3万人から10年間で約1.5倍に増えた。母語別に見ると，ブラジルなどの南米地域や中国やフィリピンといったアジア地域からの外国籍児童・生徒が大半を占めている。2019年度に文部科学省が実施した「外国人の子供の就学状況等調査」によれば，住民票に登録

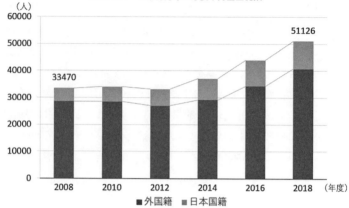

図表 15.1　日本語指導が必要な児童生徒数

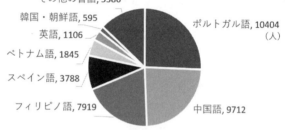

図表 15.2　外国籍児童生徒の母語別公立小中学校在籍情況（2018 年度）

その他の言語, 5386
韓国・朝鮮語, 595
英語, 1106
ベトナム語, 1845
スペイン語, 3788
フィリピノ語, 7919
ポルトガル語, 10404
（人）
中国語, 9712

図表 15.1，15.2 とも，文部科学省（2019 公表，2020 一部訂正）「『日本語指導が必要な児童生徒の受入状況等に関する調査（平成 30 年度）』の結果について」，〈https://www.mext.go.jp/content/20200110_mxt-kyousei01-1421569_00001_02.pdf〉から作成

されている外国籍の子どもの 16％ にあたる 1 万 9471 人は就学していない。実質的に日本の公立学校は外国籍の子どもの教育に対して門戸を開いているものの，多くの外国籍の子どもが学びの機会を得ていないことが明らかとなっているのである。

　外国籍の子どもは日本人と異なり，法律上は保護者に就学させる義務はない。しかし，外国人の子どもたちが日本における生活の基礎を身につけ，その能力を伸ばし，未来を切り開いていくことは，

国際人権規約に基づく権利であり，そのための環境を整備する第一歩として日本語教育推進法が制定された。

▼2. 日本語教育が必要な背景

(1) これまでの日本語教育

　戦前・戦中期の日本語教育は，朝鮮半島や台湾，パラオなどの太平洋諸島といった大日本帝国の海外領土（外地）に居住する人々，さらには北海道や樺太，千島の先住民であるアイヌの人々に対して行われた。それは，こうした地域の人々を日本人として同化するための政策であり，独自の言語や文化の多様性を否定するものであった。したがって，そこで実践された日本語教育とは，言語教育ではなく，日本人になるために必要な「国語」教育であった。日本語教育推進法が多文化共生社会の実現を目指しているように，今日の日本語教育の推進は，文化的な同質化を目指していたかつての日本語教育とは全く異なるものである。

　今日の日本語教育につながる文脈の1つは，1960年代の識字学習・識字運動である。当時，被差別部落の人々や在日韓国人・朝鮮人，中国からの帰国者，無戸籍児，貧困者など様々な理由で文字の読み書きが困難な人々がおり，こうした人々を対象として**夜間中学校**における識字学習が実践されていった。夜間中学校における識字学習は，誰もが等しく教育を受ける権利を保障しようとするものであったといえる。

　今日の日本語教育においても夜間中学校の意義は重要である。2000年以後，仕事や国際結婚などで来日した外国人やその家族，アジアやアフリカからの難民や脱北者が日本で暮らすようになると，夜間中学校は，彼らの子どもたちのような社会的弱者である様々な

図表 15.3　全国の夜間中学校設置状況

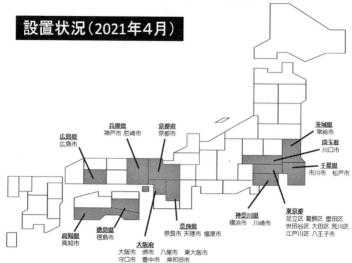

設置状況（2021年4月）

広島県
広島市

兵庫県
神戸市　尼崎市

京都府
京都市

茨城県
常総市

埼玉県
川口市

千葉県
市川市　松戸市

高知県
高知市

徳島県
徳島市

大阪府
大阪市　堺市　八尾市　東大阪市
守口市　豊中市　岸和田市

奈良県
奈良市　天理市　橿原市

神奈川県
横浜市　川崎市

東京都
足立区　葛飾区　墨田区
世田谷区　大田区　荒川区
江戸川区　八王子市

出典：文部科学省（2021）「夜間中学の設置促進・充実について」,〈https://www.mext.go.jp/a_
menu/shotou/yakan/index.htm〉（参照 2021-8-4）

義務教育未修了者の学びの場となってきた。こうした状況を踏まえ
て，2016 年に制定された**義務教育の段階における普通教育に相当す
る教育の機会の確保等に関する法律**では，「不登校児童生徒等に対す
る教育機会の確保」とともに，「夜間その他の特別な時間において
授業を行う学校における就学の機会の提供」を掲げている。つまり，
今日の夜間中学校は，義務教育の場であるとともに，日本語教育を
支える場としての機能が求められている。

　実際に，日本語がほとんどわからずに入学し，夜間中学校におけ
る社会や理科の授業など，「理解できない授業」を受けなければな
らないケースは少なくない。また，学齢期を超過しているために日
本の昼の中学校への編入を断られる**外国にルーツを持つ子どもたち**
は，日本語の理解が不十分であることもあって，高校受験の資格条
件となる「中卒認定試験」合格という壁が立ちはだかる。そのため

高校進学を断念し，結局非正規の仕事に就かざるをえないなど，職業選択の幅が限定されてしまうことになる。日本語教育推進法の制定は，日本における義務教育を受ける際の基礎的なスキルとして，また多様なキャリア形成として，日本語教育環境の整備が求められてきたことと深く関連している。

(2) 進学やキャリア支援としての日本語教育

在留外国人の子どもたちに，なぜこれほどまでに日本語教育が必要なのだろうか。すでに触れたように，教育を受ける機会がなければ就業機会が限定され，人生の選択肢の幅が狭められてしまうことが大きな要因の1つとなっている。外国人の児童・生徒などの多くは，自らの選択ではなく，保護者の就労・結婚・進学などに伴って来日している場合が多いとされる。その中で，日本語の習得や学校での学習に前向きに取り組むことができない児童・生徒は少なくない。

文部科学省による「日本語指導が必要な児童生徒の受入状況に関する調査」(2018年度)によれば，日本語指導が必要な高校生の場合，高校の中途退学率は全高校生に対して極めて高く，大学などへの進学率は低いという結果になっている。また，就職先も非正規で就職するケースが多く，進学も就職もしていない者の率も高い（図表15.4)。

この調査結果は，外国人の児童・生徒の高校卒業や大学進学は実際に困難な状況にあり，就職の選択肢も限られていることを示している。日本語習得が困難な場合，日本での義務教育を十分に受けることができず，進学や就職もルートが限られてしまう。母語の習得が不十分な場合，母国での進学や就職も困難となってしまう。さらに，最終学歴や職業の選択幅が限定されていることは，本人だけで

図表 15.4　日本語指導が必要な児童生徒の受入状況に関する調査（2018 年度）

	中途退学率	進学率	就職者における非正規就職率	進学も就職もしていない者の率
日本語指導が必要な高校生等	9.6%	42.2%	40.0%	18.2%
全高校生等	1.3%	71.1%	4.3%	6.7%

文部科学省（2019 公表，2020 一部訂正）「『日本語指導が必要な児童生徒の受入状況等に関する調査（平成 30 年度）』の結果について」，〈https://www.mext.go.jp/content/20200110_mxt-kyousei01-1421569_00001_02.pdf〉; から作成

なく，その子どもに引き継がれる可能性がある。近年，日本人の中でも学歴や職業が親から子へ，子から孫へと再生産され，階層の固定化が懸念されているが，同様の懸念は日本語の習得が不十分な児童・生徒にも当てはまる。このような状況を放置することは，「頑張っても報われない」，「頑張って人生を切り拓く選択肢自体が存在しない」ような不公正な社会を生み出しかねない。

　筆者が 2018 年に群馬県邑楽郡大泉町で聞き取りを行ったところ，2000 年代頃まで外国人の児童・生徒は，中卒で親と同じ非正規労働の仕事に就くケースが多かったという。近年，高校まで進学する若者が増えているものの，中退してしまうこともあるという。また，大学進学できたとしても，就職は出身国へ帰って親と同じ職業を選ぶ事例が少なくない。外国出身の人々にとって，日本社会における教育機会の獲得やキャリア選択の幅は極めて限られており，その原因の 1 つが日本語スキルを十分に習得できていないことにある。

（3）　日本語と母語の習得の必要性

　幼い頃に来日し，母語も日本語も苦手な「ダブル・リミテッド」の子どもは少なくない。また，母語しか話すことのできない家族とのコミュニケーションが取れなくなるなどの課題がある。思考力，抽象化・一般化して物事を表現する能力は，小学校高学年程度まで形成されるが，来日後も母語の習得を継続するか，日本語の学習

をしっかりと行わないと，これらの能力が未発達となることがある。

　こうした状況を踏まえて，静岡県浜松市では，市内小中学校に在籍する外国人の子どもたちを対象として，母語の読み書きや母文化に触れる活動を通じて，母語によるコミュニケーションの向上を目指している。市はNPOに委託して，ポルトガル語やスペイン語，ベトナム語それぞれの教室を毎週土曜日に実施している。[1]

　大阪府豊中市では，小学生以上の外国人の子どもたちを対象に，母語による会話や読み書き，料理やダンスといった母文化を学ぶ教室を開催している。中国語やスペイン語，ポルトガル語，タイ語についての教室が国際交流協会の主催で実施され，同じ境遇の仲間との出会いの場ともなっているという。また，講師は外国にルーツを持つ若者が務め，ロールモデルとしての役割を果たしている。さらに，豊中市教育委員会が国際交流協会に委託して，市内全小学校（3～6年生）の全クラスを対象として，外国語体験活動を実施している。講師は地域在住の外国人で，外国ルーツの子どもが在籍するクラスにはルーツが同じ外国人が行くなど，国際理解を通して児童・生徒のルーツが肯定的に受け止められる環境づくりを進めている。[2]

　ただし，上記に掲げた取り組み事例は，まだ少数にとどまっているのが実情であり，残念ながら必要としている多くの児童・生徒にこうした環境が行き渡っていない。日本語の習得と同時に，母語の習得や母文化と触れ合う機会は，外国人の児童・生徒の教育環境改善だけにとどまらず，学校や地域における国際理解や多文化共生の意識が育まれる可能性を秘めている。外国にルーツを持つ子どもの数に関係なく，すべての初等・中等教育や生涯学習の中でこうした取り組みは有効である。

IV 日本語教育のこれから
日本語教育がもたらす多文化共生社会の可能性

　では，進学や就職などの面で，多様なキャリア形成の道を拓き，自文化についてのアイデンティティを確立しつつ，他文化を尊重する社会を実現するための日本語教育を推進していくためには，どうすればよいのだろうか。外国人児童生徒等の教育の充実に関する有識者会議「外国人児童生徒等の教育の充実について（報告）」(2020年) に分野ごとの施策としてまとめられた，以下の5項目について取り上げてみたい。

(1) 指導体制の確保と充実

　図表 15.5 に示したように，2013 年以降着実に日本語教師の数は増えているが，日本語学習を必要とする人々の数に対して，未だ十分とは言えない。このように日本語教師数を増やす政策が求められる一方で，初等・中等教育における日本語教師の配置方法の問題が存在する。

　外国人の児童・生徒が十分な日本語教育を受けられない原因の1つとして，日本語指導を担当する教師等が学校などに適切に配置されておらず，日本語と教科を統合した体系的な学習が実現できていないことがある。外国人の児童・生徒が学校で大半の時間を過ごすのは在籍学級であることから，学級担任が日本語指導を担当する教師等と連携し，外国人の児童・生徒が強化学習や学級での活動などに参加できるような支援を行うことが求められる。

　また，日本語教育をサポートする環境として，夜間中学校を含めた放課後に地域の人々の参画を得て子どもたちの学びを支援する場や NPO などが提供する多様な学びの場を設けるなど，地域社会全

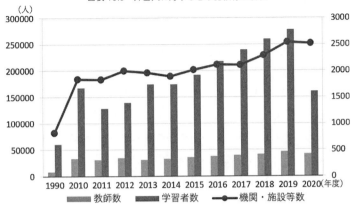

図表 15.5　外国人に対する日本語教育の現状

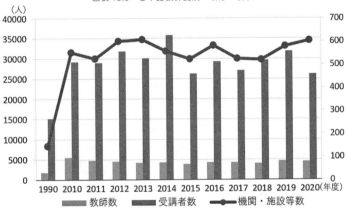

図表 15.6　日本語教師養成・研修の現状

図表 15.5，15.6 とも，文化庁「国内の日本語教育の概要」から作成

体で日本語教育を充実させる取り組みが必要である。さらに，従業員として外国人を多く雇用する企業などと地方公共団体とが連携し，外国人家庭に対する日本語教育の充実や生活支援，子どもの教育環境の整備に取り組むことも期待される。ただし，企業の中には，日本語教育のサポートに前向きでない企業もあり，単に理念だけでな

く，さらなる実効性のある政策が必要となっている。

（2） 教師などの指導力の向上，支援環境の改善

　日本語教育をさらに推進していくためには，個々の日本語教師の指導力の向上が重要である。しかし，外国人児童生徒の教育に関する独自の研修を実施する教育委員会は少なく，日本語教師などが専門的な知識を習得する場が十分に整備されているとは言い難い（図表 15.6 参照）。現在の大学における教員養成課程においても，日本語教育の指導方法を学ぶ環境は十分ではなく，副専攻を設けるなど，日本語教師の養成課程を整備していくことが望まれる。

　また，日本語教師の指導力向上の前提として，日本語教師の労働環境を改善していく取り組みが必要である。教員としての安定的な雇用や賃金が公的に保障されていない限り，さらなる日本語教師数の増加やスキルの向上は難しいと言える。

（3） 就学状況の把握と就学の促進

　すでに述べたように，約 2 万人の外国籍の子どもが就学していない可能性がある。その原因として，地元教育委員会がこうした子供の存在を把握しきれていないことがある。日本語教育推進法 12 条 2 項では，「国は，外国人等である幼児，児童，生徒等が生活に必要な日本語を習得することの重要性についてのその保護者の理解と関心を深めるため，必要な啓発活動を行うよう努める」ことが記されている。教育委員会が保護者や外国人学校，NPO などと連携し，就学先を把握できるような仕組みづくりが求められている。

（4） 中高生の進学やキャリア支援の充実

　日本語教育の充実は，外国人の子どもがいかに自己肯定感を高め，

将来の生活に希望を抱くことができるかについての鍵を握っている。義務教育課程における日本語教育の充実と同様に，高等学校進学後も退学防止や就学意欲の向上などを目的として，日本語指導の体制構築や，進路指導やキャリア教育に対する取り組みが必要である。また，高等学校において外国人生徒等に対する指導・支援を円滑に実施するためには，義務教育段階での教育内容を把握することが重要である。このため，小・中・高等学校が連携し，外国人児童生徒等のための指導情報の共有を促進することが求められる。

（5） 異文化理解

多くの外国人の子どもが日本社会で暮らすことは，日本人にとっても異なる文化的背景を理解し，尊重する社会を形成するうえで重要な意味を持っている。互いの価値観や文化を理解し合う社会の実現のためには，外国人の子どもが母語・母文化に親しみ，アイデンティティを確立することが求められる。たとえば，幼稚園や保育園，小・中学校といった比較的早い段階から日本人と外国人の子どもが学び合う環境づくりを挙げることができる。

こうした環境づくりのためには，幼稚園教諭や初等・中等教育教諭の養成課程において，互いの異なる文化を体験し，日常的に理解しうるような遊びの導入などの工夫が求められる。

V 最後に

日本語教育の推進は，国籍に関係なく，誰もが豊かに暮らすことのできる社会の実現を目指す文化政策を構成する一要素として捉えることができる。その一方で，介護職や建設業，製造業といった人

手不足の業種における外国人材の活用を促進するための方策としての日本語教育という側面も否定できない。日本社会における労働力を補うことだけを外国人に期待するのであれば，日本語教育推進法が理念として掲げる多文化共生社会の実現は難しい。

　実際に，多くの外国人が居住する地域では，日本語の読み書きができる外国人であっても，日本人コミュニティに融け込むことは難しい。また，教育の機会や職業選択の幅は限定されているのが実情であり，日本は外国人にとって必ずしも生きやすい社会ではない。つまり，日本語教育推進法の理念を具現化し，互いの文化を認め合う社会を形成していくためには，日本語の習得を前提とした他文化理解の促進が求められているのである。

---

1)　浜松市（2020）「地域日本語教育方針」，〈https://www.city.hamamatsu.shizuoka.jp/kokusai/nihongo/nihongokyoikusuisin.html〉（参照 2021-1-2）。
2)　公益財団法人とよなか国際交流協会「子ども・若者支援」，〈https://a-atoms.info〉（参照 2021-1-2）。

次のステップ

🖎　戦前・戦中の日本語教育と今日の日本語教育の違いを整理してみよう。

🖎　多文化社会の実現のためには，日本語教育の推進以外にどのような政策が想定されるだろうか。具体的な政策を取り上げ，今後の法制度の整備を考えてみよう。

参考文献

文化庁文化審議会国語分科会（2018）「日本語教育人材の養成・研修の在り方について（報告）」

外国人児童生徒等の教育の充実に関する有識者会議（2020）「外国人児童生徒等の教育の充実について（報告）」

おわりに

　最近，文化政策関係の法改正・制定がめまぐるしい。何か基礎的な知識が得られる，学部生向けの書物ができないかという提案が執筆者のお一人からありました。思い起こすと，私自身が「文化政策と法」という授業をもったのは 2000 年でした。そのときからこの問題を追究してきました。最近は授業の準備においてもアップトゥーデートが頻繁でした。地方自治体の職員の方から，たびたび文化政策全体を見渡せる書物がないかと尋ねられることもありました。行政職員にとって，法律から文化政策を見ることは基本だと思いますが，意外と疎かにされていると感じることがたびたびありました。今後改正されていくにしても，基礎的な部分だけでもまとまった書物があると助かると思い，提案は大歓迎でした。

　法律が制定されたり，改正されたりすると，様々な関係者に影響が及びます。法律学の基礎的な知識がないと，法律の解釈や読み方もわからないまま，何らかの規範として立ち現れてくるのが法律の特色です。法律はこうあるべきだということに囚われて，思考が停止したり，単なる批判に終わったりするのは残念です。もう少し正確に法律を読んで，それによって成り立っている制度を知り，その上で行動を起こすようになってほしいと思っています。

　本書を創り上げるときに大事にしたのは文化政策を総合的に見る，という視点です。これが文化のエコシステムです。文化のエコシステムに文化関係の法律がどのように関与しているかをマッピングしてみようと思いました。それをすることによって，十分に課題が解決されている部分とそうではない部分が明らかになるのではないかと思ったのです。これを執筆者と編集者と繰り返し議論できたこと

はとても刺激的でした。文化政策で扱う対象分野は多様であり，それぞれが他者との差異を明らかにしながら深く，卓越的な領域を築いてきたといえます。それは裏返せばセクショナリズム的になってしまっていることもあるかもしれません。それぞれのジャンルが有機的に繋がることによって文化の発展を担っているのだということを考えるきっかけにしたいと思いました。

さて，2020年から感染が蔓延した新型コロナウイルスによって，芸術活動への支援金がこれまでの文化庁の1年間の予算を上回るほどの補正予算が確保されました。その配分方法等に課題はあったかもしれませんが，少なくともそれくらいの額が必要なほどに，芸術に携わる人が芸術を通じて経済活動をしていたことを示したといえます。このことは課題から施策を構想するのか，それとも人からするのか，という問題を提起したともいえます（それを今後文化のエコシステムに入れて考えていく必要がありそうです）。

最後になりましたが，今回の書物を創り上げていく過程で，有斐閣の藤本依子様，荻野純茄様には思考のプロセスを共有させていただきながら，常に的確なアドバイスをいただくとともにサポートをしてくださいました。心から感謝申し上げます。また，エコシステムを検討していく際に，何度もデザインを作成していただき，さらに表紙等のデザインを引き受けてくださったトール至美様にも記して感謝いたします。

2021年10月

執筆者を代表して

小林　真理

事項索引

法から学ぶ文化政策

2021 年 11 月 30 日　初版第 1 刷発行
2024 年 3 月 10 日　初版第 2 刷発行

著　　者	小　林　真　理
	小　島　　　立
	土　屋　正　臣
	中　村　美　帆
発 行 者	江　草　貞　治
発 行 所	株式会社　有　斐　閣

郵便番号　101-0051
東京都千代田区神田神保町 2-17
https://www.yuhikaku.co.jp/

印刷・株式会社理想社／製本・大口製本印刷株式会社
©2021, M. Kobayashi, R. Kojima, M. Tsuchiya, M. Nakamura.
Printed in Japan
落丁・乱丁本はお取替えいたします。
★定価はカバーに表示してあります。

ISBN 978-4-641-12630-5